Gerhard Sielhorst
Anne-Kathrein Rosenkranz

Makroprogrammierung mit Quattro Pro 3.0

GERHARD SIELHORST
ANNE-KATHREIN ROSENKRANZ

MAKROPROGRAMMIERUNG MIT QUATTRO PRO 3.0

vieweg

Die Deutsche Bibliothek – CIP-Einheitsaufnahme

Sielhorst, Gerhard:
Makroprogrammierung mit Quattro Pro 3.0 / Gerhard Sielhorst;
Anne-Kathrein Rosenkranz. – Braunschweig; Wiesbaden:
Vieweg, 1991
    ISBN 978-3-528-05182-2   ISBN 978-3-663-06852-5 (eBook)
    DOI 10.1007/978-3-663-06852-5
NE: Rosenkranz, Anne-Kathrein:

Das in diesem Buch enthaltene Programm-Material ist mit keiner Verpflichtung oder Garantie irgendeiner Art verbunden. Die Autoren und der Verlag übernehmen infolgedessen keine Verantwortung und werden keine daraus folgende oder sonstige Haftung übernehmen, die auf irgendeine Art aus der Benutzung dieses Programm-Materials oder Teilen davon entsteht.

Umschlaggestaltung: Schrimpf & Partner, Wiesbaden

Gedruckt auf säurefreiem Papier

Inhaltsverzeichnis

EINLEITUNG

Computerkenntnisse sind innerhalb sehr kurzer Zeit zu einer wichtigen Qualifikation für jeden geworden, der im kaufmännischen Bereich tätig ist. Je mehr betriebliche Aufgaben durch Computer unterstützt oder durch sie gesteuert werden können, desto mehr haben kaufmännische Mitarbeiter in Unternehmen die Pflicht, sich über das Leistungsvermögen und die Leistungsgrenzen dieser "neuen Maschine" zu informieren. Ein Weg, die Einsatzmöglichkeiten eines Computers zu erkennen, besteht darin, den Umgang mit einem oder mehreren Softwareprogrammen zu erlernen. Viele Unternehmen setzen inzwischen Programme zur Tabellenkalkulation ein, um beispielsweise Teile ihres Berichtswesens mit Hilfe des Computers zu erstellen.

Das vorliegende Buch wurde erarbeitet, um dem Kaufmann zu zeigen, wie betriebliche Aufgaben, bei denen Daten verarbeitet und gespeichert werden müssen, mit Hilfe eines Tabellenkalkulationsprogramms effizienter erledigt werden können. Der gesamte Makrobefehlsvorrat und die wichtigsten Funktionen von QUATTRO PRO werden anhand zahlreicher Beispiele veranschaulicht.

Personalstatistiken, vertriebsorientierte Deckungsbeitragsrechnungen, oder das Aufstellen von Tilgungsplänen u.a. dienen als Rahmen, um die Einsatzmöglichkeiten spezifischer Makrobefehle zu erkennen. Der professionelle Umgang mit Auswahlbildern, Menübefehlen, interaktiven Makros sowie die Verwendung von Makros als Unterprogramme werden demonstriert.

Vorbereitung

Die Arbeitsblätter zu diesem Buch sind auf der mitgelieferten Diskette gespeichert. Arbeiten Sie jedoch nicht mit **dieser** Diskette, sondern kopieren Sie die Dateien auf Sicherungsdisketten oder besser noch in ein Unterverzeichnis Ihrer Festplatte. Die Dateien können aufgrund ihrer Namen einzelnen Kapiteln zugeordnet werden, z.B. ist das Arbeitsblatt des ersten Kapitels in der Datei 1PERS.WQ1 gespeichert.

Vorgehensweise

Jedes Kapitel beginnt mit einer Beschreibung des Arbeitsblattes, seiner Formeln und Funktionen. Anschließend werden in den Kapiteln 1 und 2 schrittweise die Makros erstellt. Die Anwendungen dieser Kapitel sind relativ einfach, so daß wir uns mehr auf die Erstellung der Makros konzentrieren können als auf die Beschreibung der Arbeitsblätter. Nachdem Sie in den beiden ersten Kapiteln erfahren haben, wie man Makros erstellt, testet, dokumentiert und zur Ausführung bringt, werden wir in den folgenden Kapiteln jeweils spezifische Makrobefehle erläutern, wobei die Makros bereits vollständig erstellt sind. Ab Kapitel 3 steht demnach weniger der Formalismus bei der Erstellung der Makros im Vordergrund, sondern die Beschreibung der Einsatzmöglichkeiten bestimmter Befehle innerhalb einer Anwendung.

In Kapitel 3 erfahren Sie, wie man mit Hilfe von Menübefehlen die übliche QUATTRO PRO-Menüleiste am oberen Bildschirmrand ausschalten und durch individuelle, auf die Anwendung zugeschnittene, Menüleisten ersetzen und damit die Abläufe innerhalb des Arbeitsblattes nach eigenen Wünschen gestalten kann.

Kapitel 4 beschreibt den Einsatz interaktiver Makros. Sie erfahren, mit welchen Befehlen Sie Dateneingaben realisieren und die Korrektheit der Eingaben durch Einsatz von Plausibilitätsprüfungen sicherstellen können.

Kapitel 5 beschreibt, wie man bei einer Vielzahl von Makros durch Verwendung von Unterprogrammen Schreibarbeit reduzieren und die Übersichtlichkeit der Makros erhöhen kann.

Kapitel 6 gibt eine Einführung in die Erstellung von Grafiken. Sie erfahren, wie Sie mit Hilfe von Makros die grafische Aufbereitung von Zahlenwerten effizienter gestalten können.

Kapitel 7 beschreibt, welche Makrobefehle QUATTRO PRO bereithält, um Daten aus einer ASCII-Datei zu lesen. Eine Einführung in das Arbeiten mit der QUATTRO PRO-Datenbank rundet das Kapitel ab: Sie erfahren, wie Sie die aus der ASCII-Datei gelesenen Werte mit Hilfe spezieller Datenbankfunktionen statistisch auswerten können.

In Kapitel 8 erfahren Sie schließlich, wie Sie mehrere Anwendungen mit Hilfe von Steuerungsdateien übersichtlich organisieren können.

Am Ende jedes Kapitels erhalten Sie Gelegenheit, selbst weitere Makros zu erstellen und verschiedene Sachverhalte des Kapitels noch einmal auszuprobieren. Dann sind auch Ihrer Experimentierfreude keine Grenzen gesetzt.

Die Kapitel bauen aufeinander auf. Es ist daher zu empfehlen, die Reihenfolge der Kapitel einzuhalten. Beispielsweise werden Makros, die in den ersten Kapiteln erarbeitet worden sind, in späteren Kapiteln als bekannt vorausgesetzt.

1 EINFACHE MAKROS

Nehmen wir an, dem Leiter eines Produktionsbetriebes sei von der Personalabteilung mitgeteilt worden, daß sich in seiner Abteilung die Abwesenheitsquote aus Krankheitsgründen um 0,5% erhöht hat. Infolge Tarifänderungen soll zukünftig ebenfalls eine Erhöhung der Urlaubsquote um 0,5% berücksichtigt werden. Der Produktionsleiter möchte nun wissen, welche Auswirkungen dieser Ausfall von Mitarbeitern auf den Personalbedarf der nächsten Planungsperiode hat.

ZIELE DES KAPITELS

Solche und ähnliche Berechnungen lassen sich auf elegante Art mit Hilfe von **QUATTRO PRO** durchführen.

Wir werden im folgenden Abschnitt ein Arbeitsblatt vorstellen, das solche Berechnungen gestattet, und dann beschreiben, wie dieses Arbeitsblatt mit Hilfe von Makrobefehlen sinnvoll unterstützt werden kann. Sie erfahren, wie Makros

> aufgebaut,
> dokumentiert,
> getestet und schließlich
> zur Ausführung gebracht

werden.

Übungen am Ende des Kapitels sollen Sie ermuntern, das vorgestellte Arbeitsblatt durch weitere Makros zu ergänzen.

ARBEITSBLATT UND FUNKTIONEN

Rufen Sie zunächst das Arbeitsblatt auf: Starten Sie QUATTRO PRO und laden Sie mit Hilfe der Befehlsfolge

> **Datei - Öffnen**

die Datei 1PERS.WQ1. Sie sehen drei Spalten mit Text- und Zahleninhalt:

Textspalte,
Werte der laufenden Periode und
Werte der Planperiode.

Abbildung 1.1 zeigt den oberen Teil des Arbeitsblattes. Wir werden zunächst die in den Zeilen gespeicherten Informationen erklären und anschließend auf die verwendeten Formeln und Funktionen eingehen.

Abbildung 1.1: Personalübersicht

```
 Datei Bearbeiten Layout Grafik Ausdruck Datenbank Zusätze Optionen Fenster  ↑↓
A1: [B1] ':                                                                     ?
 J      A         B          C        D        E        F         GHI    ↑
 1   :-----------------------------------------------------------------:  ⃞End
 2   :           Produktionsplanung: Personalübersicht                 :   ▲
 3   :-----------------------------------------------------------------:  ◄ ►
 4   :     Z e i t r a u m       :  Lfd. Periode  :  Planperiode       :   ▼
 5   :-----------------------------------------------------------------:
 6   :Arbeitstage                :          250 :          125 :          Esc
 7   :-----------------------------------------------------------------:
 8   :Benötigte Schichten        :       40.000 :       20.100 :          ◄⃗
 9   :-----------------------------------------------------------------:
10   :Abwesen-   : Urlaub        :      ▓ 11,6 :         12,1 :          Del
11   :heit (%)   : Krankheit     :         5,8 :          6,3 :
12   :           : Sonst. Gründe :         1,8 :          1,8 :           ⬚
13   :Summe Abwesenheit (%)      :        19,2 :         20,2 :
14   :-----------------------------------------------------------------:   5
15   :Schichten / Mitarbeiter    :      202,00 :        99,75 :
16   :-----------------------------------------------------------------:  WYS
17   :Personalbestand            :          200 :          200 :
18   :-----------------------------------------------------------------:  ZEI
19   :Schichten                  :       40.400 :       19.950 :
20   :-----------------------------------------------------------------:   ↓
1PERS.WQ1     [1] 03.08.91   16:13                               BEREIT
```

Der Cursor (schwarz) befindet sich in der Abbildung in Feld A1, der Mauszeiger (schraffiert) in Feld D10.

Die Zeilen enthalten folgende Informationen:

o Arbeitstage (Zeile 6) - Die laufende Periode hat nach Abzug von Sonn- und Feiertagen 250 Arbeitstage.

o Benötigte Schichten (Zeile 8) - Um den geplanten Output zu erzeugen, sind 40.000 Schichten erforderlich.

o Abwesenheit (Zeile 13) - Die durch Urlaub, Krankheit und Sonstige Gründe bedingte Abwesenheitsquote liegt bei 19,2 %.

o Schichten/Mitarbeiter (Zeile 15) - Eine Abwesenheitsquote von 19,2 % hat zur Folge, daß jeder Mitarbeiter dem Betrieb von den 250 Arbeitstagen nur 202 Tage zur Verfügung steht.

o Personalbestand (Zeile 17) - Der Personalbestand umfaßt 200 Mitarbeiter.

o   Schichten (Zeile 19) - Wenn 200 Mitarbeiter an durchschnittlich 202 Arbeitstagen anwesend sind, ergeben sich insgesamt 40.400 Schichten.

o   Fehlbedarf Schichten (Zeile 21 - Da Abbildung 1.1 nur den Inhalt bis Zeile 20
    zeigt, bewegen Sie ab jetzt den Cursor in die entsprechende Zeile) - Ein Fehlbedarf an Schichten ergibt sich, wenn die Anzahl der benötigten Schichten
    größer ist als die Anzahl der tatsächlich zur Verfügung stehenden Schichten.

o   Überhang Schichten (Zeile 22) - Ein Überhang an Schichten ergibt sich, wenn
    die Anzahl der zur Verfügung stehenden Schichten größer ist als die Anzahl
    der für den geplanten Output benötigten Schichten.

o   Personalbedarf (Zeile 24) - Der benötigte Personalbedarf ergibt sich aus der
    Anzahl der benötigten Schichten dividiert durch die Anzahl Schichten/Mitarbeiter.

o   Fehlbedarf Personal (Zeile 26) - Ist der benötigte Personalbestand größer als
    der tatsächliche Personalbestand, besteht ein Fehlbedarf an Personal.

o   Überhang Personal (Zeile 27) - Wenn der tatsächliche Personalbestand größer
    ist als der benötigte Personalbestand, besteht ein Überhang an Personal.

Veränderungen bei den Größen

o   Arbeitstage,
o   Benötigte Schichten,
o   Abwesenheit (Urlaub, Krankheit, Sonstige Gründe) und
o   Personalbestand

haben direkte Auswirkungen auf die Größen

o   Summe Abwesenheit (%),
o   Schichten/Mitarbeiter,
o   Schichten,
o   Fehlbedarf/Überhang Schichten und
o   Fehlbedarf/Überhang Personal.

Nachdem Sie die einzelnen Zeileninhalte kennen, werden wir im folgenden auf
die im Arbeitsblatt verwendeten Formeln und Funktionen eingehen. Rechts neben
dem Arbeitsblatt sind diese aufgeführt.

In QUATTRO PRO werden Funktionen immer durch das Sonderzeichen @ eingeleitet. Sie können es durch Drücken der Tastenkombination ALTGR-Q eingeben.

Bewegen Sie den Cursor nach Feld J5. Die Funktion

@WIEDERHOLEN(Zeichenfolge;n)

wiederholt die Zeichenfolge um den mit **n** angegebenen Faktor. Diese Funktion wird häufig dazu benutzt, gestrichelte Linien in Arbeitsblättern zu erstellen.

Eine andere Möglichkeit, ein Zeichen in einem Label so oft zu wiederholen, bis die Zelle ausgefüllt ist, bietet das Justierungszeichen \.

> \.-

wiederholt die eingetragene Zeichenfolge ".-" solange, bis das gesamte Feld ausgefüllt ist.

Während die **WIEDERHOLEN**-Funktion das (oder die) Zeichen nur um den angegebenen Faktor n wiederholt, füllt das Justierungszeichen \ unabhängig von der Spaltenbreite die gesamte Zelle aus.

Betrachten Sie die Eintragungen der Felder J8, J9 und J10, und vollziehen Sie die jeweiligen Anweisungen nach.

Gehen Sie mit dem Cursor auf das Feld J13:

Die Funktion

> **@SUMME(LISTE)**

gibt die Summe der Inhalte der Felder aus **Liste** wieder, beispielsweise die Summe aus D10 (Urlaub), D11 (Krankheit) und D12 (Sonstige Gründe).

Die Felder D15 und D19 enthalten Formeln zur Berechnung der Felder "Anzahl Schichten/Mitarbeiter" und "Schichten".

Diese Felder ergeben sich durch folgende Berechnungen:

Schichten/Mitarbeiter (D15):

> +D6 * (100 - D13) / 100
>
> 250 * (100 - 19,2) / 100 = 202

Anzahl Schichten (D19):

> +D15 * D17
>
> 202,00 * 200 = 40.400

Gehen Sie mit dem Cursor nach J21: Die Funktion

@WENN(Logischer Ausdruck;Dannwert;Sonstwert)

stellt ein wichtiges Werkzeug bei der effektiven Anwendung von QUATTRO PRO dar.

Wenn der logische Ausdruck "wahr" ist, ist das Ergebnis der **WENN**-Funktion der **Dannwert**.

Ist der logische Ausdruck "falsch", ist das Ergebnis der **Sonstwert**. **Dann-** und **Sonstwert** können Zahlenwerte, Textwerte oder logische Werte sein.

Die **WENN**-Funktion wird in dieser Tabelle zur Definition des Fehlbedarfs und des Überhangs an Schichten eingesetzt:

@WENN(D8 - D19 > 0 ; D8 - D19 ; " ")

Dieser Ausdruck gibt folgende Anweisung: Wenn die Anzahl der benötigten Schichten abzüglich der verfügbaren Schichten größer Null ist, dann schreibe in das Feld die Differenz

"Benötigte Schichten" - "Schichten", d.h. D8 - D19, sonst schreibe Leerzeichen in das Feld.

Gehen Sie mit dem Cursor nach J22:

@WENN(D8 - D19 < 0 ; D19 - D8 ; " ")

Diese Formel bewirkt folgendes:

Wenn die Anzahl der benötigten Schichten abzüglich der verfügbaren Schichten kleiner Null ist, dann schreibe in das Feld die Differenz

"Schichten" - "Benötigte Schichten", d.h. D19 - D8, sonst schreibe Leerzeichen in das Feld.

Da wir noch in zahlreichen Anwendungen die **WENN**-Funktion nutzen werden, sollten Sie Aufbau und Anwendung der Funktion verstanden haben. Vollziehen Sie beispielsweise die Formeln der Zeilen 26 und 27 nach, die zwar den gleichen Zweck wie eben beschrieben erfüllen (hier in bezug auf die Personalzahlen), im logischen Aufbau jedoch geändert sind.

Eine weitere Funktion wurde beim Aufbau unseres Arbeitsblattes verwendet. Gehen Sie mit dem Cursor nach J24:

Die Funktion

@RUNDEN(x;n)

liefert einen Wert, der auf die mit **n** definierte Anzahl von Dezimalstellen gerundet ist. Hat **n** den Wert 0, wird das Ergebnis auf eine ganze Zahl gerundet.

In unserem Beispiel liefert

  @RUNDEN(D8 / D15 ; 0)

für die laufende Periode den Wert 198.

Die Anzahl der benötigten Schichten wird durch die Anzahl der Schichten/Mitarbeiter dividiert. Der sich ergebende Wert wird ganzzahlig gerundet (der benötigte Personalbestand kann nur eine ganze Zahl sein).

ERSTELLEN EINFACHER MAKROS

Nehmen wir an, daß dem Produktionsleiter zur Unterstützung seiner Personalplanung die bereits besprochene Personalübersicht vorliegt. Die Formeln, die die Grundlage der Berechnungen bilden, haben wir im letzten Abschnitt erläutert.

Der Produktionsleiter will nun das Arbeitsblatt vor unbeabsichtigter Änderung schützen. QUATTRO PRO bietet dazu die Befehlsfolge

   Optionen - Schutz - Aktivieren - Zurück

an. Geben Sie diese Befehlsfolge ein (d.h. die Zeichenfolge **/ O S A Z**) und versuchen Sie anschließend, den Inhalt des Feldes A1 zu überscheiben. Geben Sie dazu einen beliebigen Text ein und drücken Sie die RETURN-Taste. Sie erhalten den Fehlerhinweis

   "Geschützte(r) Zelle oder Block",

den Sie durch Drücken der ESCAPE- oder RETURN-Taste bestätigen müssen. Steht der Cursor auf einem "geschützten" Feld, erscheint die Anzeige *GS* im Editierfeld für Zelleneingaben (am oberen linken Bildschirmrand).

Wir wollen im folgenden zwei Makros schreiben, die

o den Schutz des Arbeitsblattes aktivieren bzw.

o den Schutz des Arbeitsblattes wieder aufheben.

Für die Erstellung der Makros muß vorab der Schutz des Arbeitsblattes deaktiviert werden. Geben Sie dazu die Befehlsfolge

   Optionen - Schutz - Deaktivieren - Zurück

ein (d.h. die Zeichenfolge **/ O S D Z**).

Die ersten Makros

Wir wollen nun das erste Makro schreiben. Dieses Makro soll den Schutz des Arbeitsblattes bewirken. Gehen Sie mit dem Cursor nach Feld P1 und formatieren Sie mit der Befehlsfolge

Layout - Spaltenbreite

die Spalte P auf 30 Zeichen. Geben Sie die Zeichenfolge

/ L S 30 (oder STRG-B 30)

ein und drücken Sie die RETURN-Taste. Wenden Sie für die Spalte Q ebenfalls diese Befehlsfolge an.

Gehen Sie mit dem Cursor auf das Feld Q1. Geben Sie die Befehlsfolge, die Sie eben zur Aktivierung des Arbeitsblattschutzes benutzt haben, als Text ein. Ein Makro schreiben heißt, die Anfangsbuchstaben von Befehlen und Optionen im Textmodus festzuhalten.

Geben Sie ein: *Befehl:*

'   *Apostroph*
/osaz   *Texteingabe*
RETURN-Taste   *Bestätigen des Befehls*

Das Apostroph am Anfang des Befehls kennzeichnet die Eingabe als Label (Texteingabe).

Weisen Sie, um das Makro später ausführen zu können, über die Befehlsfolge **Bearbeiten - Namen - Block Benennen** dem Makro einen Namen zu (der Cursor befindet sich immer noch im Feld Q1).

Makronamen bestehen aus einem umgekehrten Schrägstrich (\) gefolgt von einem Buchstaben. Den umgekehrten Schrägstrich geben Sie durch Drücken von ALTGR-\ ein.

Geben Sie ein: *Befehl:*

/B   *Bearbeiten*
N   *Namen*
B   *Block Benennen*
\a   *Eingabe des Namens für das Makro*
RETURN-Taste   *Bestätigen des Befehls*
RETURN-Taste   *Bereich Q1..Q1 bestätigen*

Abbildung 1.2 zeigt das entsprechende Eingabebild.

Abbildung 1.2: Benennen des ersten Makros

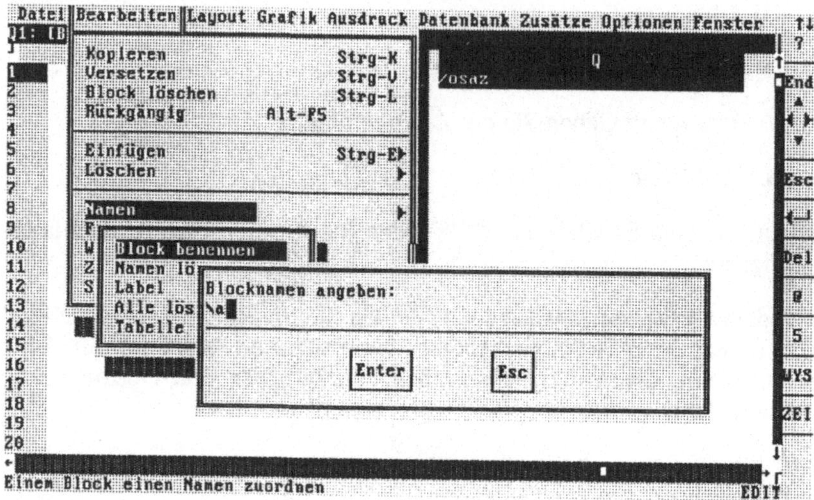

Probieren Sie aus, ob das Makro funktioniert. Geben Sie bei gedrückter ALT-Taste den Buchstaben A ein. Versuchen Sie anschließend, in das Feld P1 den Text "Probe" einzugeben. Nachdem Sie die Eingabe durch Drücken der RETURN-Taste bestätigt haben, erhalten Sie den Hinweis "Geschützte(r) Zelle oder Block".

Sollte Ihr Makro nicht laufen, kann es dafür zwei Ursachen geben:

o Sie haben bei der Eingabe des Makros einen Fehler gemacht. Überprüfen Sie den Feldinhalt von Q1, und korrigieren Sie gegebenenfalls Ihre Eingabe.

o Sie haben bei der Namensvergabe einen Fehler gemacht, vielleicht die beiden Schrägstriche / und \ vertauscht. Gehen Sie nochmals mit dem Cursor nach Q1, und wiederholen Sie die in Abbildung 1.2 angegebene Befehlsfolge.

Das Editieren eines Makros entspricht der Veränderung des Inhalts beliebiger anderer Felder: Sie drücken die F2-Taste und überschreiben den Feldinhalt.

Dokumentieren von Makros

Lösen Sie den Arbeitsblattschutz über die Befehlsfolge

Optionen - Schutz - Deaktivieren - Zurück

wieder auf. Es ist sinnvoll, die in einem Arbeitsblatt gespeicherten Makros zu dokumentieren. Gehen Sie mit dem Cursor auf das Feld P1 und geben Sie ein:

Aktivieren Schutz

Bewegen Sie den Cursor auf das Feld P2 und geben Sie ein:

ALT-A.

Sie wissen nun auf einen Blick, was das Makro bewirkt und über welchen Tastenschlüssel es aufgerufen wird.

Wir wollen nun ein zweites Makro entwickeln, das den Arbeitsblattschutz wieder auflöst. Die entsprechende Befehlsfolge haben Sie bereits einige Male eingegeben. Gehen Sie zur Eingabe des Makros mit dem Cursor nach Q4.

Geben Sie ein:	*Befehl:*
,	*Apostroph*
/osdz	*Texteingabe*
RETURN-Taste	*Bestätigen des Befehls*

Dokumentieren Sie das Makro. Gehen Sie mit dem Cursor nach P4 und geben Sie

Auflösen Schutz

ein. Gehen Sie anschließend nach P5 und geben Sie

ALT-L

ein. Benennen Sie das Makro (bewegen Sie den Cursor nach Q4).

Geben Sie ein:	*Befehl:*
/B	*Bearbeiten*
N	*Namen*
B	*Block Benennen*
\l	*Eingabe des Namens für das Makro*
RETURN-Taste	*Bestätigen des Befehls*
RETURN-Taste	*Bereich Q4..Q4 bestätigen*

Abbildung 1.3 zeigt die beiden erstellen Makros.

Probieren Sie die beiden Makros aus. Drücken Sie ALT-A (Aktivieren Schutz) und in der Eingabezeile erscheint der Hinweis *GS*. Drücken Sie ALT-L (Auflösen Schutz) und der Hinweis verschwindet wieder.

Abbildung 1.3: Die ersten Makros

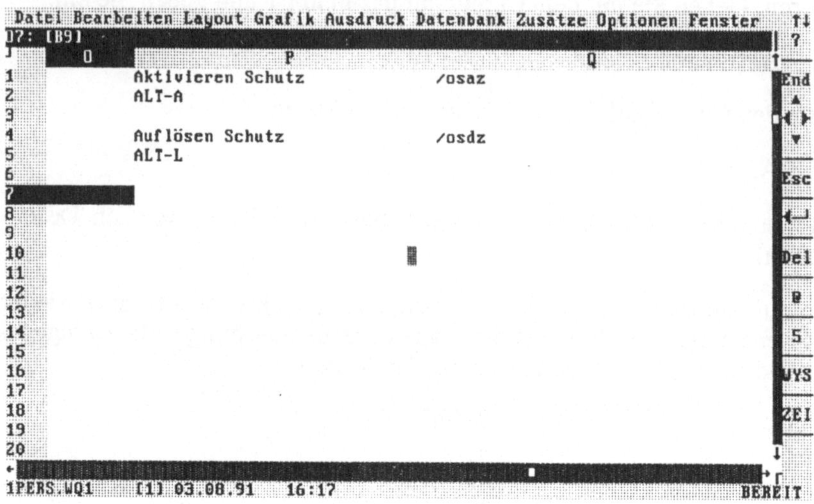

Wenn Sie im Verlaufe dieses Kapitels bei Eingaben irgendwann den Hinweis "Geschützte(r) Zelle oder Block" erhalten, rufen Sie einfach das Makro ALT-L auf und der Arbeitsblattschutz ist aufgehoben.

Nachdem Sie nun einige Zeit mit der Datei 1PERS.WQ1 gearbeitet haben, sollten Sie die Datei zwischendurch einmal sichern. Verwenden Sie dazu die Befehlsfolge

Datei - Speichern - Ersetzen,

die Sie entweder über die Buchstabenfolge **/DSE** oder mit Hilfe der "schnellen Taste" STRG-S, die den Sicherungsvorgang einleitet, eingeben.

Makro: Aufheben Schutz Einzelfeld

Arbeitsblätter enthalten Bezeichnungen (z.B. Überschriften), Formeln und Zahlen. Während Bezeichnungen und Formeln nach Erstellung des Arbeitsblattes relativ selten geändert werden, unterliegen Zahlenfelder wesentlich häufigeren Änderungen. Es ist daher sinnvoll, nur Bezeichnungen und Formeln vor unbeabsichtigter Änderung zu schützen, während der Schutz der Zahlenfelder aufgelöst wird.

QUATTRO PRO bietet die Befehlsfolge

Layout - Block Schutz - Entfernen

an, um ausgewählte Bereiche des Arbeitsblattes wieder für Eingaben verfügbar zu machen. Gehen Sie mit dem Cursor nach Feld D6. Dieses Zahlenfeld soll frei editierbar sein. Geben Sie Befehlsfolge **Layout - Block Schutz - Entfernen** ein (d.h. die Zeichenfolge **/LBE**) und bestätigen Sie den Befehl durch Drücken der RETURN-Taste.

In der Editierzeile weist ein *U* auf den Status *Ungeschützt* hin. Auf einem Farbbildschirm wird Feld D6 zudem auch optisch hervorgehoben. Die Befehlsfolge **Layout - Block Schutz - Entfernen** bewirkt folgendes: Wenn Sie den Arbeitsblattschutz aktiviert haben (z.B. durch Aufruf des Makros ALT-A), kann ausschließlich Feld D6 bearbeitet werden, da der Feldschutz speziell für dieses einzelne Feld aufgehoben wurde.

Das dritte Makro soll nun bewirken, daß für das Feld, auf dem sich der Cursor gerade befindet, der Schutz aufgehoben wird. Lösen Sie gegebenenfalls vorab den Arbeitsblattschutz durch Drücken von ALT-L auf. Bewegen Sie den Cursor zum Schreiben des Makros nach Q7.

Geben Sie ein:	*Befehl:*
,	*Apostroph*
/lbe~	*Texteingabe*
RETURN-Taste	*Bestätigen des Befehls*

Der Befehl **Layout - Block Schutz - Entfernen** muß durch Drücken der RETURN-Taste abgeschlossen werden. Die Tilde (~) am Ende des Befehls steht für das Betätigen der RETURN-Taste. Bestimmte Tasten können in einem Makro nicht direkt eingegeben werden. Für diese Tasten gilt eine besondere Syntax, die wir in einem der folgenden Makros näher erläutern werden.

Die Tilde können Sie, falls Sie sie nicht auf der Tastatur finden, durch Betätigen der ALT - Taste, bei gleichzeitiger Eingabe von *126* auf dem Ziffernblock (rechts auf der Tastatur) eingeben.

Dokumentieren Sie das Makro. Geben Sie in das Feld P7

   Aufheben Schutz Einzelfeld

ein und in das Feld P8

   ALT-E.

Gehen Sie mit dem Cursor nach Q7 und benennen Sie das Makro.

Geben Sie ein:	*Befehl:*
/B	*Bearbeiten*
N	*Namen*
B	*Block Benennen*
\e	*Eingabe des Namens für das Makro*
RETURN-Taste	*Bestätigen des Befehls*
RETURN-Taste	*Bereich Q7..Q7 bestätigen*

Rufen Sie das Makro ALT-A auf. Damit ist das gesamte Arbeitsblatt geschützt, bis auf Feld D6. Feld D6 ist dehalb nicht geschützt, weil Sie zuvor für dieses Feld über die Befehlsfolge **Layout - Block Schutz - Entfernen** den Schutz deaktiviert haben. Gehen Sie mit dem Cursor nach Feld F6 und rufen Sie das Makro ALT-E auf. Wenn Ihr Makro funktioniert, ist der Blockschutz für Feld F6 entfernt. Gehen Sie anschließend mit dem Cursor zu folgenden Feldern und rufen Sie jeweils das Makro ALT-E auf:

D8, D10, D11, D12 und D17 sowie F8, F10, F11, F12 und F17.

Für die Felder D6 und F6 hatten Sie bereits den Schutz aufgehoben. Damit können Sie in allen Zahlenfeldern Werte eingeben, während der übrige Teil des Arbeitsblattes nach Aufruf von ALT-A den Status *Geschützt* beibehält.

Testen von Makros

Lösen Sie den Arbeitsblattschutz durch Drücken von ALT-L auf.

Wenn Ihr Makro einmal nicht so wie erwartet arbeitet, haben Sie die Möglichkeit, das Makro Schritt-für-Schritt ablaufen zu lassen.

Drücken Sie dazu die DEBUG-Taste (SHIFT-F2), um in den Schritt-Modus zu schalten. Im Schritt-Modus steht in der Statuszeile am unteren Bildschirmrand der Hinweis DEBUG. Nach Aufruf des Makros öffnet sich das DEBUG-Fenster am unteren Bildschirmrand.

Das Makro führt den ersten Schritt aus und stoppt. Durch Betätigen der Leertaste erfolgt der nächste Schritt. Im DEBUG-Fenster steht der Cursor jeweils auf dem gerade zu bearbeitenden Buchstaben (bzw. Befehl). Das schrittweise Abarbeiten der Makros ermöglicht eine Lokalisierung der Fehlerstelle. Durch erneutes Drücken der DEBUG-Taste (SHIFT-F2) verlassen Sie wieder den Schritt-Modus.

Wir wollen das Arbeiten im DEBUG-Modus an einem Beispiel ausprobieren. Drücken Sie SHIFT-F2. In der Statuszeile steht der Hinweis DEBUG.

Starten Sie das Makro "Aktivieren Schutz" durch Drücken von ALT-A. Quattro Pro öffnet daraufhin das DEBUG-Fenster (s. Abbildung 1.4).

Abbildung 1.4: Das DEBUG-Fenster

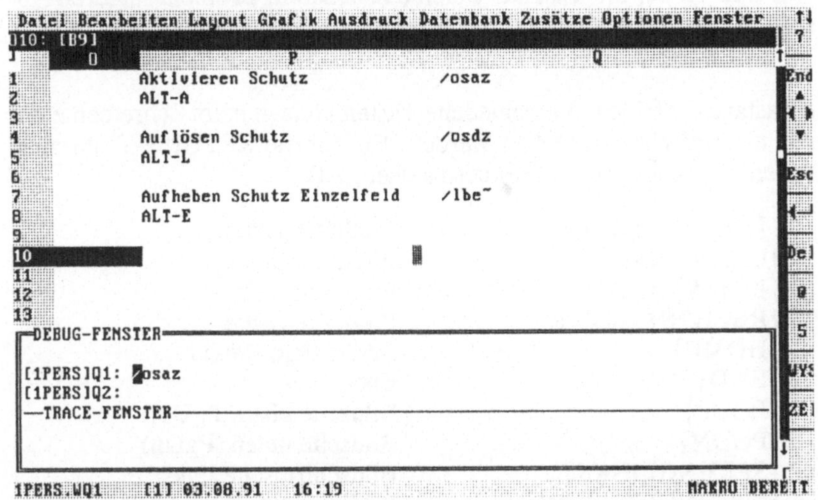

Der Cursor befindet sich auf dem Schrägstrich (/). Drücken Sie die Leertaste. Nach jedem Drücken der Leertaste führt QUATTRO PRO einen Schritt des Makros durch. Für den Fall, daß das Makro einen Fehler enthält, können Sie die genaue Stelle lokalisieren und anschließend das Makro korrigieren.

Wenn Sie anstelle der Leertaste die RETURN-Taste betätigen, wird der Einzelschritt-Modus verlassen und QUATTRO PRO bringt die restlichen Befehle auf "normale" Art zur Ausführung.

Drücken Sie nach Beendigung des Makros SHIFT-F2, um den DEBUG-Modus zu verlassen. Nach dem Makro *Tastenschlüssel* werden wir noch einmal auf das Arbeiten mit dem DEBUG-Fenster zurückkommen.

Makro: Tastenschlüssel

QUATTRO PRO unterschiedet insgesamt 7 Kategorien von Makrobefehlen:

1. **Tastatur-Befehle,**
2. **Bildschirm-Befehle,**
3. **Interaktive Befehle,**
4. **Programmsteuerungs-Befehle,**
5. **Zellen-Befehle,**
6. **Datei-Befehle und**
7. **Menüäquivalente Befehle.**

Wir werden uns in diesem Buch mit sämtlichen Kategorien beschäftigen. In diesem Abschnitt werden wir die Tastatur-Befehle behandeln. In einem späteren Abschnitt dieses Kapitels werden wir auf die Arbeitsweise menüäquivalenter Befehle eingehen.

Nun zu den Tastatur-Befehlen. Verschiedene Tasten können beim Schreiben eines Makrobefehls nicht direkt eingegeben werden. Bis auf die RETURN-Taste müssen diese Tasten in geschweiften Klammern stehen, z.B.:

{UNTEN} oder {U}	Pfeiltaste unten
{OBEN} oder {O}	Pfeiltaste oben
{LINKS} oder {L}	Pfeiltaste links
{RECHTS} oder {R}	Pfeiltaste rechts
{HOME}	Erstes Feld (Pos1)
{END}	Ende
{PGUP}	Bildseite oben (PgUp)
{PGDN}	Bildseite unten (PgDn)
{SPRUNGLINKS}	Bildschirmseite links
{SPRUNGRECHTS}	Bildschirmseite rechts
{GEHEZU}	Gehezu
{ESC}	Escape

Eine Übersicht sämtlicher Tastenschlüssel gibt das Handbuch.

Die geschweiften Klammern geben Sie durch Drücken von ALTGR-7 bzw. ALTGR-0 ein.

Soll dieselbe Taste mehrmals hintereinander benutzt werden, kann innerhalb der geschweiften Klammern ein Wiederholungsfaktor angegeben werden, z.B.:

{OBEN 6} bzw. {O 6}

Zu beachten ist, daß zwischen Text (z.B. "O") und Wiederholungsfaktor (z.B. "6") ein Leerzeichen eingegeben werden muß. Wir werden im folgenden ein Makro schreiben, das einige dieser Tastenbefehle enthält und danach das Makro im Schritt-Modus testen.

Das Makro soll den Cursor zunächst auf das erste Feld der Tabelle positionieren (A1) und danach 5 Zeilen nach unten und 3 Spalten nach rechts bewegen, so daß der Cursor nach Ablauf des Makros auf einem Zahlenfeld steht (D6).

Wir benötigen drei Tastenschlüssel:

Erstes Feld	{HOME}
Nach unten	{UNTEN}
Nach rechts	{RECHTS}

Gehen Sie mit dem Cursor nach Q10.

Geben Sie ein: *Befehl:*

{home} {u 5} {r 3}   *Texteingabe*
RETURN-Taste   *Bestätigen des Befehls*

Dokumentieren Sie das Makro. Schreiben Sie in das Feld P10

      Tastenschlüssel

und in das Feld P11

      ALT-T.

Gehen Sie mit dem Cursor nach Q10 und benennen Sie das Makro.

Geben Sie ein: *Befehl:*

/B   *Bearbeiten*
N   *Namen*
B   *Block Benennen*
\t   *Eingabe des Namens für das Makro*
RETURN-Taste   *Bestätigen des Befehls*
RETURN-Taste   *Bereich Q10..Q10 Bestätigen*

Rufen Sie das Makro auf. Steht der Cursor auf Feld D6, arbeitet das Makro korrekt.

Wir wollen nun das Makro testen. Drücken Sie SHIFT-F2. Am unteren Bildschirmrand erscheint der Hinweis DEBUG. Rufen Sie das Makro durch Drücken von ALT-T erneut auf. Das DEBUG-Fenster öffnet sich. Das Makro wird schrittweise abgearbeitet. Jeder Schritt wird angezeigt. Durch Drücken der Leertaste bestimmen Sie den Fortgang des Makros selbst. Das Makro führt nach jedem Tastendruck einen weiteren Befehl aus.

Verlassen Sie nach Beendigung des Makros den Schritt-Modus durch Betätigen der Tastenkombination SHIFT-F2.

Anfordern von Hilfen

QUATTRO PRO verfügt über ein umfangreiches Hilfesystem, das Sie durch Drücken der F1-Taste aufrufen können. Schließen Sie eventuell noch geöffnete Dialogfenster, so daß sich QUATTRO PRO im BEREIT-Modus befindet, angezeigt in der Statuszeile am unteren Bildschirmrand.

Nachdem Sie die F1-Taste gedrückt haben, gelangen Sie in die Hilfe-Übersicht von QUATTRO PRO. Bewegen Sie den Cursor nach *Makros* und drücken Sie die RETURN-Taste. Hier wählen Sie *Tasten-äquivalente* (s. Abbildung 1.5).

Abbildung 1.5: Hilfesystem Makros

```
┌─Tasten-äquivalente Befehle (1/4)──────────────────────────────────┐
│   Beim Aufzeichnen eines Makros, übersetzt Quattro Pro bestimmte Tasten-
│   anschläge in Tasten-äquivalente Befehle. Verwenden Sie diese Befehle,
│   wenn Sie ein Makro eintippen.
│   ┌───────────────────────────┬───────────────────────────────────┐
│   │  Taste                    │  Tasten-Äquivalent                │
│   ├───────────────────────────┼───────────────────────────────────┤
│   │  [↵]                      │  ~ (Tilde) oder {CR}              │
│   │  [Esc]                    │  {ESC} oder {ESCAPE}             │
│   │  [Einfg]                  │  {INS} oder {EINFUGEN}           │
│   │  [Gr] Ein                 │  {GROSSEIN}                      │
│   │  [Gr] Aus                 │  {GROSSAUS}                      │
│   │  [Einfg] Ein              │  {EINFGEIN}                      │
│   │  [Einfg] Aus              │  {EINFGAUS}                      │
│   │  [Num] Ein                │  {NUMEIN}                        │
│   │  [Num] Aus                │  {NUMAUS}                        │
│   │  [Rollen] Ein             │  {ROLLENEIN}                     │
│   │  [Rollen] Aus             │  {ROLLENAUS}                     │
│   └───────────────────────────┴───────────────────────────────────┘
│
│   Hilfe-Übersicht                         Makros eintippen
│   Makros                                  Nächster (Befehle 2/4)
└───────────────────────────────────────────────────────────────────┘
1PERS.WQ1      [1] 03.08.91    16:21                            HILFE
```

Abbildung 1.5 zeigt die erste von 4 Seiten Erläuterungen zu "Tasten-äquivalente Befehle". Wenn Sie *Nächster* wählen, können Sie die zweite Seite betrachten. Durch Drücken der ESCAPE-Taste verlassen Sie das Hilfesystem.

Es gibt in QUATTRO PRO eine weitere Möglichkeit für das Erstellen von Makros: Sie können die Makros von einem Rekorder aufzeichnen lassen, während Sie die entsprechenden Befehle eintippen. Während der Aufzeichnung wandelt QUATTRO PRO bestimmte Tastenanschläge in entsprechende Makrobefehle um. Im zweiten Kapitel werden wir das Arbeiten mit dem Rekorder an einem Beispiel demonstrieren.

Makro: Autoexec

Gehen Sie mit dem Cursor nach Feld Q13, und sichern Sie die Datei mit Hilfe der Befehlsfolge

Datei - Speichern - Ersetzen (oder STRG-S und Ersetzen).

Verlassen Sie anschließend QUATTRO PRO mit dem Befehl

Datei - Programmende (oder STRG-X).

Rufen Sie QUATTRO PRO auf und laden Sie mit Hilfe der Befehlsfolge

Datei - Öffnen

erneut die Datei 1PERS.WQ1.

Sie stellen fest, daß sich der Cursor auf dem Feld Q13 befindet, d.h. dort, wo er sich vor dem Sicherungsvorgang befand.

Bei Laden einer Tabelle prüft QUATTRO PRO, ob die Tabelle ein sogenanntes **Autoexec-Makro** enthält. Autoexec-Makros werden automatisch beim Laden einer Datei ausgeführt.

Wir wollen nun ein solches Makro schreiben. Der Cursor soll nach Laden von 1PERS.WQ1 immer auf dem ersten Feld stehen, unabhängig davon, wo er sich vor dem Sicherungsvorgang befand. Wir wissen, daß das erste Feld mit dem Tastenschlüssel {**HOME**} angesprochen wird.

Belassen Sie den Cursor auf dem Feld Q13.

Geben Sie ein: *Befehl:*

{home}   *Texteingabe*
RETURN-Taste   *Bestätigen des Befehls*

Dokumentieren Sie das Makro. Schreiben Sie in das Feld P13

        Autoexec-Makro.

Gehen Sie mit dem Cursor nach Q13 und benennen Sie das Makro.

Geben Sie ein: *Befehl:*

/B   *Bearbeiten*
N   *Namen*
B   *Block Benennen*
\0   *Eingabe des Namens (Schrägstrich Null)*
RETURN-Taste   *Bestätigen des Befehls*
RETURN-Taste   *Bereich Q13..Q13 Bestätigen*

Das Autoexec-Makro ist mit dem Namen *\0* (Null) definert.

Abbildung 1.6 zeigt die bisher erstellten Makros.

Abbildung 1.6: Dokumentation von fünf Makros

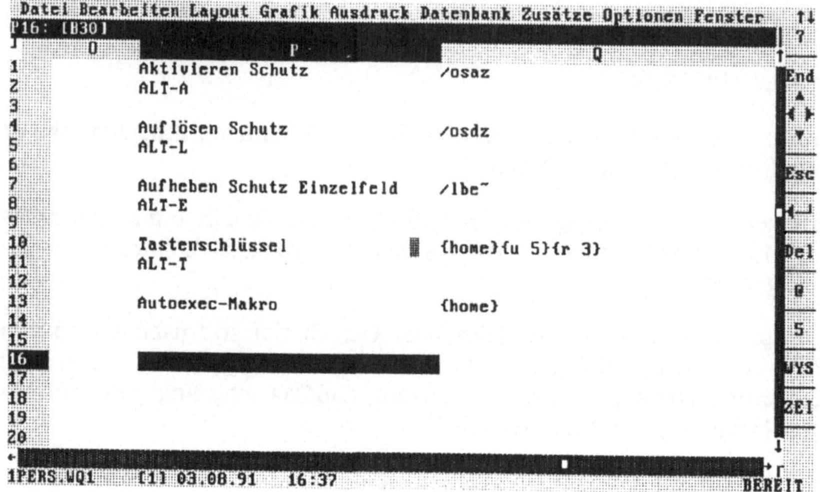

Drücken Sie STRG-S, um den Sicherungsvorgang einzuleiten und wählen Sie **Ersetzen**, um das Arbeitsblatt zu sichern. Verlassen Sie durch STRG-X QUATTRO PRO. Starten Sie erneut QUATTRO PRO und laden Sie 1PERS.WQ1. Wenn das Autoexec-Makro funktioniert, befindet sich der Cursor in Feld A1.

MENÜÄQUIVALENTE BEFEHLE

Sie haben inzwischen einige Makros geschrieben und kennen den Ablauf der Makro-Erstellung. Sie wissen, daß Sie einem Makro einen Tastenschlüssel zuweisen müssen und das Makro über die Tastenschlüssel aufrufen können.

Stellen Sie sich ein aus zwanzig Zeilen bestehendes Makro vor, das ausschließlich aus den Anfangsbuchstaben von Befehlen und Optionen besteht. Es ist leicht einzusehen, daß dieses Makro nicht sehr "lesbar" ist.

Um Makros "lesbar" zu gestalten, bietet QUATTRO PRO den Einsatz menüäquivalenter Befehle an: Hierbei handelt es sich um Befehle, die der Arbeitsweise "normaler Befehle" entsprechen, d.h. daß Sie anstelle der Anfangsbuchstaben von Befehlen und Optionen menüäquivalente Befehle verwenden können.

Dazu ein Beispiel: Bewegen Sie den Cursor nach Feld Q15 und tragen Sie

        {/ Schutz;Aktivieren}

ein. Beachten Sie, daß Sie zwischen "/" und "Schutz" ein Leerzeichen eingeben müssen. Der Befehl

{/ Schutz;Aktivieren}

arbeitet analog zur Befehlsfolge

Optionen - Schutz - Aktivieren - Zurück,

d.h. er entspricht der Tastenfolge /OSAZ.

Tragen Sie in das Feld P15 zu Dokumentationszwecke

Aktivieren Schutz

und in das Feld P16

Name: Aktivieren

ein. Nun bewegen Sie den Cursor wieder nach Feld Q15. QUATTRO PRO bietet neben der Vergabe von Tastenschlüsseln auch die Möglichkeit, für Makros "sprechende" Namen zu definieren. Wir wollen dem Makro den Namen *Aktivieren* zuweisen.

Geben Sie ein:	*Befehl:*
/B	*Bearbeiten*
N	*Namen*
B	*Block Benennen*
Aktivieren	*Eingabe des "sprechenden" Namens*
RETURN-Taste	*Bestätigen des Befehls*
RETURN-Taste	*Bereich Q15..Q15 Bestätigen*

Wir haben damit unserem Makro in Feld Q15 den Namen *Aktivieren* zugewiesen. Öffnen Sie das Menü **Zusätze** und wählen Sie den Befehl **Makro**. Hier wählen Sie den Befehl **Ausführen**: Tragen Sie entweder den Namen *Aktivieren* oder die Feldadresse Q15 ein. Beides ist möglich. Nachdem Sie die RETURN-Taste gedrückt haben, wird das Makro ausgeführt.

Nun fragen Sie sich bestimmt, in welchen Situationen der Einsatz menüäquivalenter Befehle sinnvoll ist. Wenn Sie demnächst eigene - möglicherweise recht umfangreiche - Makros schreiben, sollten Sie darauf achten, die Makros lesbar und übersichtlich zu gestalten. Hier ist der Einsatz der menüäquivalenten Befehle zu empfehlen.

Für den Fall, daß es sich um kleinere und häufig verwendete Makros handelt, sollten Sie vielleicht die "Buchstabenvariante" vorziehen.

Wir werden zwar in diesem Buch den Einsatz menüäquivalenter Befehle bevorzugen, werden aber in einigen Fällen auch auf die Buchstabenvariante zurückgreifen, damit Sie ein Gefühl für das Arbeiten mit beiden Varianten bekommen. Weiterhin müssen Sie bei der Erstellung eigener Makros entscheiden, ob Sie Makros Tastenschlüssel oder "sprechende" Namen zuweisen. Für den Fall, daß es sich um häufig eingesetzte Makros handelt, ist in jedem Fall die Vergabe eines Tastenschlüssels vorzuziehen.

Andererseits sollten Sie bedenken, daß das Alphabet nicht aus unendlich vielen Buchstaben besteht. Stellen Sie sich beispielsweise vor, daß Sie in einem Arbeitsblatt 26 Makros geschrieben und jedem Makro einen Tastenschlüssel zugewiesen haben. Es ist offensichtlich, daß hier leicht Verwechslungen auftreten können.

Wir werden in diesem Buch aufgrund des eleganteren Aufrufs von Makros die Vergabe von Tastenschlüsseln bevorzugen: Das Betätigen einer Tastenkombination ist weniger aufwendig als die Befehlsfolge **Zusätze - Makro - Ausführen** mit anschließender Eingabe des Makronamens. Nur in Einzelfällen werden wir Makros "sprechende" Namen zuweisen.

Theoretisch besteht sogar die Möglichkeit, für Makros sowohl einen Tastenschlüssel, als auch einen "sprechenden" Namen zu definieren. Dann haben Sie auch zwei Möglichkeiten, um die Makros aufzurufen. Für die meisten Anwendungsfälle ist diese Vorgehensweise jedoch nicht zu empfehlen.

ZUSAMMENFASSUNG

Wir haben in diesem Kapitel eine Reihe einfacher Makros erstellt. Sie haben erfahren, daß die Erstellung von Makros in mehreren Schritten erfolgt:

o Eingabe und Dokumentation des Makros;

o Benennen des Makros (Befehl **Bearbeiten - Namen - Block Benennen**) sowie

o Ausführen und Testen des Makros (Aufruf des Makros durch ALT-Buchstabe).

Sie wissen,

o wie man einfache Befehlsfolgen in einem Makro zusammenfaßt,

o was ein Autoexec-Makro ist,

o wie man mit Hilfe des Schritt-Modus (DEBUG) Makros testet und

o wie man innerhalb eines Makros Tastatur-Befehle einsetzen kann.

Im letzten Abschnitt haben Sie erfahren, daß Sie anstelle von Buchstabenfolgen auch menüäquivalente Befehle einsetzen können. Der Einsatz menüäquivalenter Befehle erhöht die Lesbarkeit und Übersichtlichkeit von Makros, beispielsweise ist ein Befehl wie

> {/ Schutz;Aktivieren}

lesbarer als die Buchstabenfolge

> /OSAZ.

Im zweiten Kapitel werden wir uns intensiver mit der Kategorie der menüäquivalenten Befehle beschäftigen.

QUATTRO PRO differenziert bei der Eingabe von Makrobefehlen nicht zwischen Groß- und Kleinschreibung. Beides ist möglich. Wir werden in diesem Buch bei der formellen Beschreibung von Befehlen die Großschreibung verwenden, innerhalb von Beispielen aus Vereinfachungsgründen aber die Kleinschreibung bevorzugen.

Bevor Sie mit Kapitel 2 fortfahren, sollten Sie sich etwa 1 Stunde Zeit nehmen und die Übungsaufgaben lösen. Lösungshinweise befinden sich im Anhang.

ÜBUNGEN

(1)

Das (bereits erstellte) Makro ALT-E hebt den Schutz für das Feld, auf dem sich momentan der Cursor befindet, auf. Die Befehlsfolge

> **Layout - Block Schutz - Aktivieren**

und anschließendes Drücken der RETURN-Taste aktiviert den Schutz wieder.

Schreiben Sie in Feld Q18 ein Makro, das mit dem Tastenschlüssel ALT-Z aufgerufen werden kann und den Schutz des aktuellen Feldes aktiviert. Sie hatten im Verlaufe des Kapitels den Schutz für die Zahlenfelder unseres Arbeitsblattes entfernt. Prüfen Sie an diesen Feldern die Funktionsfähigkeit Ihres Makros.

Schreiben Sie anschließend zur Dokumentation in das Feld P18

> Aktivieren Feldschutz

und in das Feld P19

> ALT-Z.

(2)

Der menüäquivalente Befehl

> **{/ Block;Schutz}**

entspricht der Befehlsfolge

> **Layout - Block Schutz - Aktivieren.**

Schreiben Sie ein Makro, das über den Befehl

> **{/ Block;Schutz}** ~

den Blockschutz wieder aktiviert. Vergeben Sie für das Makro den Namen *Blockschutz*. Die Tilde (~) am Ende des Befehls bewirkt, daß der vorgeschlagene Block bestätigt wird. Wenn die Tilde weggelassen wird, müssen Sie, um den Befehl abzuschließen, den vorgeschlagenen Block selbst durch Drücken der RETURN-Taste bestätigen.

Damit führen die in den Übungen (1) und (2) erstellten Makros die gleichen Aufgaben aus. Prüfen Sie anhand der Zahlenfelder, ob auch das zweite Makro funktioniert.

Vergessen Sie nicht, das Makro zu dokumentieren.

(3)

Schreiben und dokumentieren Sie ein Makro in der "Buchstabenvariante", mit dem Sie Ihr Arbeitsblatt sichern können (Befehlsfolge **Datei - Speichern - Ersetzen**).

Das Makro soll durch Drücken von ALT-S aufgerufen werden.

(4)

Schreiben und dokumentieren Sie ein Makro, das Sie von jeder beliebigen Position der Tabelle zum Feld P1 bringt. P1 soll sich dabei am linken oberen Rand des Bildschirms befinden, so daß sowohl Erläuterungen, als auch Makros bequem eingesehen werden können.

Verwenden Sie dazu ausschließlich Tastatur-Befehle. Sie kommen mit wenigen Befehlen aus. Beginnen Sie das Makro mit dem Befehl **{HOME}**.

Das Makro soll durch Drücken von ALT-V aufgerufen werden.

2 ARBEITEN MIT AUSWAHLBILDERN

Nehmen wir an, der Assistent des Personalchefs erhält die Aufgabe, mit Hilfe von QUATTRO PRO Arbeitsblätter zu erstellen, die Auskunft über den aktuellen Personalbestand des Unternehmens geben. Die Personaldaten unterliegen im Verlaufe eines Jahres häufigen Änderungen, die z.B. auf innerbetriebliche Wechsel oder Einstellung neuer Mitarbeiter zurückzuführen sind.

Der Assistent wird beauftragt, zur Verfolgung des Personalbestandes ein System zu entwickeln, das nach Fertigstellung nur einen minimalen Wartungsaufwand erfordert. Der Personalchef möchte darüber hinaus selbst mit dem System arbeiten und bei Abwesenheit des Assistenten in der Lage sein, sich "per Knopfdruck" die aktuellen Personaldaten zu beschaffen.

ZIELE DES KAPITELS

Wir werden zunächst ein Arbeitsblatt mit den vom Personalchef gewünschten Personaldaten vorstellen. Anschließend werden wir zeigen, wie der spätere Umgang mit dem Arbeitsblatt durch Einsatz von Makros vereinfacht werden kann.

Sie erfahren, wie man mit Hilfe von Auswahlbildern die erstellten Makros zu einer übersichtlichen Anwendung zusammenfassen kann. Der Personalchef kann mit Hilfe der Anwendung auch ohne ausgeprägte QUATTRO PRO-Kenntnisse die gewünschten Daten selbst abrufen.

Darüber hinaus werden wir uns im ersten Teil des Kapitels eine Reihe menüäquivalenter Befehle ansehen. Im zweiten Teil des Kapitels werden wir Ihnen einen Überblick über die anderen Kategorien von Makrobefehlen geben und deren Arbeitsweise anhand von Beispielen aufzeigen.

Am Ende des Kapitels werden wir an einem Beispiel den Makro-Rekorder erklären, mit dessen Hilfe Makros aufgezeichnet werden können.

ARBEITSBLATT UND FUNKTIONEN

Abbildung 2.1 zeigt den oberen Teil des Arbeitsblattes mit der Übersicht des Personalbestandes. Das Arbeitsblatt ist in der Datei

2BESTAND.WQ1

gespeichert. Laden Sie über die Befehlsfolge **Datei - Öffnen** das Arbeitsblatt.

Abbildung 2.1: Übersicht Personalbestand

```
 Datei Bearbeiten Layout Grafik Ausdruck Datenbank Zusätze Optionen Fenster
 A1: [B1] ':

      BEISPIEL AG      :      ABTEILUNGEN
    : Übersicht Personalbestand :- - - - - - - - - - - - - - - -
               1991         :Rewe Eink Matw  DV Verk L&G Prod SUMME

    : Bestand Ende Vorjahr  :  68   60   13  43   75  40  512  811

    :              : Neueinstellungen :   1    2    0   4    3   2   11   23
    : Z U -        : Übernahme Azubis  :   2    1    0   2    1   0    9   15
    : gänge        : innerbetr.Wechsel:   3    0    2   3    1   0    6   15
    :              : sonstige Zugänge  :   0    0    0   0    0   0    2    2
    :              :    S U M M E      :   6    3    2   9    5   2   28   55

    :              : Kündigung         :   1    1    2   5    2   0    7   18
    : A B -        : natürl. Abgänge   :   8    1    1   0    1   0    6   17
    : gänge        : innerbetr.Wechsel:   1    0    0   1    0   0    2    4
    :              : sonstige Abgänge  :   3    1    0   0    0   0    1    5
    :              :    S U M M E      :  13    3    3   6    3   0   16   44

    : Veränderung Personalbestand:  -7    0   -1   3    2   2   12   11

 2BESTAND.WQ1 [1] 03.08.91   16:44                                  BEREIT
```

Wir gehen in dieser Anwendung von insgesamt 7 Abteilungen aus: (1) Rechnungswesen, (2) Einkauf, (3) Materialwirtschaft, (4) Organisation und Datenverarbeitung, (5) Verkauf, (6) Lohn und Gehalt und (7) Produktion.

Zur Erstellung des Arbeitsblattes benötigt der Personalchef von jeder Abteilung folgende aktuelle Informationen:

o Personalbestand Ende Vorjahr (1);

o Zugänge, aufgeteilt nach
   Neueinstellungen (2),
   Übernahme Azubis (3),
   innerbetriebliche Wechsel (4) und
   sonstige Zugänge (5);

o Abgänge, aufgeteilt nach
   Kündigungen (6),
   natürliche Abgänge (7),
   innerbetriebliche Wechsel (8) und
   sonstige Abgänge (9);

o Personalbedarf (10).

Damit keine manuellen Eingaben in unserem Arbeitsblatt erforderlich sind, sollen die 10 Zahlenwerte pro Abteilung aus anderen Dateien eingelesen und über Formeln in die entsprechenden Felder des Arbeitsblattes kopiert werden.

Wir richten dazu innerhalb der Datei 2BESTAND.WQ1 eine Hilfstabelle ab der Zeile 41 ein (s. Abbildung 2.2).

Diese Tabelle enthält die pro Abteilung benötigten Zahlenwerte. Diese Daten sind über Formeln mit unserem Arbeitsblatt verknüpft, so daß sich die Feldinhalte aus Zahlenwerten der Hilfstabelle und Berechnungen innerhalb des Arbeitsblattes ergeben.

Abbildung 2.2: Hilfstabelle

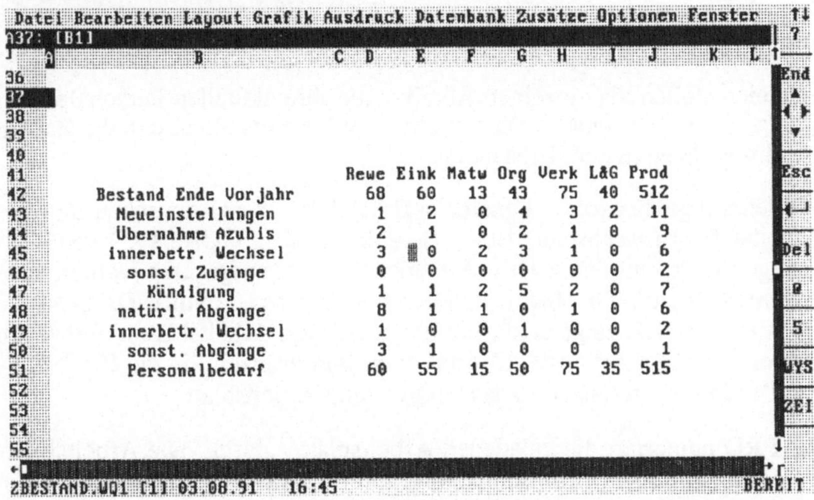

	Rewe	Eink	Matw	Org	Verk	L&G	Prod
Bestand Ende Vorjahr	68	60	13	43	75	40	512
Neueinstellungen	1	2	0	4	3	2	11
Übernahme Azubis	2	1	0	2	1	0	9
innerbetr. Wechsel	3	0	0	2	3	1	0
sonst. Zugänge	0	0	0	0	0	0	2
Kündigung	1	1	2	5	2	0	7
natürl. Abgänge	8	1	1	0	1	0	6
innerbetr. Wechsel	1	0	0	1	0	0	2
sonst. Abgänge	3	1	0	0	0	0	1
Personalbedarf	60	55	15	50	75	35	515

Folgende Dateien speichern die Abteilungsdaten:

o   2REWE . WQ1,
o   2EINK . WQ1,
o   2MATW . WQ1,
o   2ORG . WQ1,
o   2VERK . WQ1,
o   2LUG . WQ1,
o   2PROD . WQ1.

Laden Sie beispielsweise über die Befehlsfolge **Datei - Öffnen** die Datei 2REWE.WQ1. Sie stellen fest, daß diese nur 10 Werte speichert. Die Zahlenwerte haben einen Bereichsnamen erhalten (Befehl **Bearbeiten - Namen - Block Benennen**), der dem Dateinamen der Abteilung entspricht, z.B.

REWE.

Wir benötigen den Bereichsnamen, wenn wir Daten von 2REWE.WQ1 nach 2BESTAND.WQ1 übertragen. Die Zahlenwerte der Materialwirtschaft sind beispielsweise in der Datei

2MATW.WQ1

unter dem Bereichsnamen

MATW

gespeichert.

In diesen Dateien stellen die einzelnen Abteilungen ihre aktuellen Personalzahlen zur Verfügung. Laden Sie weitere Dateien. Sie werden feststellen, daß die Zahlen identisch sind mit denen in der Hilfstabelle.

Über die Befehlsfolge **Fenster - Fenster wählen** können Sie zwischen den geladenen Arbeitsblättern wechseln. Vielen Befehlen sind in QUATTRO PRO Tastenkürzel zugeordnet, mit deren Hilfe Befehle eleganter aufgerufen werden können. Die "schnelle Taste" für obigen Befehl ist ALT-0 (ALT-Null). Drücken Sie ALT-0. QUATTRO PRO zeigt daraufhin die geladenen Arbeitsblätter. Bewegen Sie den Cursor zu einem Arbeitsblatt Ihrer Wahl und drücken Sie die RETURN-Taste: QUATTRO PRO wechselt in das ausgewählte Arbeitsblatt.

QUATTRO PRO numeriert die geladenen Arbeitsblätter durch. Die Arbeitsblattnummern werden am unteren Bildschirmrand in der Statuszeile angezeigt. Wenn Sie die Nummern der geladenen Arbeitsblätter kennen, können Sie durch Drücken von *ALT-Nummer* ist das entsprechende Arbeitsblatt wechseln. Drücken Sie beispielsweise ALT-1, um in das erste geladene Arbeitsblatt zu wechseln. Drücken Sie anschließend ALT-2, um in das zweite geladene Arbeitsblatt zu wechseln.

Datenaustausch zwischen zwei Dateien

Wechseln Sie zum Arbeitsblatt 2BESTAND.WQ1 und bewegen Sie den Cursor
nach Feld D42. Löschen Sie die Daten des Rechnungswesens.

Geben Sie ein: *Befehl:*

/B   *Bearbeiten*
B   *Block Löschen*
d42..d51   *Bereich eingeben*
RETURN-Taste   *Bestätigen des Befehls*

Wir wollen nun die aktuellen Daten von 2REWE.WQ1 in unser Arbeitsblatt
übernehmen (der Cursor befindet sich immer noch auf D42).

Geben Sie ein: *Befehl:*

/Z   *Zusätze*
D   *Datenübernahme*
K   *Kopieren*
B   *Block*
rewe   *Blockname eingeben*
RETURN-Taste   *Blocknamen bestätigen*
2rewe.WQ1   *Dateinamen eingeben*
RETURN-Taste   *Bestätigen des Befehls*

Die Daten aus 2REWE.WQ1 sind in die entsprechenden Felder der Datei
2BESTAND.WQ1 kopiert worden. Über Formeln erhalten die Zahlenwerte ihre
richtige Position im Arbeitsblatt, z.B. greift Feld D6 (Bestand Ende Vorjahr) des
Arbeitsblattes auf Feld D42 der Hilfstabelle zu.

Da die Daten der Hilfstabelle mit denen aus 2REWE.WQ1 identisch waren, haben sich durch die Datenübernahme für unser Arbeitsblatt keine Änderungen ergeben.

Warum Auswahlbilder?

Wir haben im ersten Kapitel verschieden Makros erstellt, die bestimmte Verar-
beitungsschritte durchführen und den Anwender von Schreibarbeit entlasten. Ein
Anwender, der längere Zeit nicht mit dem Arbeitsblatt gearbeitet hat, wird sich
möglicherweise nur sehr ungenau an die korrekten Tastenkombinationen erinnern
und muß zunächst die Dokumentation heranziehen (sofern diese überhaupt vorhanden ist).

Gleiches gilt für den Anwender, der das Arbeitsblatt nicht selbst erstellt hat, es aber gelegentlich für bestimmte Aufgaben nutzt.

Die Lösung dieses Problems besteht darin, dem Anwender eine Übersicht sämtlicher Makros zu geben, aus der er die benötigten Makros auswählen kann.

Abbildung 2.3: Auswahlbild

```
 Datei Bearbeiten Layout Grafik Ausdruck Datenbank Zusätze Optionen Fenster  ↑↓
A1:                                                                          | ?
        0     P  Q     R     S     T        U      V     W     X       ↑
 1            :=======================================================:     End
 2            : BEISPIEL :    Übersicht       : Datei - ZBESTAND  :          ▲
 3            :   AG     : Personalbestand    : Datum -  03.08.91 :         ◄ ►
 4            :----------------------------------------------------:         ▼
 5            :   Tastendruck    Makro                             :
 6            :   ------------------------------------------       :        Esc
 7            :   ALT-T          Betrachten Tabelle                :
 8            :   ALT-J          Ende mit Sichern (Ja)             :         ↵
 9            :   ALT-N          Ende ohne Sichern (Nein)          :
10            :   ALT-Z          Zwischendurch speichern           :        Del
11            :   - - - - - - - - - - - - - - - - - - - -          :
12            :   ALT-R          Rechnungswesen                    :         0
13          ▓ :   ALT-E          Einkauf                           :
14            :   ALT-M          Materialwirtschaft                :         5
15            :   ALT-O          Organisation                      :
16            :   ALT-L          Lohn und Gehalt                   :        SYS
17            :   ALT-P          Produktion                        :
18            :----------------------------------------------------:        ZEI
19            :   ALT-W          Zurück zur Auswahl                :
20            :=======================================================:      ↓
 ◄                            ■                                       ►  ⌐
ZBESTAND.WQ1 [1] 03.08.91   16:47                                  BEREIT
```

Geben Sie ein: *Befehl:*

POS1 (Home)   *Sprung nach A1*
F5   *Funktionstaste F5: Gehezu*
o1   *Adresse eingeben*
RETURN-Taste   *Bestätigen des Befehls*

Sie sehen die bereits erstellte Übersicht (s. Abbildung 2.3): Der Anwender kann zwischen 11 Makros auswählen:

Im unteren Teil des Auswahlbildes ist für jede Abteilung die entsprechende Tastenkombination zur Aktualisierung der Personalzahlen angegeben.

In den Anwendungen dieses Buches werden wir einem bestimmten Makro immer den gleichen Tastenschlüssel zuweisen: Sie gelangen durch Drücken von ALT-W jeweils zurück zum Auswahlbild.

ERSTELLEN DER MAKROS

Die Reihenfolge bei der Makro-Erstellung ist grundsätzlich unabhängig von der Reihenfolge der Makros im Auswahlbild. Während die Reihenfolge bei der Entwicklung davon abhängen sollte, welche Makros zuerst (d.h. bereits während der Erstellungsphase) benötigt werden, orientiert sich die Reihenfolge der Makros im Auswahlbild an inhaltlichen Kriterien, indem zusammengehörende Makros optisch entsprechend aufgeführt werden.

Makro: Autoexec

Wir beginnen mit dem Makro, das beim Laden der Tabelle automatisch ausgeführt wird. Dieses Makro soll folgende Aufgaben erfüllen:

o Löschen eines eventuell bestehenden Ausschnitts. Wir werden bei einem der Makros mit Ausschnitten arbeiten. Für den Fall, daß die Datei mit bestehendem Ausschnitt gesichert wird, wird der Ausschnitt beim erneuten Aufruf der Datei automatisch annulliert.

o Springen zum Auswahlbild, um sofort einen Überblick über die zur Verfügung stehenden Makros zu erhalten.

Vollziehen Sie folgende Befehlsfolge nach. Die Befehlsfolge erfüllt die beschriebenen Aufgaben.

Geben Sie ein:	Befehl:
/F	Fenster
O	Optionen
F	Feste Titel
L	Löschen
POS1-Taste	Bewegen des Cursors auf A1
F5	Funktionstaste F5 (Gehezu)
o1	Adresse eingeben
RETURN-Taste	Bestätigen des Befehls

Nach Eingabe dieser Befehlsfolge erscheint das Auswahlbild in der Mitte Ihres Bildschirms. Der Cursor befindet sich auf dem Feld O1. Positionieren Sie den Cursor auf das Feld AA1 und legen Sie die Breite der Spalten AA und AB mit Hilfe der Befehlsfolge

Layout - Spaltenbreite (oder STRG-B)

auf 35 fest.

An dieser Stelle gehen wir von der in Kapitel 1 vorgestellten Art der Makro-Entwicklung ab. Wir werden in diesem Kapitel anstelle der "Buchstabenvariante" mit menüäquivalenten Befehlen arbeiten. Sie werden erkennen, daß die Makros auf diese Art und Weise übersichtlicher erstellt und einfacher überarbeitet werden können.

Zum Schreiben des Makros bewegen Sie den Cursor auf das Feld AB1.

Geben Sie ein: *Befehl:*

{/ Titel;Löschen}   *Bitte Text eingeben*
RETURN-Taste   *Bestätigen des Befehls*

Der menüäquivalente Befehl, der der Befehlsfolge **Fenster - Optionen - Feste Titel - Löschen** entspricht, lautet:

        {/ Titel;Löschen}

Über diese Befehlsfolge löschen wir einen möglicherweise noch bestehenden Ausschnitt.

Bewegen Sie den Cursor nach Feld AB2, um den zweiten Teil des Makros einzugeben.

Geben Sie ein: *Befehl:*

{home} {gehezu}o1 ~   *Bitte Text eingeben*
RETURN-Taste   *Bestätigen des Befehls*

Der Tastatur-Befehl

        {GEHEZU}

entspricht dem Drücken der Funktionstaste F5. Diese leitet ebenfalls den Sprungbefehl ein. Anschließend ist die Feldadresse festzulegen und der Befehl über die Tilde (~) abzuschließen.

Gehen Sie zum Feld AA1 und tragen Sie in dieses Feld zu Dokumentationszwecken

        Autoexec-Makro

ein. Gehen Sie anschließend nach Feld AB1 und benennen Sie das Makro.

Geben Sie ein:	*Befehl:*
ALT-F2	*Sprung ins Makro-Menü*
N	*Namen*
Ä	*Ändern/Erstellen*
\0	*Name eingeben (Null)*
RETURN-Taste	*Bestätigen des Befehls*
RETURN-Taste	*Bereich AJ1..AJ1 bestätigen*

Die Befehlsfolge im Autoexec-Makro wird fortan nach jedem Laden der Tabelle ausgeführt. Testen Sie das Autoexec-Makro: Speichern Sie 2BESTAND.WQ1 (STRG-S und **Ersetzen**) und verlassen Sie QUATTRO PRO (STRG-X).

Starten Sie QUATTRO PRO und laden Sie erneut die Datei mit der Befehlsfolge

Datei - Öffnen.

Wenn das Auswahlbild auf dem Bildschirm erscheint, funktioniert das Makro.

Wie Sie soeben gesehen haben, bietet QUATTRO PRO für das Benennen von Makros eine zweite Befehlsfolge an. Während im ersten Kapitel ausschließlich die Befehlsfolge **Bearbeiten - Namen - Block Benennen** eingesetzt wurde, haben wir bei der Benennung des Autoexec-Makros zum ersten Mal die Befehlsfolge **Zusätze - Makro - Namen - Ändern/Erstellen** verwendet. QUATTRO PRO bietet damit zwei Befehlsfolgen an, die den gleichen Zweck erfüllen. Es bleibt Ihnen bei der Erstellung eigener Makros überlassen, welcher Befehlsfolge Sie den Vorzug geben.

Das Autoexec-Makro kann nicht manuell mit ALT-0 aufgerufen werden. Wollen Sie ein Autoexec-Makro manuell aktivieren, müssen Sie das Makro über die Befehlsfolge **Zusätze - Makro - Ausführen** aufrufen.

Wir haben zum ersten Mal ein Makro entwickelt, das sich über mehr als eine Zeile erstreckt. Folgende grundsätzlichen Erklärungen daher an dieser Stelle:

Ein Makro besteht aus einem oder mehreren Labels (Texteingaben) mit Makroinstruktionen. Sie können entweder sämtliche Makroinstruktionen in *ein* Label eingeben, oder die Instruktionen auf mehrere aufeinanderfolgende Zellen in einer Spalte verteilen.

Längere Makros sollten Sie in jedem Fall auf mehrere Felder verteilen, um dadurch die Übersichtlichkeit des Makros zu erhalten.

QUATTRO PRO liest ein Makro, indem es bei der ersten Zelle beginnt und in der Spalte weiter nach unten geht, bis es auf eine leere Zelle oder einen speziellen Makrobefehl trifft, der das Makro entweder abbricht oder zu einem anderen Makro verzweigt. Beim Benennen eines Makros, das sich über mehrere Felder erstreckt, reicht es aus, das erste Feld anzusprechen.

Abschließend noch ein Hinweis zum Arbeiten mit Autoexec-Makros: Öffnen Sie das Menü **Optionen** und wählen Sie den Befehl **Anfangsparameter**. Sie sehen unter **Start-Makro** die Angabe \0. Dies ist der von QUATTRO PRO standardmäßig verwendete Name, den Sie allerdings überschreiben können. Bewegen Sie den Cursor zum Befehl **Start-Makro** und drücken Sie die Funktionstaste F1, um sich die entsprechenden Erläuterungen zu diesem Befehl anzusehen.

Makro: Zurück zur Auswahl

Es handelt sich um das letzte Makro im Auswahlbild, das jedoch bereits während der Erstellungsphase benötigt wird. Also ziehen wir es vor. Sobald Sie - aus welchen Gründen auch immer - zurück zum Auswahlbild wollen, sollen Sie über die Tastenkombination ALT-W dorthin gelangen.

Gehen wir davon aus, der Cursor steht irgendwo in der Tabelle und Sie wollen zurück zum Auswahlbild. Das dafür zu schreibende Makro ist identisch mit dem Autoexec-Makro: Ein eventuell bestehender Ausschnitt wird gelöscht und es erfolgt der Sprung zum Auswahlbild.

Schließen Sie eventuell noch geöffnete Menüs und gehen Sie mit dem Cursor auf das Feld AB4. Tragen Sie die erste Zeile des Makros ein.

Geben Sie ein:	*Befehl:*
{/ Titel;Löschen}	*Bitte Text eingeben*
RETURN-Taste	*Bestätigen des Befehls*

Bewegen Sie den Cursor nach Feld AB5 und tragen Sie die zweite Zeile des Makros ein.

{home} {gehezu}o1 ~	*Bitte Text eingeben*
RETURN-Taste	*Bestätigen des Befehls*

Bewegen Sie den Cursor zurück nach AB4 und vergeben Sie den Namen.

Geben Sie ein:	*Befehl:*
ALT-F2	*Makro-Menü*
N	*Namen*
Ä	*Ändern/Erstellen*
\W	*Name eingeben*
RETURN-Taste	*Bestätigen des Befehls*
RETURN-Taste	*Bereich AB4..AB4 bestätigen*

Dokumentieren Sie das Makro. Gehen Sie mit dem Cursor nach AA4 und geben Sie

> Zurück zur Auswahl

ein. Gehen Sie anschließend nach AA5 und geben Sie

> ALT-W

ein. Testen Sie das Makro. Gehen Sie mit dem Cursor zu einem beliebigen Feld Ihres Arbeitsblatts. Geben Sie ALT-W ein. Ihr Makro arbeitet ohne Fehler, wenn das Auswahlbild auf dem Bildschirm erscheint.

Da dieses Makro vermutlich häufiger aufgerufen wird, merken Sie sich am besten die Tastenkombination ALT-W.

Das Autoexec-Makro und das zuletzt erstellte Makro sind identisch: Es wäre daher in diesem Fall auch möglich gewesen, dem Autoexec-Makro zusätzlich die Tastenkombination \W zuzuordnen. Um eine transparente Organisation Ihrer Makros sicherzustellen, sollten Sie jedoch darauf verzichten, einem Makro mehrere Tastenschlüssel zuzuweisen. Sie werden im Verlaufe dieses Kapitels Befehle kennenlernen, die eine geeignetere Strategie unterstützen.

Makro: Betrachten Tabelle

Dieses Makro soll bewirken, daß der Cursor vom Auswahlbild zum ersten Feld der Tabelle springt und anschließend im Feld D6 einen Ausschnitt einrichtet. Durch den Ausschnitt sollen die Bezeichnungen am linken und oberen Tabellenrand sichtbar bleiben, während der Rest der Tabelle gerollt wird. Der Anwender kann die ihn interessierenden Informationen in der Tabelle aufsuchen, ohne daß versehentlich Zahlen den falschen Bezeichnungen zugeordnet werden.

Vollziehen Sie die Befehlsfolge nach.

Geben Sie ein:	*Befehl:*
POS1-Taste	*Bewegen des Cursors auf A1*
5 x Pfeiltaste unten	*Bewegen des Cursors auf A6*
3 x Pfeiltaste rechts	*Bewegen des Cursors auf D6*
/F	*Fenster*
O	*Optionen*
F	*Feste Titel*
B	*Beide*

Bewegen Sie den Cursor einige Male hin und her (auch über den rechten und unteren Bildschirmrand hinaus). Sie stellen fest, daß die Bezeichnungen am linken und oberen Rand "festgehalten" werden.

Nun schreiben wir das Makro. Löschen Sie vorab den Ausschnitt durch Aufruf des Makros ALT-W. Gehen Sie anschließend mit dem Cursor nach AB7.

Geben Sie ein:	*Befehl:*
{home}{u 5}{r 3}	*Bitte Text eingeben*
RETURN-Taste	*Bestätigen des Befehls*

Geben Sie mit dem Cursor nach AB8, um den zweiten Teil des Makros einzugeben.

Geben Sie ein:	*Befehl:*
{/ Titel;Beide}	*Bitte Text eingeben*
RETURN-Taste	*Bestätigen des Befehls.*

Der menüäquivalente Befehl

{/ Titel;Beide}

entspricht der Befehlsfolge **Fenster - Optionen - Feste Titel - Beide**.

Benennen Sie schließlich das Makro. Das Makro soll über den Tastenschlüssel

ALT-T

aufgerufen werden. Gehen Sie mit dem Cursor nach Feld AB7 und vergeben Sie für Feld AB7 den Tastenschlüssel \T. Verwenden Sie dazu eine der beiden Befehlsfolgen, die Sie inzwischen kennengelernt haben.

Tragen Sie anschließend in das Feld AA7

>   Betrachten Tabelle

und in das Feld AA8

>   ALT-T

ein. Probieren Sie das Makro aus! Nach Aufruf des Makros springt der Cursor nach Feld D6 und es wird ein Ausschnitt eingerichtet.

Durch ALT-W gelangen Sie zurück zur Auswahl und der Ausschnitt wird wieder annulliert.

Makro: Aktualisieren Rechnungswesen

Wir beginnen nun mit dem Makro zur Aktualisierung der Rechnungswesendaten. Das Makro soll bewirken, daß

(1)
der Cursor auf das Feld D42 der Hilfstabelle springt,

(2)
die aktuellen Zahlen aus der Rechnungswesen-Datei 2REWE.WQ1 über die Befehlsfolge **Zusätze - Datenübernahme - Kopieren - Block** eingelesen werden,

(3)
das Auswahlbild wieder auf dem Bildschirm erscheint.

Das Makro *Rechnungswesen* setzt sich demnach aus drei Befehlsfolgen zusammen, die wir nacheinander eingeben wollen. Bewegen Sie den Cursor nach Feld AB10. Geben Sie die erste Zeile des Makros ein:

>   {Gehezu}d42~

In das Feld AB11 tragen Sie bitte

>   {/ Datei;KopierBlock}

ein, in das Feld AB12

>   rewe~2rewe.wq1~

und in das Feld AB13

>   {Sprung AB4}

Beachten Sie, daß Sie zwischen "Sprung" und "AB4" ein Leerzeichen eingeben müssen. Tragen Sie zu Dokumentationszwecken in das Feld AA10

> Aktualisieren Rechnungswesen

und in das Feld AA11

> ALT-R

ein. Abbildung 2.4 zeigt die bisher erstellten Makros.

Abbildung 2.4: Dokumentation von 4 Makros

```
 Datei Bearbeiten Layout Grafik Ausdruck Datenbank Zusätze Optionen Fenster   ↑↓
AA15: [B35]                                                                     ?
                    AA                                      AB                  ↑
 1   Autoexec-Makro                        {/ Titel;Löschen}                  End
 2                                          {home}{gehezu}o1~                   ▲
 3                                                                            ◄ ►
 4   Zurück zur Auswahl                     {/ Titel;Löschen}                   ▼
 5   ALT-W                                  {home}{gehezu}o1~
 6                                                                            Esc
 7   Betrachten Tabelle                     {home}{u 5}{r 3}
 8   ALT-T                                  {/ Titel;Beide}                   ↵
 9
10   Aktualisieren Rechnungswesen          {gehezu}d42~                       Del
11   ALT-R                                  {/ Datei;KopierBlock}
12                                          rewe~2rewe.wq1~                     0
13                                          {sprung AB4}
14                                                                             5
15
16                                                                           NYS
17
18                                                                           ZEI
19
20                                                                             ↓
←                                                                             ┐
ZBESTAND.WQ1 [1] 03.08.91   16:50                                       BEREIT
```

Nun zu den einzelnen Befehlen: Der Befehl in Feld AB10 bewirkt über den Tastatur-Befehl

> **{GEHEZU}**

den Sprung nach Feld D42. Der menüäquivalente Befehl

> **{/ Datei;KopierBlock}**

entspricht der Befehlsfolge **Zusätze - Datenübernahme - Kopieren - Block**. Nach Eingabe dieser Befehlsfolge erwartet QUATTRO PRO von Ihnen, daß Sie Block und Dateinamen festlegen, um die Daten korrekt übernehmen zu können.

Das gleiche gilt für den menüäquivalenten Befehl: Sie müssen direkt hinter dem Befehl oder eine Zeile tiefer den Block und den Dateinamen festlegen.

Wir haben in diesem Fall die Angaben in die Zeile AB12 eingegeben:

> rewe~2rewe.wq1 ~

Zunächst wird der Block *Rewe* angegeben und über die Tilde (~) bestätigt, anschließend die Datei *2Rewe.wq1*, die ebenfalls über die Tilde (~) bestätigt wird.

Diese Vorgehensweise setzt voraus, daß sich die Datei 2REWE.WQ1 auf dem gleichen Laufwerk und im gleichen Verzeichnis wie 2BESTAND.WQ1 befindet. Für den Fall, daß dies nicht zutrifft, müssen Sie die Angaben entsprechend korrigieren, d.h. um eine Laufwerks- und/oder Verzeichnisangabe ergänzen, z.B.:

> B:\2REWE.WQ1.

Betrachten Sie die Anweisung in Feld AB12:

> {Sprung AB4}

Den Rücksprung zum Auswahlbild realisieren wir durch einen speziellen Programmsteuerungs-Befehl:

> **{SPRUNG Ort}**

Wir wissen, daß das Makro *Zurück zur Auswahl* bereits die Aufgabe erfüllt, den Cursor zum Auswahlbild zu bringen. Wir müßten veranlassen, daß dieses Makro aufgerufen wird, und hätten damit den Rücksprung zum Auswahlbild realisiert.

Normalerweise liest QUATTRO PRO die Felder eines Makros in einer Spalte von oben nach unten. Mit dem Befehl **{SPRUNG Ort}** läßt sich diese Reihenfolge verändern. QUATTRO PRO springt zu dem angegebenen Feld und setzt dort die Makroausführung fort.

Sie sollten die Befehle **{SPRUNG}** und **{GEHEZU}** nicht verwechseln. Während **{SPRUNG}** benutzt wird, um den Ablauf der Makroausführung flexibler zu gestalten, können Sie mit **{GEHEZU}** Cursorbewegungen veranlassen.

Gehen Sie mit dem Cursor nach AB10 und weisen Sie dem Makro den Tastenschlüssel

> \R

zu. Bevor Sie das Makro aufrufen, überprüfen Sie noch einmal Ihre Eingaben. Starten Sie durch Drücken von ALT-R das Makro. Sollte Ihr Makro mit einem Fehlerhinweis abbrechen, versuchen Sie, im DEBUG-Modus den Fehler zu lokalisieren und zu beheben.

Nach Ablauf des Makros erscheint das Auswahlbild wieder auf dem Bildschirm.

Sichern Sie an dieser Stelle einmal Ihre Datei mit Hilfe der Befehlsfolge

Datei - Speichern - Ersetzen.

Das Makro *Rechnungswesen* besteht aus drei Befehlen, die jeweils zu unterschiedlichen Befehlskategorien gehören. Der Befehl {GEHEZU} gehört zu den Tastatur-Befehlen, bei {/ **Datei;KopierBlock**} handelt es sich um einen menüäquivalenten Befehl, schließlich gehört {SPRUNG} zur Kategorie der Programmsteuerungs-Befehle.

Im nächsten Abschnitt werden wir einen Überblick über die 7 Kategorien von Makrobefehlen geben. Zuvor müssen wir jedoch noch drei kleinere Makros erstellen, um unsere Anwendung zu vervollständigen.

Sicherungsmakros

Bewegen Sie den Cursor nach Feld AB15 und tragen Sie

{/ Datei;SofortSpeichern}e

ein. Der menüäquivalente Befehl

{/ **Datei;SofortSpeichern**}

entspricht der Befehlsfolge **Datei - Speichern**. Der Buchstabe "e" steht für die Option **Ersetzen**.

Tragen Sie in das Feld AB14

Zwischendurch sichern

und in das Feld AB15

ALT-Z

ein. Bewegen Sie anschließend den Cursor nach Feld AB14 und benennen Sie das Makro: Das Makro soll über den Tastenschlüssel ALT-Z aufgerufen werden.

Testen Sie, ob das Makro funktioniert. Nach Aufruf des Makros wird die Datei gesichert.

Nun bewegen Sie den Cursor nach Feld AB18 und tragen Sie

{/ System;ProgrammEnde}se

ein.

Der menüäquivalente Befehl

{/ **System;ProgrammEnde**}

entspricht der Befehlsfolge **Datei - Programmende**. Die Buchstaben "se" stehen für "Sichern und Beenden" und "Ersetzen".

In das Feld AA18 tragen Sie bitte

Ende mit Sichern

und in das Feld AA19

ALT-J

ein. Bewegen Sie den Cursor nach Feld AB18 und benennen Sie das Makro. Vergeben Sie den Tastenschlüssel \J. Prüfen Sie schließlich, ob das Makro funktioniert. Nach Aufruf des Makros beendet QUATTRO PRO die Sitzung und Sie befinden sich auf Betriebssystemebene. Rufen Sie erneut QUATTRO PRO auf und laden Sie 2BESTAND.WQ1.

Nun zum letzten Makro dieses Abschnitts: Bewegen Sie den Cursor nach Feld AB21 und tragen Sie

{/ System;ProgrammEnde}j

ein. Der Buchstabe "j" veranlaßt, daß QUATTRO PRO ohne Sicherungsvorgang verlassen wird. Tragen Sie in das Feld AA21

Ende ohne Sichern

und in das Feld AA22

ALT-N

ein. Vergeben Sie für das Makro den Tastenschlüssel \N.

Bevor Sie das Makro gleich aufrufen, müssen Sie die Datei vorher einmal sichern, z.B. durch Drücken von ALT-Z (Zwischendurch sichern).

Nun rufen Sie das Makro durch Drücken von ALT-N auf. Wenn es richtig funktioniert, befinden Sie sich auf Betriebssystemebene und QUATTRO PRO wurde verlassen, ohne die zuletzt vorgenommenen Änderungen zu speichern.

Abbildung 2.5 zeigt die erstellten Makros. Wir haben damit die zur Anwendung 2BESTAND.WQ1 gehörenden Makros erstellt.

Die noch fehlenden Makros zur Aktualisierung der Abteilungsdaten können Sie im Rahmen einer Übung am Ende des Kapitels selbst erstellen.

Abbildung 2.5: Sicherungsmakros

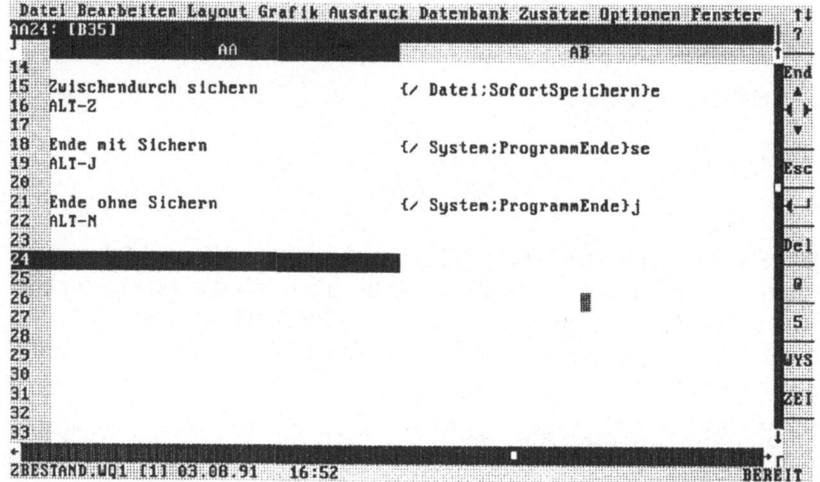

DER ÜBERBLICK

Der folgende Abschnitt gibt einen Überblick der 7 Befehlskategorien.

1. Tastatur-Befehle

Sie haben inzwischen eine Reihe von Tastatur-Befehlen kennengelernt. Diese entsprechen den Eingaben über Funktionstasten, Pfeiltasten, Tastenkombinationen usw.

Mit Hilfe der Befehle {**HOME**}, {**O**}, {**U**}, {**L**} und {**R**} haben wir beispielsweise Cursorbewegungen veranlaßt, mit {**GEHEZU**} haben wir Sprünge zu einer bestimmten Feldadresse realisiert.

Das Handbuch und das Hilfesystem von QUATTRO PRO führen sämtliche Tastatur-Befehle auf. Auf den Einsatz der meisten Befehle werden Sie vermutlich verzichten können. Sie sollten sich aber überlegen, ob Sie nicht die entsprechenden Seiten des aktuellen Handbuchs kopieren, um im Bedarfsfall den gesuchten Befehl sofort ermitteln zu können.

Da es nicht das Ziel dieses Buches ist, Ihnen jeden einzelnen Makrobefehl vorzustellen, haben wir auch darauf verzichtet, sämtliche Befehle in Form von
Tabellen und Übersichten zu nennen.

Ziel dieses Buches ist es, die Arbeitsweise der einzelnen Befehlskategorien anhand von Beispielen zu erläutern. Wenn Sie die Arbeitsweise der bisher vorgestellten Tastatur-Befehle verstanden haben, werden Sie ohne Schwierigkeiten imstande sein, auch andere Befehle in Ihren Makros zum Einsatz zu bringen.

2. Bildschirm-Befehle

Bildschirm-Befehle betreffen die Bildschirmanzeige während der Makroausführung sowie das akustische Signal des Computers.

Mit Hilfe des Befehls

{ANZEIGE Meldung}

können Sie die Modusanzeige in der Statuszeile verändern. Wenn beispielsweise
interaktive Makros ablaufen, können Sie den Anwender mit Hilfe einer entsprechenden Meldung über den aktuellen Status informieren. Für den Fall, daß ein
längeres Makro abläuft, können Sie den Anwender darüber informieren, daß er
zur Zeit "Pause" hat.

Mit Hilfe der Befehle

{BEDIENFELDEIN}

und

{BEDIENFELDAUS}

können Sie die Anzeige von Menüs und Optionen während der Makroausführung
ein- bzw. ausschalten. Durch Ausschalten der Anzeige kann die Ausführungsgeschwindigkeit von Makros erhöht werden, denn einen großen Teil der internen
Verarbeitungszeit benötigt QUATTRO PRO zur Aktualisierung der Bildschirmanzeige.

Normalerweise unterdrückt QUATTRO PRO die Aktualisierung der Bildschirmanzeige. Diese kann entweder über die Befehlsfolge **Optionen - Weitere
Parameter - Makro - Beide nicht** aktiviert werden, oder über den Makrobefehl
{BEDIENFELDEIN}.

Mit Hilfe der Befehle

{FENSTEREIN}

und

{FENSTERAUS}

können Sie die Aktualisierung des Bildschirms während der Ausführung eines Makros ein- bzw. ausschalten.

Gemeint sind hierbei Sprünge innerhalb des Arbeitsblattes. QUATTRO PRO stellt die Bildschirmanzeige erst nach Beendigung des Makros her. Ein zwischenzeitlich mit **{GEHEZU}** veranlaßter Cursorsprung wird nicht angezeigt.

In der Regel ist es sinnvoll, aus Gründen der Verarbeitungsgeschwindigkeit jede Bildschirmaktualisierung auszuschalten. Im dritten Kapitel werden Sie ein Beispiel für die Anwendung dieser Befehle kennenlernen.

Der Befehl

{TON Zahl}

löst das akustische Signal des Computers aus, wobei **Zahl** die "Tonlage" bestimmt. Sie können für **Zahl** die Werte 1 bis 4 verwenden. Sie werden im Verlaufe dieses Kapitels ein Beispiel für die Anwendung dieses Befehls kennenlernen.

3. Interaktive Befehle

Interaktiv bedeutet, daß wir Informationen von der Tastatur in den Computer eingeben. QUATTRO PRO bietet eine Reihe von Befehlen an, um interaktive Makros zu erstellen. Beispielsweise fordert der Befehl

{ZAHLENEINTRAG Meldung;Position}

den Anwender auf, eine Zahl einzugeben. **Meldung** ist ein Hinweis, der in der Eingabezeile angezeigt wird, z.B. "Geben Sie einen Wert zwischen 1 und 5 ein".

Position ist das Feld, in das die eingegebene Zahl übertragen wird. Analog arbeitet der Befehl

{LABELEINTRAG Meldung;Position}

mit dessen Hilfe Texte eingegeben werden können. Das vierte Kapitel beschäftigt sich ausschließlich mit interaktiven Befehlen, mit einer Ausnahme:

Zur Kategorie der interaktiven Befehle gehören die Menübefehle, die die übliche QUATTRO PRO-Menüleiste am oberen Bildschirmrand durch selbstdefinierte Menüs ersetzen. Die entsprechenden Befehle werden ausführlich im dritten Kapitel behandelt.

4. Programmsteuerungs-Befehle

Hierbei handelt es sich um Befehle, mit deren Hilfe Sie Sprünge oder Schleifen programmieren können. Sie haben in diesem Kapitel den Befehl

{SPRUNG Position}

kennengelernt, mit dessen Hilfe wir aus dem Makro *Rechnungswesen* das Makro *Zurück zur Auswahl* aufgerufen haben.

Im ersten Kapitel haben Sie bei der Besprechung des Arbeitsblattes die **WENN**-Funktion kennengelernt. QUATTRO PRO verfügt über einen korrespondieren Makrobefehl, mit dessen Hilfe während der Makroausführung Bedingungen abgefragt werden können.

Nehmen wir das Beispiel einer Zahleneingabe: Sie wurden zur Eingabe einer Zahl zwischen 1 und 5 aufgefordert. Was passiert, wenn Sie den Wert 6 eingeben? Mit Hilfe des {WENN}-Befehls können Sie **Plausibilitätsprüfungen** durchführen und ermitteln, ob sich der eingegebene Wert innerhalb der von Ihnen festgelegten Grenzen befindet. Wenn nicht, können Sie beispielsweise über den {SPRUNG}-Befehl ein bestimmtes "Fehlermakro" aktivieren.

Zur Kategorie der Programmsteuerungs-Befehle gehören auch Makros, die als Unterprogramme verwendet werden. Ein Unterprogramm wird aufgerufen und führt die zum Unterprogramm gehörenden Instruktionen aus. Nachdem sämtliche Befehle abgearbeitet sind, springt es zum aufrufenden Makro zurück.

Für den Fall, daß Sie zahlreiche Makros erstellen und verwalten müssen, bietet sich der Einsatz von Unterprogrammen an, mit deren Hilfe Sie Schreibarbeit reduzieren und die Übersichtlichkeit der erstellten Makros erhöhen können.

Im fünften Kapitel werden Sie Beispiele für den Einsatz von Makros als Unterprogramme kennenlernen.

5. Zellen-Befehle

In diese Kategorie gehören die Befehle, die die in Zellen gespeicherten Informationen betreffen. Dazu zwei Beispiele: Der Befehl

{LEER Position}

löscht den Inhalt der durch **Position** angegebenen Felder. Mit dem Befehl

{SEI Position;Wert:Typ}

können Sie während der Makroausführung einen Wert oder einen Text in eine Zelle eingeben, ohne den Cursor nach **Position** bewegen zu müssen. **Wert** legt fest, **was** in Position gespeichert werden soll. Mit **Typ** legen Sie fest, ob **Wert** als Zahl oder als Text gespeichert werden soll.

Die Befehle dieser Kategorie haben wir keinem speziellen Kapitel zugeordnet. Wir werden die Zellen-Befehle dann besprechen, wenn wir auf einen der Befehle "stoßen".

Beispielsweise erfüllt der Befehl {SEI} in Kapitel 3 eine wesentliche Aufgabe bei dem Ziel, die Zins- und Tilgungsraten bei einer Darlehensaufnahme zu ermitteln.

6. Datei-Befehle

Mit Hilfe dieser Befehle können Sie auf andere Dateien zugreifen. Im siebten Kapitel werden wir beispielsweise Daten einer aus ASCII-Zeichen bestehenden Datei in ein Arbeitsblatt einlesen und anschließend mit Hilfe der QUATTRO PRO-Datenbank statistisch auswerten.

7. Menüäquivalente Befehle

Die letzte Kategorie betrifft die menüäquivalenten Befehle, von denen Sie im Verlaufe dieses Buches bereits einige kennengelernt haben. Auch in den folgenden Kapiteln werden wir immer wieder auf Befehle dieser Kategorie stoßen, so daß sich Erklärungen an dieser Stelle erübrigen sollten.

Im nächsten Abschnitt werden wir unser Arbeitsblatt 2BESTAND.WQ1 um drei Makros ergänzen, in denen jeweils noch nicht besprochene Befehle zum Einsatz kommen.

DREI BEISPIELE

Laden Sie das Arbeitsblatt 2BESTAND.WQ1. Bewegen Sie den Cursor nach Feld AD1.

1. Beispiel

Tragen Sie in das Feld AD1

       ALT-Q

ein.

Wir wollen ein Makro erstellen, das über die Tastenkombination ALT-Q aufgerufen werden kann. Bewegen Sie den Cursor nach Feld AE1. Richten Sie für Spalte AE eine Breite von 35 Zeichen ein. Mit Hilfe der "schnellen Taste" STRG-B leiten Sie den entsprechenden QUATTRO PRO-Befehl ein. Tragen Sie in das Feld AE1 folgenden Befehl ein:

> {BEIFEHLER ae6;ae14;ae15}

Der zur Kategorie der Programmsteuerungs-Befehle gehörende Befehl

> **{BEIFEHLER Sprungort;Meldungsort;Fehlerort}**

teilt QUATTRO PRO mit, was im Falle eines auftretenden Fehlers passieren soll. Normalerweise wird im Falle eines Fehlers das Makro abgebrochen und eine Fehlermeldung angezeigt. **Sprungort** gibt die erste Zelle eines Makros an, das nach Auftreten eines Fehlers ausgeführt wird; **Meldungsort** ist die Zelle, in der Fehlermeldungen angezeigt werden; **Fehlerort** ist die Zelle, in der die Zelladresse gespeichert wird, die den Fehler enthält.

Betrachten Sie noch einmal die Anweisung in Feld AE1: **Sprungort** ist Feld AE6, d.h. QUATTRO PRO setzt die Makroausführung im Fehlerfall in Feld AE6 fort; **Meldungsort** ist AE14, d.h. die Fehlermeldung wird in das Feld AE14 gestellt; **Fehlerort** ist Feld AE15, d.h. diese Zelle speichert die Adresse der Zelle, die den Fehler enthält.

Bewegen Sie den Cursor nach Feld AE2 und tragen Sie folgenden Befehl ein:

> {Sprung \R}

Beachten Sie, daß Sie zwischen "Sprung" und "\R" ein Leerzeichen eingeben müssen. Der Befehl bewirkt, daß das Makro *Rechnungswesen* aufgerufen wird. Wir werden gleich einen Fehler in das Makro *Rechnungswesen* "einbauen" und prüfen, wie der Befehl {**BEIFEHLER**} darauf reagiert. Als **Sprungort** haben wir Feld AE6 festgelegt. Hier beginnt das Makro, das nach Auftreten eines Fehlers zur Ausführung gelangen soll. Tragen Sie in das Feld AE6 folgenden Befehl ein:

> {Gehezu}AE1 ~

Zunächst soll ein Sprung nach Feld AE1 erfolgen. Bewegen Sie den Cursor nach Feld AE7 und tragen Sie folgenden Befehl ein:

> {Sei AE10;"Fehler im Makro Rechnungswesen"}

Dieser Befehl bewirkt, daß in das Feld AE10 die Meldung "Fehler im Makro Rechnungswesen" übertragen wird. Bewegen Sie den Cursor nach Feld AE8 und tragen Sie folgenden Befehl ein:

> {Ton 3}

Beachten Sie auch hier, daß Sie ein Leerzeichen zwischen "Ton" und "3" eingeben müssen. Dieser Befehl weist durch das Auslösen des akustischen Signals auf
den Fehler hin. Abbildung 2.6 zeigt den momentanen Stand der Spalten AD und
AE. Nun müssen wir unserem Makro einen Namen zuweisen. Bewegen Sie den
Cursor nach Feld AE1 und weisen Sie dem Makro den Tastenschlüssel \Q zu.

Drücken Sie ALT-Q und bringen Sie das Makro zur Ausführung. Sie stellen fest,
daß nichts Ungewöhnliches passiert. Es läuft das Ihnen bereits bekannte Makro
Rechnungswesen ab, so wie Sie es im vorherigen Abschnitt eingegeben haben.

Abbildung 2.6: Der Befehl {BEIFEHLER}

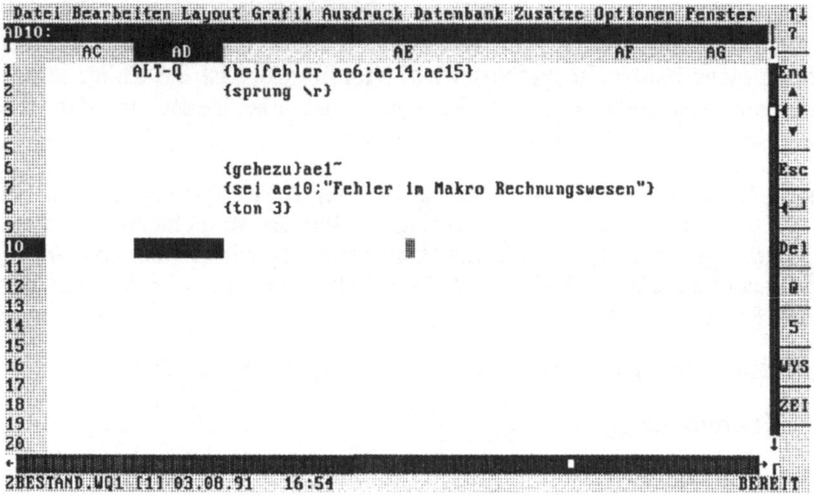

```
Datei Bearbeiten Layout Grafik Ausdruck Datenbank Zusätze Optionen Fenster    ↑↓
AD10:                                                                          ?
      AC        AD                  AE                        AF      AG
1               ALT-Q      {beifehler ae6;ae14;ae15}                          End
2                          {sprung \r}                                         ▲
3                                                                            ◄ ►
4                                                                             ▼
5
6                          {gehezu}ae1~                                       Esc
7                          {sei ae10;"Fehler im Makro Rechnungswesen"}
8                          {ton 3}                                            ◄─┘
9
10                                             ▓                              Del
11
12                                                                            0
13
14                                                                            5
15
16                                                                           WYS
17
18                                                                           ZEI
19
20
←                                                                             ↓
2BESTAND.WQ1 [1] 03.08.91   16:54                                          BEREIT
```

Als nächstes wollen wir in das *Rechnungswesen* einen Fehler "einbauen". Bewegen Sie den Cursor nach Feld AB12. Dieses Feld speichert folgende Informationen:

          rewe~2rewe.wq1~

Ändern Sie die Dateinamenerweiterung WQ1 nach WQ9:

          rewe~2rewe.wq9~

Da eine Datei mit diesem Namen nicht existiert, wird der erneute Aufruf des Makros zu einem Fehler führen.

Probieren Sie es aus! Rufen Sie ALT-Q auf. Abbildung 2.7 zeigt den momentanen Stand der Spalten AD und AE.

Das akustische Signal weist auf die Fehlersituation hin. Feld AE10 speichert den von unserem Makro erzeugten Hinweis "Fehler im Makro Rechnungswesen", Feld AE14 speichert den von QUATTRO PRO erzeugten Fehlerhinweis und Feld AE15 speichert die Zelladresse, wo der Fehler aufgetreten ist.

> **W i c h t i g :** Korrigieren Sie bitte den Fehler in Feld AB12, d.h. geben Sie wieder den korrekten Dateinamen 2REWE.WQ1 ein.

Abbildung 2.7: Ausführung des Befehls {BEIFEHLER}

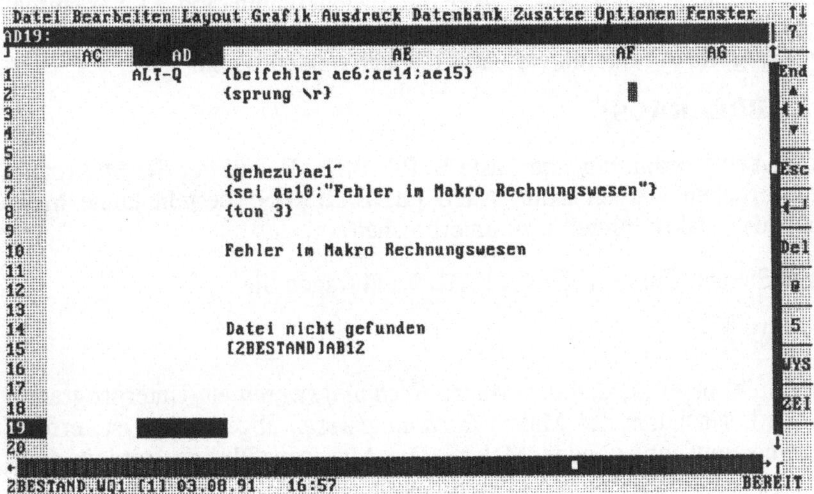

2. Beispiel

Im letzten Makro haben wir den Befehl

> {SPRUNG Position}

eingesetzt, um aus einem Makro heraus ein anderes Makro aufzurufen. Das aufgerufene Makro wird ausgeführt, es erfolgt jedoch kein Rücksprung zum aufrufenden Makro.

Es gibt eine zweite Möglichkeit für den Aufruf anderer Makros. Das Makro *Rechnungwesen* kann beispielsweise wie folgt aufgerufen werden:

> {\R}

Wenn ein Aufruf nur aus dem Namen des Makros besteht, handelt es sich um einen **Unterprogrammaufruf**. Unterprogramme werden aufgerufen, abgearbeitet und geben die Kontrolle an das aufrufende Makro zurück, d.h. sie springen eine Zeile unterhalb der Stelle, von der sie zuvor aufgerufen worden sind, zurück.

Das nächste Makro gibt Ihnen ein Beispiel für den Aufbau einer **Endlosschleife**. Tragen Sie in das Feld AD18 den Text

    ALT-Y

ein. Die Endlosschleife soll demnach über die Tastenkombination ALT-Y aufgerufen werden. Bewegen Sie anschließend den Cursor nach Feld AE18 und tragen Sie den zur Kategorie der interaktiven Befehle gehörenden Befehl

    {BREAKAUS}

ein. **{BREAKAUS}** deaktiviert die Taste STRG-BREAK, mit der die Makroausführung unterbrochen werden kann. Nach **{BREAKAUS}** besteht keine Möglichkeit mehr, das Makro vorzeitig zu unterbrechen.

Nun bewegen Sie den Cursor nach Feld AE19 und tragen Sie

    {\R}

ein. Dieser Befehl bewirkt, daß das Makro *Rechnungswesen* als Unterprogramm aufgerufen wird. Nachdem das Makro *Rechnungswesen* abgearbeitet ist, erfolgt der Rücksprung zum aufrufenden Makro. Die Makroausführung wird in Feld AE20 fortgesetzt. Bewegen Sie den Cursor nach Feld AE20 und tragen Sie den Befehl

    {Sprung AE19}

ein. Dieser Befehl bewirkt den Sprung nach Feld AE19. Hier wird wieder das Makro *Rechnungswesen* aufgerufen. Dieser Kreislauf läßt sich leider nicht mehr unterbrechen, da wir über den Befehl **{BREAKAUS}** die Unterbrechungstaste deaktiviert haben.

Abbildung 2.8 zeigt den momentanen Stand der Spalten AD und AE. Sie sollten jetzt selbst entscheiden, ob Sie das Makro zur Ausführung bringen wollen oder nicht. Wenn Sie es zur Ausführung bringen wollen, müssen Sie dem Makro den Tastenschlüssel \Y zuweisen. Bewegen Sie dazu den Cursor nach Feld AE18 und verwenden Sie zur Vergabe des Tastenschlüssels eine der Ihnen bekannten Befehlsfolgen. Anschließend sollten Sie das Arbeitsblatt speichern (STRG-S und **Ersetzen**).

Abbildung 2.8: Endlosschleife

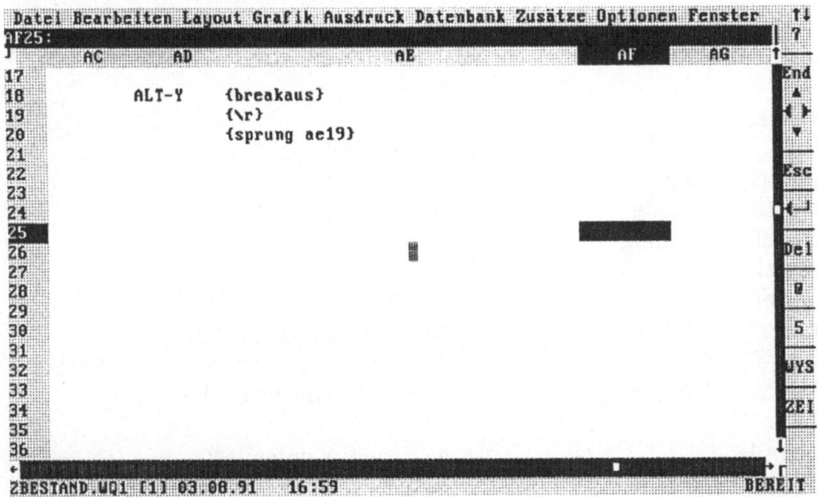

Wenn Sie das Makro starten, können Sie es nur noch durch Ausschalten des Computers "beenden".

3. Beispiel

Im dritten Beispiel wollen wir die für das Ausdrucken von Arbeitsblättern erforderlichen Makrobefehle beschreiben. Diese gehören ausschließlich zur Kategorie der menüäquivalenten Befehle. Voraussetzung für die nachfolgenden Befehle ist, daß Sie bei der Installation von QUATTRO PRO einen Druckertyp definiert und genau diesen Drucker momentan an Ihrem PC angeschlossen haben. Vollziehen Sie zunächst folgende Befehlsfolge nach!

Geben Sie ein:	*Befehl:*
/A	*Ausdruck*
A	*Ausgabeziel*
D	*Drucker*
B	*Block*
a1..l29	*Druckbereich eingeben*
RETURN-Taste	*Bestätigen des Befehls*
D	*Druck starten*
Z	*Zurück*

Dies war die Ausgabe eines Arbeitsblattes in der einfachsten Form.

Tabelle 2.1: Menüäquivalente Druck-Befehle

Quattro Pro-Befehl	äquivalenter Befehl
AUSDRUCK	
Block	{/ Ausdruck;Block}
Seitenbeschriftung	
Zeilenbeschriftung	{/ Ausdruck;LinksTitel}
Spaltenbeschriftung	{/ Ausdruck;ObenTitel}
Ausgabeziel	
Drucker	{/ Ausdruck;AusgabeDrucker}
Datei	{/ Ausdruck;AusgabeDatei}
Grafik-Drucker	{/ Ausdruck;AusgabeGrafikDrucker}
Bildschirm-Voranzeige	{/ Ausdruck;AusgabeBildschirm}
Layout	
Kopfzeile	{/ Ausdruck;Kopfzeile}
Fußzeile	{/ Ausdruck;Fußzeile}
Umbruch	{/ Ausdruck;Umbruch}
Länge & Ränder	
Seitenlänge	{/ Ausdruck;Seitenlänge}
Links	{/ Ausdruck;RandLinks}
Oben	{/ Ausdruck;RandOben}
Rechts	{/ Ausdruck;RandRechts}
Unten	{/ Ausdruck;RandUnten}
Zurück	
Maßeinheit	{/ Ausdruck;Maßeinheit}
Seitenformat	{/ Ausdruck;Seitenformat}
Initialisierung	{/ Ausdruck;InitString}
Rücksetzen	
Alles	{/ Ausdruck;RücksetzenAlles}
Block	{/ Ausdruck;RücksetzenBlock}
Titel	{/ Ausdruck;RücksetzenRänder}
Layout	{/ Ausdruck;RücksetzenVoreinst}
Parameter speichern	{/ Ausdruck;PSpeichern}
Format	{/ Ausdruck;Format}
Papier einstellen	
Zeilenvorschub	{/ Ausdruck;Zeilensprung}
Seitenvorschub	{/ Ausdruck;Seitenvorschub}
Anpassen	{/ Ausdruck;Ausrichten}
Exemplare	{/ Ausdruck;Exemplare}
Druck starten	{/ Ausdruck;Drucken}

Öffnen Sie noch einmal das Menü **Ausdruck**. Sie sehen die zum Menü **Ausdruck** gehörenden Befehle. Die nächste Tabelle zeigt bis **Druck starten** sämtliche Befehle und deren äquivalente Makrobefehle. Wir wollen die für das nächste Makro relevanten Befehle der Tabelle 2.1 entnehmen.

Zunächst muß das Ausgabeziel definiert werden. QUATTRO PRO bietet 4 Alternativen: Sie können den "normalen" Drucker verwenden (Option **Drucker**), die Ausgabe in einer Datei ablegen (Option **Datei**), die Grafikmöglichkeiten Ihres Druckers aktivieren (Option **Grafik-Drucker**) oder sich die Ausgabe zunächst über die Option **Bildschirm-Voranzeige** auf dem Bildschirm anzeigen lassen.

Wir möchten den "normalen" Drucker angeben. Der Tabelle ist zu entnehmen, daß wir hierzu den Befehl

> **{/ Ausdruck;AusgabeDrucker}**

heranziehen müssen. Als nächstes ist der Block zu spezifizieren, der die Arbeitsblattdaten speichert. Hier müssen wir auf den Befehl

> **{/ Ausdruck;Block}**

zurückgreifen, und zwar in folgender Form:

> {/ Ausdruck;Block}A1..L29~

Der Befehl wird um die benötigte Blockangabe ergänzt. Beachten Sie später bei der Eingabe, daß Sie die Tilde (~) nicht vergessen.

Nun zum Befehl **Papier einstellen**. Sie können mit diesem Befehl Zeilen- oder Seitensprünge veranlassen, oder den internen Zeilenzähler über die Option **Anpassen** zurücksetzen. QUATTRO PRO zählt bei einer Ausgabe die gedruckten Zeilen. Wenn die über den Befehl **Länge & Ränder** eingestellte Größe erreicht wird, erfolgt ein Seitenvorschub. Wenn Sie mehrere Arbeitsblätter oder ein Arbeitsblatt mehrfach ausdrucken wollen, kann es passieren, daß QUATTRO PRO völlig überraschende Seitensprünge durchführt. Um dies zu verhindern, können Sie den Befehl **Papier einstellen - Anpassen** wählen oder innerhalb eines Makros den Befehl

> **{/ Ausdruck;Ausrichten}**.

Der Makrobefehl

> **{/ Ausdruck;Drucken}**

entspricht dem Befehl **Druck starten**. Mit diesen Befehlen können wir unser Makro erstellen. Geben Sie es in den Spalten AH und AI, so wie in Abbildung 2.9 angegeben, ein. Richten Sie für Spalte AI eine Breite von 35 Zeichen ein. Weisen Sie dem Makro den Tastenschlüssel \D zu.

Abbildung 2.9: Druckmakro

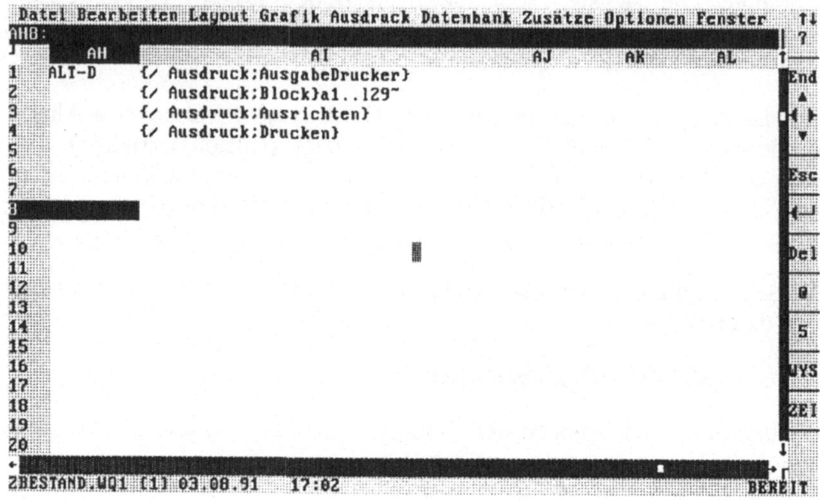

Durch Drücken von ALT-D rufen Sie das Makro auf. Es erfolgt die gleiche Ausgabe wie zuvor bei der "manuellen" Vorgehensweise.

Viele Arbeitsblätter sind für eine normale DIN A4-Ausgabe zu umfangreich. In solchen Fällen muß der rechte Seitenrand verändert und dem Drucker über den Befehl **Initialisierung** ein Steuercode übergeben werden.

Für das Einrichten der Schmalschrift reicht es bei vielen Druckern aus, den Steuercode \015 zu verwenden.

Vollziehen Sie die Befehlsfolge nach, um zu ermitteln, ob Ihr Drucker den Steuercode \015 erkennt.

Geben Sie ein:	*Befehl:*
/A	*Ausdruck*
A	*Ausgabeziel*
D	*Drucker*
L	*Layout*
I	*Initialisierung*
\015	*Steuercode eingeben*
RETURN-Taste	*Bestätigen Steuercode*
D	*Druck starten*
Z	*Zurück*

Sollte Ihre Ausgabe in Schmalschrift erfolgt sein, "versteht" Ihr Drucker den eingetragenen Steuercode. Falls nicht, müssen Sie Ihrem Druckerhandbuch den entsprechenden Steuercode entnehmen oder prüfen, ob Ihr Drucker über eine Taste zur Umstellung auf Schmalschrift verfügt.

Über die Befehlsfolge **Ausdruck - Layout - Länge & Ränder** können Sie die Seitenränder variieren. Geben Sie als rechten Seitenrand 130 ein und drücken Sie die RETURN-Taste. Über den Befehl **Rücksetzen** können Sie die festgelegten Werte wieder rückgängig machen.

Abbildung 2.10 zeigt das modifizierte Druckmakro. Ergänzen Sie das bestehende Makro so wie in der Abbildung.

Abbildung 2.10: Modifiziertes Druckmakro

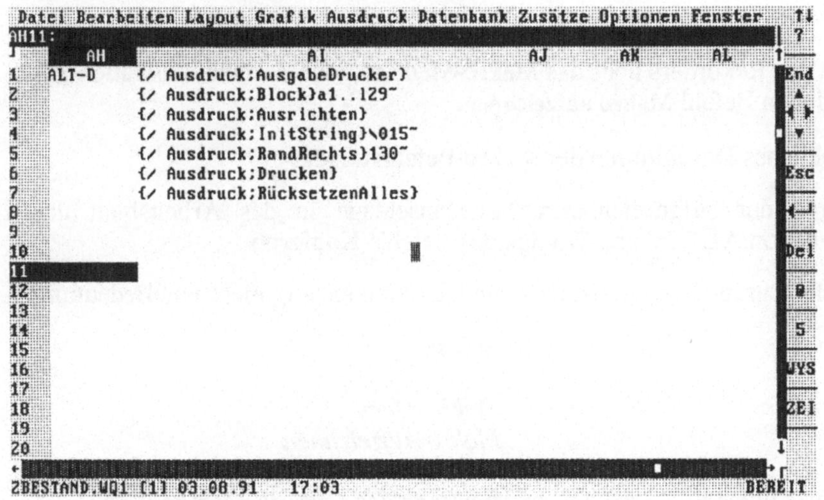

Auch wenn Ihr Drucker möglicherweise den Steuercode \015 nicht annimmt, hat das Makro geholfen, die Arbeitsweise weiterer menüäquivalenter Befehle zu verdeutlichen. Von besonderer Bedeutung ist der Befehl in Feld AI7:

{/ Ausdruck;RücksetzenAlles}

Nachdem Sie während der Makroausführung einige Parameter verändert haben, ist es guter Programmierstil, wieder die Ausgangssituation herzustellen, um nicht zu einem späteren Zeitpunkt von zuvor veränderten Parameterwerten unangenehm überrascht zu werden.

AUFZEICHNEN EINES MAKROS

Im diesem Abschnitt wollen wir an einem Beispiel demonstrieren, wie in QUATTRO PRO mit Hilfe des Rekorders Makros aufgezeichnet werden können.

Wir haben im Verlaufe der beiden ersten Kapitel zahlreiche Makros erstellt, indem wir die Makrobefehle als Text eingegeben und mit einem Namen, z.B. \W, versehen haben. Es gibt eine zweite Möglichkeit, Makros einzugeben. QUATTRO PRO verfügt über einen Rekorder, der Makros während der normalen Ausführung aufzeichnet. Die aufgezeichneten Tastenanschläge können anschließend in das Arbeitsblatt kopiert werden.

Als Beispiel wollen wir ein Makro erstellen, das uns automatisch nach Feld D6 des Arbeitsblattes bringt und dort einen vertikalen Ausschnitt einrichtet. Das Makro soll in Feld AI10 gespeichert werden. Die Erstellung des Makros erfolgt in drei Schritten:

o   Aufruf des Rekorders über das Makro-Menü mit der Tastenkombination ALT-F2 und dem Befehl **Makro aufzeichnen**.

o   Tatsächliches Durchführen der Makro-Befehlsfolge.

o   Kopieren der aufgezeichneten Tastenanschläge in das Arbeitsblatt durch Drücken von ALT-F2 und Wählen des Befehls **Kopieren**.

Die aktuelle Cursor-Position ist in diesem Zusammenhang nicht von Bedeutung.

Geben Sie ein:	*Befehl:*
ALT-F2	*Makro-Menü*
M	*Makro Aufzeichnen*
POS1	*POS1-Taste (HOME) zum Sprung nach A1*
5 x Pfeiltaste unten	*Bewegen des Cursors nach Feld A6*
3 x Pfeiltaste rechts	*Bewegen des Cursors nach Feld D6*
/F	*Menü Fenster öffnen*
O	*Optionen*
F	*Feste Titel*
V	*Vertikal*
ALT-F2	*Makro-Menü*
K	*Kopieren*
Titel	*Bereichsname eingeben*
RETURN-Taste	*Bereichsnamen bestätigen*
ai10	*Bereich angeben*
RETURN-Taste	*Bereich AI10 bestätigen*

Die durchgeführten Makroinstruktionen sind in das Feld AI10 und AI11 kopiert
worden. Drücken Sie ALT-W, um den Ausschnitt wieder zu löschen. Bewegen
Sie den Cursor nach Feld AH10 und tragen Sie

       Titel

ein. Abbildung 2.11 zeigt den momentanen Inhalt der Spalten AH und AI.

Um das Makro auszuführen, müssen Sie wie folgt vorgehen: Sie drücken ALT-
F2 und wählen den Befehl **Ausführen**. Hier legen Sie den auszuführenden Ma-
kroblock fest. Tragen Sie *Titel* ein und drücken Sie die RETURN-Taste.

Abbildung 2.11: Aufgezeichnetes Makro

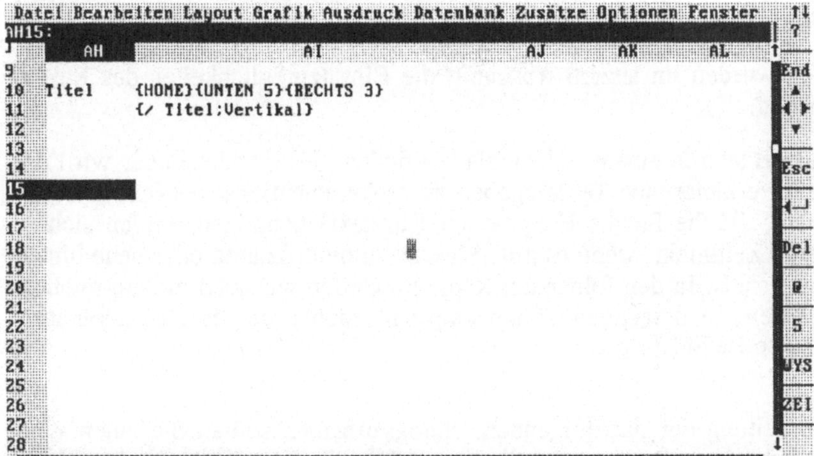

Das Makro springt nach Feld D6 und richtet dort einen vertikalen Ausschnitt ein.
Durch Drücken von ALT-W läßt sich der Ausschnitt wieder beseitigen.

Im weiteren Verlauf des Buches werden wir auf den Einsatz des Rekorders verzichten, da er spezielle Makrobefehle nur unzureichend unterstützt. Wie Sie im
bisherigen Verlauf des Kapitels erfahren haben, bestehen Makros in den meisten
Fällen aus Befehlen verschiedener Kategorien. Da jedoch nur die Kategorien "Tastatur-Befehle" und "Menüäquivalente Befehle" angemessen unterstützt werden,
bietet sich der Einsatz des Rekorders für unsere Aufgabenstellungen nicht mehr
an.

ZUSAMMENFASSUNG

Sie haben im ersten Abschnitt dieses Kapitels erfahren, wie man eine Reihe von Makros durch Einsatz von Auswahlbildern zu einer übersichtlichen Anwendung zusammenfassen kann. Sie kennen die Makros (z.B. "Sprung zum Auswahlbild"), die den Umgang mit Auswahlbildern erleichtern.

Anschließend haben wir Ihnen einen Überblick über die 7 Kategorien von Makrobefehlen gegeben. Wir werden in den weiteren Kapiteln jeweils eine Kategorie herausgreifen und ausführlich behandeln.

In drei Beispielen wurden einige spezielle Makrobefehle näher untersucht, z.B. die Befehle {**BEIFEHLER**} und {**BREAKAUS**}. Schließlich haben Sie die für das Ausdrucken von Arbeitsblättern erforderlichen menüäquivalenten Befehle kennengelernt.

Abschließend wurden im letzten Abschnitt die Einsatzmöglichkeiten des Rekorders besprochen.

Je mehr Makros sich in einem Arbeitsblatt befinden, desto bedeutender wird das Vorhandensein erläuternder Texteingaben zu Dokumentationszwecken. Die wenigen Minuten, die Sie für die Eingabe der Kurztexte benötigen, zahlen sich zu einem späteren Zeitpunkt, wenn es gilt, Makros zu modifizieren oder neue hinzuzufügen, immer aus. In den folgenden Kapiteln werden wir auch umfangreichere Makros erstellen. In derartigen Fällen empfiehlt sich auch die Dokumentation einzelner Makro-Befehlsfolgen.

Für die Bearbeitung der nachfolgenden Übungsaufgaben sollten Sie einen Zeitrahmen von etwa 60 - 90 Minuten kalkulieren. Die Übungsaufgaben geben Ihnen noch einmal die Möglichkeit, sich intensiv mit einigen Themenbereichen dieses Kapitels zu befassen.

ÜBUNGEN

(1)

Wie Sie sicherlich bereits erkannt haben, ist von den Abteilungen unserer Beispiel AG nur das Makro für das Rechnungswesen fertiggestellt.

Suchen Sie einige Abteilungen aus (vielleicht 2 oder 3) und schreiben Sie Makros, um auch die Daten dieser Abteilungen zu aktualisieren. Die Datei- und Bereichsnamen, die Sie bei der Datenübernahme verwenden werden, sind Ihnen bereits vertraut (z.B. die Datei 2MATW.WQ1 und der Bereich MATW für die Materialwirtschaft).

Verwenden Sie das Makro, das wir zur Aktualisierung der Daten des Rechnungs-wesens geschrieben haben, als Grundlage.

Vergessen Sie nicht, die Makros zu dokumentieren.

(2)

Schreiben Sie drei Makros, die jeweils die gleiche Aufgabe erfüllen. Die Makros sollen die im ersten Teil des Kapitels erstellten Makros ausdrucken, d.h. den Bereich AA1..AB22.

Nutzen Sie diese Übungsaufgabe zum Experimentieren. Erstellen Sie die Makros unter Verwendung

o   (1) der Anfangsbuchstaben der Befehle;

o   (2) der menüäquivalenten Befehle;

o   (3) des Rekorders.

Vergeben Sie jeweils "sprechende" Makronamen, z.B. *Drucken1* für Variante (1) bis *Drucken3* für Variante (3).

Prüfen Sie anschließend, ob die Makros die gestellten Aufgaben erfüllen.

Experimentieren Sie auch mit dem Ausgabeziel: Geben Sie **Bildschirm-Voran-zeige** und **Grafik-Drucker** als Ausgabeziele an (sofern Ihr Drucker grafikfähig ist). Das Ausgabeziel **Bildschirm-Voranzeige** bietet die Möglichkeit, sich die Ausgabe vor dem eigentlichen Drucken auf dem Bildschirm anzeigen zu lassen. Die Ausgabe wird in Miniaturformat auf dem Bildschirm dargestellt, kann aber durch Eingabe des Pluszeichens (+) vergrößert werden.

3 SELBSTERSTELLTE MENÜS

Zur Förderung von Eigentumsmaßnahmen (z.B. Kauf eines Hauses) gewährt unsere Beispiel AG ihren Mitarbeitern zinsgünstige Darlehen. Der Zinssatz hängt dabei von Höhe und Laufzeit des Darlehens ab.

Die Abteilung *Sozialwesen* hat die Aufgabe erhalten, Mitarbeiter, die die Aufnahme eines Darlehens in Erwägung ziehen, zu beraten und ihnen bei der Aufstellung der Tilgungspläne behilflich zu sein, damit die entstehenden finanziellen Belastungen frühzeitig bekannt sind.

Wer sich schon einmal mit finanzmathematischen Berechnungen befaßt hat, weiß, wie arbeitsaufwendig das Erstellen eines Tilgungsplans ist. Aus diesem Grund soll die Aufstellung der Tilgungspläne durch ein QUATTRO PRO-Arbeitsblatt unterstützt werden.

ZIELE DES KAPITELS

Wir werden zunächst ein Arbeitsblatt vorstellen, das in Abhängigkeit von *Darlehenshöhe*, *Zinssatz* und *Laufzeit* auf Basis einer monatlichen Verzinsung die finanzielle monatliche und jährliche Belastung des Mitarbeiters ermittelt und anschließend den Tilgungsplan für jedes Jahr der angegebenen Laufzeit aufstellt. Sie werden dabei eine Reihe von Befehlsfolgen und Funktionen kennenlernen, deren Einsatz nicht alltäglich ist.

Anschließend werden Sie die Makrobefehle kennenlernen, die die üblichen QUATTRO PRO-Menüleisten am oberen Bildschirmrand ausschalten und durch individuelle, auf die Anwendung zugeschnittene Menüs ersetzen. Sie werden beispielsweise erfahren, wie man mit Hilfe spezieller Funktionen auf bestimmte Auswahlmöglichkeiten beschränkte Dateneingaben realisieren, und Abläufe innerhalb des Arbeitsblattes nach eigenen Wünschen gestalten kann.

DIE ANWENDUNG

Laden Sie das in der Datei 3TILGUNG.WQ1 gespeicherte Arbeitsblatt. Abbildung 1.1 zeigt die Ausgangssituation einschließlich des **Startmenüs**.

Abbildung 1.1: Startmenü

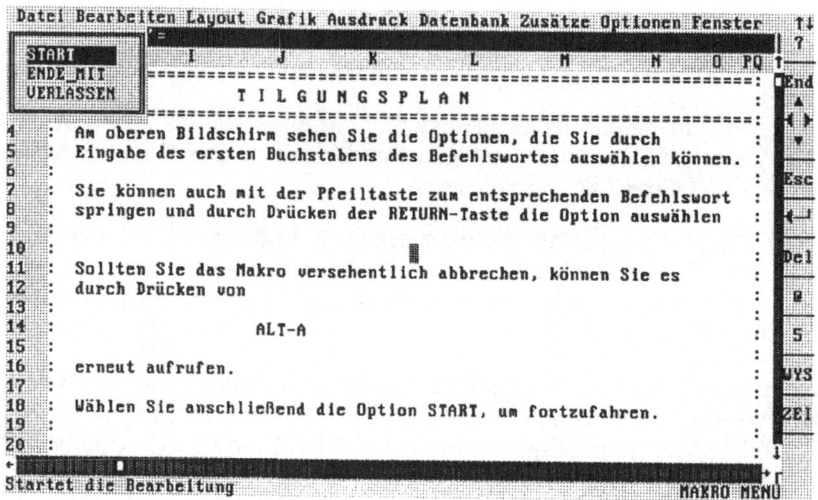

Betrachten Sie das am oberen linken Bildschirmrand geöffnete Dialogfenster: Es besteht aus den drei Optionen *START*, *ENDE_MIT* und *VERLASSEN*. Mit *START* beginnen Sie Ihre Arbeit; *ENDE_MIT* und *VERLASSEN* beenden die QUATTRO PRO-Sitzung, mit dem Unterschied, daß *ENDE_MIT* das Arbeitsblatt vor dem Verlassen von QUATTRO PRO noch einmal sichert.

In der Statuszeile am unteren Bildschirmrand sehen Sie eine Erläuterung zu der jeweils ausgewählten Option, in diesem Fall den Hinweis

Startet die Bearbeitung.

Durch Drücken der ESCAPE-Taste verlassen Sie das selbsterstellte Menü. Durch Drücken von ALT-A aktivieren Sie es wieder.

Das Arbeitsblatt speichert momentan folgende Grunddaten:

o Kreditbetrag: 30.000 DM;
o Laufzeit: 10 Jahre.

Nehmen wir an, Sie sind Mitarbeiter der Abteilung *Sozialwesen* und sollen einen Tilgungsplan mit folgenden Grunddaten aufstellen:

o Kreditbetrag: 20.000 DM;
o Laufzeit: 5 Jahre.

Vollziehen Sie die folgenden Ausführungen nach. Sie werden feststellen, wie einfach dieses Ziel zu erreichen ist.

Wählen Sie die Option *START*, um die Bearbeitung zu beginnen. Abbildung 3.2 zeigt das **Bearbeitungsmenü**.

Abbildung 3.2: Bearbeitungsmenü

```
 Datei Bearbeiten Layout Grafik Ausdruck Datenbank Zusätze Optionen Fenster   ↑↓
                                                                              ?
  Eingabe             B              C               D                       ↑ Eingabe
  Neuberechnen   ============================================================  End
  Betrachten          T I L G U N G S P L A N                                 ▲
  Druck          ============================================================ ◄ ►
  Startmenü      30.000,00 DM  Fälligkeit 1. Rate          03.10.91          ▼
             %)          4,50  Anzahl Raten
 6   Laufzeit                10    im ersten Jahr:                   3        Esc
 7   Monatliche Rate   310,92 DM   im letzten Jahr:                  9
 8   Jährliche Rate  3.730,98 DM                                             ◄┘
 9   Gesamtaufwand  37.309,83 DM
10   ======================================================================= Del
11
12                  Restschuld am                                            ▯
13      J A H R       Jahresende        Zinsen / Jahr  Tilgung / Jahr
14   -------------------------------------------------------------------     5
15        1991     29.402,52 DM           335,27 DM        597,48 DM
16        1992     26.944,36 DM         1.272,83 DM      2.458,16 DM         WYS
17        1993     24.373,28 DM         1.159,90 DM      2.571,09 DM
18        1994     21.684,08 DM         1.041,78 DM      2.689,20 DM         ZEI
19        1995     18.871,33 DM           918,24 DM      2.812,74 DM
20        1996     15.929,38 DM           789,02 DM      2.941,96 DM         ↓
 Eingabe der Darlehensdaten                                      MAKRO MENÜ
```

Das **Bearbeitungsmenü** besteht aus den Optionen *Eingabe, Neuberechnen, Betrachten, Druck* und *Startmenü*.

Mit *Eingabe* leiten Sie die Eingabe der Darlehensdaten ein; *Neuberechnen* führt eine vollständige Neuberechnung des Arbeitsblattes durch; *Betrachten* besteht aus Sprungbefehlen, die Ihnen einen Einblick in den Tilgungsverlauf ermöglichen; mit *Druck* geben Sie das Arbeitsblatt aus und mit *Startmenü* verzweigen Sie zurück zum **Startmenü**. Wählen Sie die Option *Eingabe*.

Abbildung 3.3 zeigt das **Eingabemenü**, das aus vier Optionen besteht: Mit *Betrag* wählen Sie einen der möglichen Kreditbeträge aus, mit *Laufzeit* eine der möglichen Laufzeiten und *Fälligkeit* fordert Sie zur Eingabe eines Datums auf. Mit *Zurück* gelangen Sie wieder zum **Bearbeitungsmenü**.

Abbildung 3.3: Eingabemenü

```
 Datei Bearbeiten Layout Grafik Ausdruck Datenbank Zusätze Optionen Fenster  ↑↓
                                                                              ?
  ┌──────────────┐           B                    C                  D        ↑
  │ Betrag       │  ====================================================== End
  │ Laufzeit     │
  │ Fälligkeit   │       T I L G U N G S P L A N
  │ Zurück       │  ======================================================
  └─────────────g   30.000,00 DM  Fälligkeit 1. Rate       03.10.91
 5   Jährl. Zins (%)          4,50  Anzahl Raten
 6   Laufzeit                  10   im ersten Jahr:               3      Esc
 7   Monatliche Rate     310,92 DM  im letzten Jahr:              9
 8   Jährliche Rate    3.730,98 DM
 9   Gesamtaufwand    37.309,83 DM
10  ======================================================              Del
11
12                 Restschuld am
13      J A H R      Jahresende      Zinsen / Jahr   Tilgung / Jahr
14  ----------------------------------------------------------------    5
15        1991    29.402,52 DM        335,27 DM        597,48 DM
16        1992    26.944,36 DM      1.272,83 DM      2.458,16 DM        UYS
17        1993    24.373,28 DM      1.159,90 DM      2.571,09 DM
18        1994    21.684,08 DM      1.041,78 DM      2.689,20 DM        ZEI
19        1995    18.871,33 DM        918,24 DM      2.812,74 DM
20        1996    15.929,38 DM        789,02 DM      2.941,96 DM
 Wie hoch soll das Darlehen sein?                          MAKRO MENÜ
```

Wählen Sie aus dem geöffneten **Eingabemenü** die Option *Betrag* (s. Abbildung 3.4).

Sie können der Abbildung 3.4 entnehmen, daß Sie zwischen 5 Kreditbeträgen wählen können. Bewegen Sie den Cursor nach Option *20.000 DM* und drücken Sie die RETURN-Taste. Sie stellen fest, daß der Wert 20.000 in das Feld B4 des Arbeitsblattes übertragen wurde.

Zu beachten ist, daß die Optionen nicht als Werte, sondern als Texte eingegeben worden sind, jeweils eingeleitet durch das Justierungszeichen '.

Es ist sinnvoll, für die einzelnen Optionen verschiedene Anfangszeichen zu definieren, damit Sie auch durch Drücken des entsprechenden Zeichens auf der Tastatur die gewünschte Option auswählen können.

Bei einem der nächsten Menüs werden wir allerdings sehen, daß dies nicht immer möglich ist.

Abbildung 3.4: Festlegen des Kreditbetrages

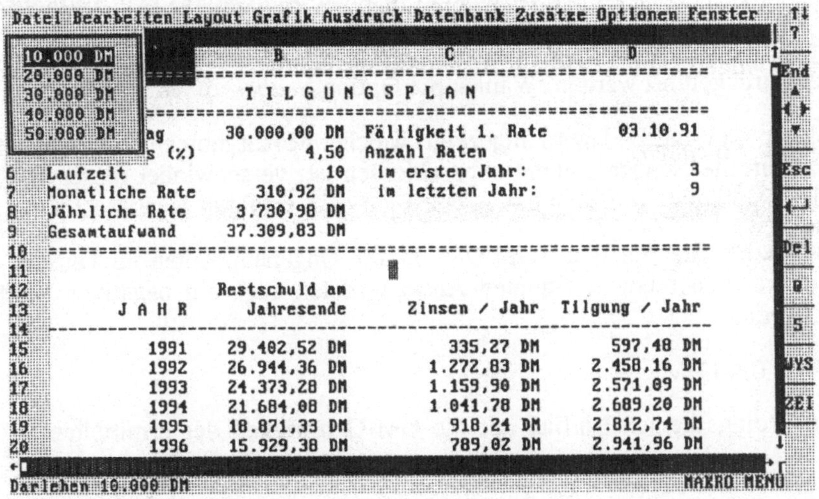

```
Datei Bearbeiten Layout Grafik Ausdruck Datenbank Zusätze Optionen Fenster    ↑↓
                                                                                ?
  10.000 DM              B              C              D                      
  20.000 DM    ==================================================           End
  30.000 DM              T I L G U N G S P L A N                             ▲
  40.000 DM    ==================================================           ◄ ►
  50.000 DM  ag    30.000,00 DM  Fälligkeit 1. Rate      03.10.91           ▼
           s (%)        4,50  Anzahl Raten
 6  Laufzeit           10     im ersten Jahr:              3                Esc
 7  Monatliche Rate    310,92 DM  im letzten Jahr:         9
 8  Jährliche Rate    3.730,98 DM                                           ◄┘
 9  Gesamtaufwand    37.309,83 DM
10  ==================================================                      Del
11
12              Restschuld am                                               0
13     J A H R    Jahresende     Zinsen / Jahr  Tilgung / Jahr
14     ----------------------------------------------------------           5
15       1991   29.402,52 DM        335,27 DM      597,48 DM
16       1992   26.944,36 DM      1.272,83 DM    2.458,16 DM                UYS
17       1993   24.373,28 DM      1.159,90 DM    2.571,09 DM
18       1994   21.684,08 DM      1.041,78 DM    2.689,20 DM                ZEI
19       1995   18.871,33 DM        918,24 DM    2.812,74 DM
20       1996   15.929,38 DM        789,02 DM    2.941,96 DM                ↓
Darlehen 10.000 DM                                          MAKRO MENÜ
```

Als nächstes wählen Sie aus dem **Eingabemenü** die Option *Laufzeit* (s. Abbildung 3.5).

Abbildung 3.5: Festlegen der Laufzeit

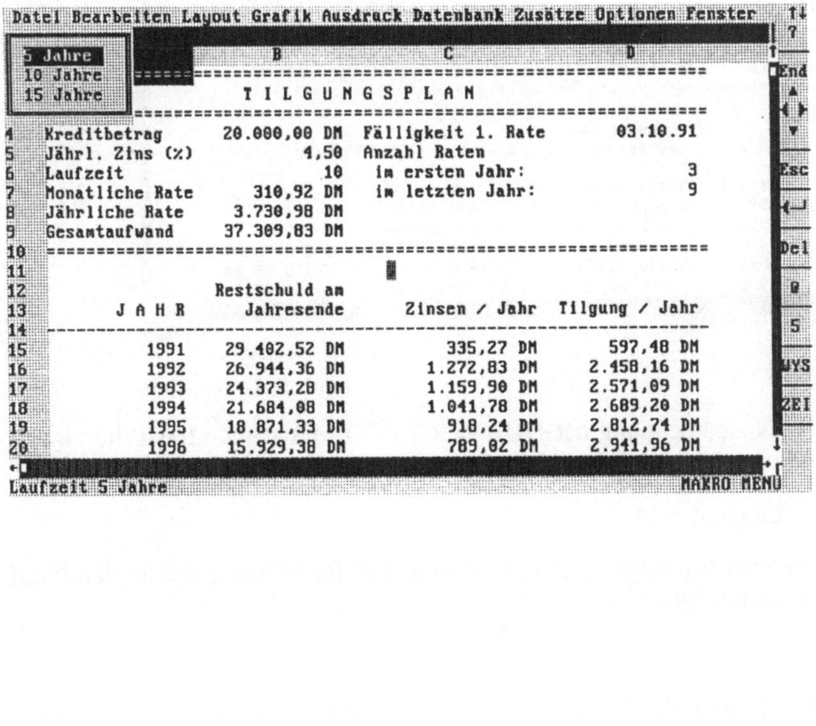

```
Datei Bearbeiten Layout Grafik Ausdruck Datenbank Zusätze Optionen Fenster    ↑↓
                                                                                ?
  5 Jahre                 B              C              D                     
 10 Jahre    ==================================================           End
 15 Jahre              T I L G U N G S P L A N                             ▲
             ==================================================           ◄ ►
 4  Kreditbetrag     20.000,00 DM  Fälligkeit 1. Rate      03.10.91       ▼
 5  Jährl. Zins (%)        4,50  Anzahl Raten
 6  Laufzeit              10     im ersten Jahr:              3            Esc
 7  Monatliche Rate      310,92 DM  im letzten Jahr:         9
 8  Jährliche Rate      3.730,98 DM                                       ◄┘
 9  Gesamtaufwand      37.309,83 DM
10  ==================================================                    Del
11
12              Restschuld am                                             0
13     J A H R    Jahresende     Zinsen / Jahr  Tilgung / Jahr
14     ----------------------------------------------------------         5
15       1991   29.402,52 DM        335,27 DM      597,48 DM
16       1992   26.944,36 DM      1.272,83 DM    2.458,16 DM              UYS
17       1993   24.373,28 DM      1.159,90 DM    2.571,09 DM
18       1994   21.684,08 DM      1.041,78 DM    2.689,20 DM              ZEI
19       1995   18.871,33 DM        918,24 DM    2.812,74 DM
20       1996   15.929,38 DM        789,02 DM    2.941,96 DM              ↓
Laufzeit 5 Jahre                                            MAKRO MENÜ
```

Drücken Sie die RETURN-Taste, um die Option *5 Jahre* auszuwählen. Der Wert 5 wird daraufhin in das Feld B6 eingestellt. Wählen Sie jetzt aus dem **Eingabemenü** die Option *Zurück*. Sie befinden sich wieder im **Bearbeitungsmenü**. Nachdem Sie neue Grunddaten festgelegt haben, sollte eine Neuberechnung des Arbeitsblattes durchgeführt werden. Wählen Sie Option *Neuberechnen*.

In den Feldern C11 und D11 wird angezeigt, welcher Monat momentan bearbeitet wird. Nachdem die Neuberechnung abgeschlossen ist, verschwindet dieser Hinweis wieder. Abbildung 3.6 zeigt das Arbeitsblatt nach erfolgter Neuberechnung.

In Feld B20 sehen Sie den Wert 0,00 DM. Durch Ungenauigkeiten im Tausendstel-Bereich kann hier bei bestimmten Ausgangsdaten auch ein negativer Wert angezeigt werden:

-0,00 DM.

Dies hat allerdings keinen Einfluß auf die DM-Genauigkeit der ermittelten Ergebnisse.

Abbildung 3.6: Arbeitsblatt mit neuen Grunddaten

```
 Datei Bearbeiten Layout Grafik Ausdruck Datenbank Zusätze Optionen Fenster   ↑↓
┌─────────────┐                                                               │ ?
│ Eingabe     │          B              C                    D                │ ↑
│ Neuberechnen│====================================================   End
│ Betrachten  │      T I L G U N G S P L A N                         ▲
│ Druck       │====================================================   ◀ ▶
│ Startmenü   │   20.000,00 DM  Fälligkeit 1. Rate        03.10.91         ▼
└───────────┘%)       4,00  Anzahl Raten
 6  Laufzeit              5   im ersten Jahr:              3        Esc
 7  Monatliche Rate  368,33 DM  im letzten Jahr:           9
 8  Jährliche Rate  4.419,97 DM                                    ◀┘
 9  Gesamtaufwand  22.099,83 DM
10  ====================================================   Del
11                            ▓
12           Restschuld am
13   J A H R   Jahresende    Zinsen / Jahr  Tilgung / Jahr      0
14  --------------------------------------------------------------   5
15      1991  19.091,99 DM      196,98 DM      908,01 DM
16      1992  15.367,92 DM      695,90 DM    3.724,07 DM       ↓YS
17      1993  11.492,13 DM      544,17 DM    3.875,79 DM
18      1994   7.458,43 DM      386,27 DM    4.033,70 DM       ZEI
19      1995   3.260,39 DM      221,93 DM    4.198,04 DM
20      1996       0,00 DM       54,58 DM    3.260,39 DM        ↓
 Eingabe der Darlehensdaten                            MAKRO MENÜ
```

Während der Neuberechnung hat QUATTRO PRO Monat-für-Monat die einzelnen Werte des Arbeitsblattes berechnet, insgesamt

Laufzeit * 12

mal, z.B. bei einer 5-jährigen Laufzeit 60 mal. Die Berechnung erfolgt damit auf Basis einer unterjährigen Verzinsung.

Warum ist eine unterjährige Verzinsung "kundenfreundlicher"? An jedem Monatsende erfolgt eine Ratenzahlung. Diese setzt sich aus einem Zins- und einem Tilgungsanteil zusammen. Der Tilgungsanteil der Zahlung reduziert die Restschuld.

Der Zinsanteil des neuen Monats muß sich bei einer präzisen Berechnung auf die Restschuld des Vormonats beziehen. Dies ist hier gewährleistet. Manche Kreditinstitute legen möglicherweise immer noch andere Berechnungsverfahren zugrunde, z.B. eine quartalsweise Berechnung.

Bei einer quartalsweisen Berechnung erfolgt die Ermittlung des Zinsanteils beispielsweise am Quartalsende und wird erst nach Ablauf des nächsten Quartals der neuen Restschuld angepaßt. Dadurch wird der Tilgungsanteil reduziert und die Tilgung des Darlehens dauert länger. Bei einer monatlichen Berechnung wird die Restschuld entsprechend monatlich angepaßt.

F a z i t : Was haben wir bisher gemacht? Anstelle des üblichen Befehlsmenüs haben Sie mit Hilfe selbstdefinierter Menüs Grunddaten des Arbeitsblattes geändert und eine Neuberechnung veranlaßt.

Im nächsten Abschnitt werden wir das Arbeitsblatt vorstellen, das aus relativ umfangreichen Formeln besteht. Anschließend werden wir ausführlich auf die Makros eingehen, die das Arbeiten mit selbsterstellten Menüs ermöglichen.

DAS ARBEITSBLATT

Das Arbeitsblatt besteht aus den Hauptteilen

o **Grunddaten** des Darlehens (oberer Teil) und

o **Tilgungsverlauf** des Darlehens (unterer Teil).

Tabellenteil Grunddaten

Der obere Teil des Arbeitsblattes enthält folgende Informationen:

o Feld B4 speichert den Kreditbetrag;

o Der Zinssatz (Feld B5) läßt sich aus dem Darlehensbetrag und der Laufzeit ableiten, wobei der Mitarbeiter zwischen fünf Darlehensbeträgen und drei Laufzeiten wählen kann. Folgende Optionen stehen zur Verfügung (in Klammern jeweils der dieser Option zugeordnete Zinssatz):

Betrag:

10.000 DM (2,00 %);
20.000 DM (2,00 %);
30.000 DM (2,25 %);
40.000 DM (2,25 %) und
50.000 DM (2,50 %).

Laufzeit:

 5 Jahre (2,00 %);
10 Jahre (2,25 %) und
15 Jahre (2,50 %).

Der Zinssatz für das Darlehen ergibt sich aus der Summe der beiden durch
Darlehensbetrag und Laufzeit ermittelten Einzelzinssätze. Wählt ein Mitarbeiter beispielsweise einen Betrag von 30.000 DM (= 2,25 %) bei einer Laufzeit von 10 Jahren (= 2,25 %), so ergibt sich ein Zinssatz von 4,50 %.

o   Feld B6 enthält die gewünschte Laufzeit in Jahren.

o   Feld B7 enthält die monatlich zu zahlende Rate (= Annuität), die sich aus den
    Größen *Betrag*, *Laufzeit* und *Zins* ergibt.

Diese über die gesamte Laufzeit konstante Rate setzt sich aus einem Tilgungs-
und einem Zinsanteil zusammen, wobei im Verlaufe der Tilgungsdauer der
Zinsanteil abnimmt (die Restschuld wird nach jeder Ratenzahlung geringer),
während der Tilgungsanteil gleichermaßen steigt. Am Ende der Laufzeit ist
das Darlehen getilgt.

Folgende Formel liegt der Berechnung der Annuität zugrunde:

$$\text{RATE} = \frac{(\text{BETRAG} * \text{ZINS}/100/12)}{(1 - (1 + \text{ZINS}/100/12)^{(-\text{LAUFZEIT}*12)})}$$

Gehen Sie nach Feld B7 und vollziehen Sie nach, wie diese Formel in
QUATTRO PRO umgesetzt ist. Am Ende des Kapitels finden Sie einige Lite-
raturangaben. In diesen Büchern werden die Annuitätenformel und weitere fi-
nanzmathematische Formeln hergeleitet und näher beschrieben.

o   Feld B8 berechnet durch die Multiplikation

      12 * RATE

den jährlichen Gesamtaufwand.

o Feld B9 enthält den finanziellen Aufwand über die gesamte Tilgungsdauer:

RATE * 12 * LAUFZEIT.

o Feld D4 enthält das Fälligkeitsdatum der ersten Rate. Nachfolgende Berechnungen hängen davon ab, ob in diesem Feld ein gültiges Datum in der Form

TT.MM.JJ

gespeichert ist.

o Abhängig von der Fälligkeit der ersten Rate ergibt sich die Anzahl Ratenzahlungen für das erste Tilgungsjahr (Feld D6):

13 - @MONAT(D4).

Die Funktion

@MONAT(Datumzahl)

gibt den Monat (1 bis 12) entsprechend der **Datumzahl** aus. **Datumzahl** ist ein numerischer Wert zwischen 0 und 73050,999, der eine fortlaufende Datum-/Uhrzeitzahl darstellt.

QUATTRO PRO bietet eine Reihe weiterer Funktionen, die ähnliche Berechnungen gestatten. Im Handbuch finden Sie beispielsweise Informationen zu den Funktionen

@STUNDE(Uhrzeitzahl),

@MINUTE(Uhrzeitsahl),

@SEKUNGE(Uhrzeitzahl),

@JAHR(Datumzahl) oder

@TAG(Datumzahl).

o Mit Hilfe der **WENN**-Funktion ermitteln wir die Anzahl Ratenzahlungen im letzten Tilgungsjahr (Feld D7):

@WENN(Monat1 = 12;12;12-Monat1)

Wenn im ersten Jahr 12 Ratenzahlungen anfallen (d.h. die erste Zahlung erfolgt im Januar), fallen im letzten Jahr ebenfalls 12 Ratenzahlungen an. Andernfalls ist das Ergebnis

12 - Anzahl Ratenzahlungen im ersten Jahr.

Wir haben bei der Entwickung der Formeln nicht nur Feldangaben verwendet, sondern sprechen wichtige und häufig verwendete Feldinhalte über Bezeichnungen an, die wir vorher über die Befehlsfolge **Bearbeiten - Namen - Block benennen** den Feldern zugewiesen haben:

Feld B4	*Betrag*	Feld B7	*Rate*
Feld B5	*Zins*	Feld D6	*Monat1*
Feld B6	*Laufzeit*		

Der zweite Tabellenteil (Tilgungsverlauf des Darlehens) enthält umfangreiche Formeln. Durch Verwendung von *Bezeichnungen* läßt sich die Transparenz solcher Formeln erhöhen.

Tabellenteil Tilgungsverlauf

Ein Problem bei der Entwicklung der Formeln besteht darin, daß wir die Laufzeit des Darlehens nicht kennen. Wir haben zunächst mit einem Beispiel für eine 10jährige Laufzeit gearbeitet, wobei allerdings Berechnungen für insgesamt 11 Jahre durchgeführt werden müssen:

o für die Monate Oktober bis Dezember im ersten Jahr,
o für die folgenden neun Jahre sowie
o für die Monate Januar bis September im letzten Jahr.

Für die nachfolgenden Jahre (d.h. ab dem zwölften Jahr) stehen Leerzeilen. QUATTRO PRO muß also in Abhängigkeit von der Laufzeit und dem Datum der ersten Ratenzahlung für jedes Jahr untersuchen, ob das Ende der Tilgung erreicht ist.

Welche Funktionen werden nun zur Durchführung derartiger Berechnungen benötigt? Bevor wir diese Frage beantworten, werden wir zunächst die Inhalte der einzelnen Spalten des Tilgungsplans beschreiben:

o Restschuld am Jahresende - Die Felder dieser Spalte ergeben sich aus der Restschuld des Vorjahres minus dem Tilgungsanteil der geleisteten Ratenzahlungen des gerade abgelaufenen Jahres.

o Zinsen/Jahr - Die Felder dieser Spalte enthalten die Summe der Zinsaufwendungen eines Jahres. In Abhängigkeit von der Restschuld des Vormonats wird pro Monat der Zinsaufwand ermittelt, der in Spalte E (*Zins*en) berechnet wird.

   Die Summe aller Monatsaufwendungen des Jahres ergeben die Werte der Spalte *Zinsen/Jahr*.

o Tilgung/Jahr - Der Tilgungsanteil ergibt sich aus der Differenz

   RATE - ZINSAUFWAND.

o Zinsen (Spalte E) - Über den gesamten Tilgungsverlauf wird pro Monat der Zinsaufwand in Abhängigkeit von der Restschuld des Vormonats berechnet. Die Werte dieser "Hilfsspalte" dienen nur der Berechnung der einzelnen Spalten des Tilgungsplans, bilden aber keinen direkten Bestandteil des Tilgungsplans und sind daher auf dem Bildschirm für den Anwender nicht sichtbar.

In unserem Arbeitsblatt existieren folgende Abhängigkeiten:

Der Tilgungsanteil der gezahlten Rate bestimmt die Restschuld:

TILGUNGSANTEIL = = = > RESTSCHULD.

Die Restschuld bestimmt den Zinsaufwand:

RESTSCHULD = = = > ZINSAUFWAND.

Der Zinsaufwand bestimmt die Höhe des Tilgungsanteils:

ZINSAUFWAND = = = > TILGUNGSANTEIL.

Erkennen Sie das Dilemma? QUATTRO PRO kann aufgrund der Abhängigkeiten zwischen den Feldern solche Berechnungen nicht durchführen. Wie soll beispielsweise der von der Restschuld abhängige Zinsaufwand berechnet werden, wenn die Berechnung der Restschuld die Kenntnis des Tilgungsbetrages voraussetzt, der Tilgungsanteil aber vom Zinsaufwand abhängt? Diese "Endlosschleife" läßt sich nicht mit "üblichen Befehlen" bearbeiten.

Iteration

Die Technik, die gestattet, derartige Endlosschleifen zu bearbeiten, heißt **Iteration**. Sie muß immer dann eingesetzt werden, wenn in einem Arbeitsblatt zwischen Feldern Abhängigkeiten in der beschriebenen Art existieren. Die Iteration kann Lösungen für Formeln finden, deren Ergebnisse voneinander abhängen, wobei jeweils die Ergebnisse der vorangegangenen Berechnung verwendet werden.

Die Iteration läßt sich über die Befehlsfolge **Optionen - Neuberechnung** insofern steuern, da Sie den Berechnungsmodus auf **Manuell** setzen und die Anzahl Iterationsschritte vorgeben können.

Da wir unsere Werte für jeden Monat der Tilgungsdauer jeweils **einmal** berechnen wollen, werden wir die Anzahl Iterationsschritte auf den Wert 1 begrenzen.

Bei der Beschreibung der Makros werden wir auf das Arbeiten mit Iterationen noch einmal eingehen.

Bevor wir uns mit der Frage der Berechnung auseinandersetzen, werden wir spaltenweise die Formeln des zweiten Tabellenteils eingehend untersuchen. Positionieren Sie den Cursor auf das Feld A15 und schauen Sie sich die Formel an.

Die Funktion

@JAHR(Datumzahl)

berechnet das Jahr in Form einer Ganzzahl von 0 (1900) bis 199 (2099). **Datumzahl** wird in diesem Fall dem Feld D4 entnommen. Die Addition von 1900 zu dem **@JAHR**-Wert erzeugt eine vierstellige Jahresangabe. Ob Berechnungen für weitere Jahre erfolgen sollen, hängt von den Werten *Laufzeit* und *Monat1* ab.

Gehen Sie mit dem Cursor auf das Feld A16. Berechnungen für das zweite Jahr erfolgen, wenn entweder die Laufzeit größer 1 ist oder wenn bei einer einjährigen Laufzeit der Wert *Monat1* kleiner 12 ist, d.h. wenn im ersten Jahr weniger als 12 Ratenzahlungen anfallen.

Folgende Formel führt die Berechnung durch:

@WENN ((Laufzeit > 1) #ODER# (Laufzeit = 1 #UND# Monat1 < 12);A15 + 1;"")

Der logische Ausdruck

#ODER# (Liste)

liefert den logischen Wert *wahr*, wenn **mindestens** einer der Werte in **Liste** *wahr* ist. Andernfalls wird der logische Wert *falsch* zurückgegeben.

Wir haben in unserer Liste zwei Werte:

(1)   LAUFZEIT > 1;

(2)   LAUFZEIT = 1 UND MONAT1 < 12.

Das Ergebnis der Berechnung ist *wahr*, wenn entweder *Laufzeit* größer 1 ist oder *Laufzeit* gleich 1 ist und gleichzeitig *Monat1* kleiner 12. Ist eine dieser Bedingungen erfüllt, erhält das Feld die Jahresangabe

A15+1,

d.h. die Jahresangabe des Vorjahres wird um 1 erhöht.

Andernfalls erhält das Feld einen Leerstring.

Der logische Ausdruck

#UND# (Liste)

liefert den logischen Wert *wahr*, wenn *alle* in **Liste** angeführten Werte *wahr* sind.

Die in **Liste** angeführten Ausdrücke müssen sowohl bei **ODER** als auch bei **UND** logische Werte sein. Andernfalls entsteht eine Fehlersituation.

Für die folgenden Jahre müssen jeweils nur die Jahresangaben innerhalb des **#ODER#**- bzw. **#UND#**-Ausdrucks verändert werden, z.B. ergibt sich für das dritte Jahr folgender Ausdruck (Feld A17):

@WENN ((Laufzeit > 2) #ODER# (Laufzeit = 2
#UND# Monat1 < 12); A16 + 1;"")

Gehen Sie zum Feld B15 (Restschuld am Jahresende).

@WENN (Zähler = 0 ; Betrag;
@WENN (Zähler < = Monat1; B15 + E15 - Rate ; B15))

Wenn *Zähler* gleich Null ist, enthält das Feld den Darlehnsbetrag (= Ausgangspunkt der Berechnung).

Hinweis: Wenn Sie sich den Feldinhalt durch Drücken von F2 in die Eingabezeile holen, zeigt QUATTO PRO anstelle der Feldbezeichnungen die Feldadressen an.

Wenn *Zähler* kleiner oder gleich *Monat1* ist, wird zum Inhalt des Feldes B15 der Zinsaufwand (E15) addiert und die Rate subtrahiert. Damit wird die Restschuld um den Tilgungsanteil der Ratenzahlung reduziert.

Ist *Zähler* größer *Monat1* (d.h. wir haben das erste Tilgungsjahr beendet), bleibt der Inhalt des Feldes konstant.

Das Feld *Zähler*

Die Beschreibung der Formeln wird an dieser Stelle unterbrochen, um die Aufgabe des Feldes *Zähler* bei der Berechnung der Restschuld darzustellen.

Aufgrund der Abhängigkeiten zwischen den Feldern des Arbeitsblattes entsteht eine Endlosschleife, die zu einer fehlerhaften Berechnung von Werten führt.

In Abhängigkeit von *Laufzeit* und *Monat1* (= Anzahl Monate im ersten Jahr der Tilgung) muß für jedes Jahr der Tilgung bestimmt werden, ob das Ende der Berechnung erreicht ist. Die Berechnung für das erste Jahr ist in unserem Beispiel nach Durchführung von drei Iterationen abgeschlossen (Monate Oktober bis Dezember). In der Formel in Feld B15 haben wir folgende Bedingung berücksichtigt:

@WENN (Zähler < = Monat1 ; B15 + E15 - Rate ; B15)

Nur solange diese Bedingung erfüllt ist, erfolgt die Neuberechnung:

B15 + E15 - Rate

Ist die Bedingung nicht erfüllt, bleibt der Wert in Feld B15 durch die Anweisung

B15

konstant. Bewegen Sie den Cursor nach Feld D9. Dieses Feld speichert den für die Aufstellung des Tilgungsplans benötigten Wert *Zähler*. Über die Befehlsfolge

Layout - Format - Verborgen

haben wir die Anzeige am Bildschirm unterdrückt. Sie können jedoch am oberen Bildschirmrand erkennen, daß zur Zeit der Wert *181* gespeichert ist. Der Hinweis "(V)" weist auf den Status *Verborgen* des Feldes hin. Bei der Neuberechnung des Arbeitsblattes werden wir auf dieses Feld zurückgreifen.

Kommen wir damit zurück zur Beschreibung des Tabellenteils *Tilgungsverlauf*. Wir hatten zuletzt Feld B15 beschrieben.

Positionieren Sie den Cursor auf das Feld B16:

@WENN ((Laufzeit > 1) #ODER# (Laufzeit = 1 #UND#
Monat1 < 12) ;
@WENN (Zähler = 0 ; Betrag ; @WENN (Zähler < = Monat1
+ 12 ; B16 + E16 - RATE ; B16)) ;" ")

Für das zweite Tilgungsjahr fallen Berechnungen an, wenn *Laufzeit* entweder größer 1 ist oder wenn *Laufzeit* gleich 1 und *Monat1* kleiner 12 ist. Andernfalls erhält das Feld einen Leerstring (letzte Angabe in der Formel).

Falls der Zähler gleich Null ist, muß das Feld bei der ersten Neuberechnung einen Ausgangswert erhalten: den Darlehensbetrag.

Ist *Zähler* größer 1, muß geprüft werden, ob die Berechnungen für das betreffende Jahr abgeschlossen sind.

Die Berechnungen sind nicht abgeschlossen, solange *Zähler* kleiner oder gleich *Monat1* +12 ist. In diesem Fall werden zur Restschuld der Zinsaufwand addiert und die Rate subtrahiert, wodurch sich die Restschuld jeweils um den Tilgungs-anteil der Ratenzahlung reduziert.

Betrachten Sie die Formeln der folgenden Jahre. Sie erkennen, daß wir wie schon bei Spalte A die Formeln nur geringfügig ändern mußten, um die Berechnungen für die weiteren Jahre durchzuführen.

Gehen Sie zum Feld C15 (Zinsen/Jahr):

@WENN (Zähler = 0 ; 0 ;
@WENN (Zähler < = Monat1 ; C15 + E15 ; C15))

Ist *Zähler* gleich Null, erhält das Feld den Ausgangswert 0. Ist *Zähler* kleiner oder gleich *Monat1* (diese Bedingung ist für die Monate Oktober bis Dezember im ersten Tilgungsjahr erfüllt), wird der Inhalt des Feldes monatlich um den Zinsaufwand erhöht. Andernfalls (d.h. ab dem zweiten Tilgungsjahr) bleibt der Inhalt des Feldes konstant.

Gehen Sie zum Feld C16:

@WENN ((Laufzeit > 1) #ODER# (Laufzeit = 1 #UND#
Monat1 < 12) ;
@WENN (Zähler = 0 ; 0 ; @WENN (Zähler > Monat1 #UND#
Zähler < = Monat1 + 12) ; C16 + E16 ; C16)) ;" ")

Auch hier erfolgen die Berechnungen in Abhängigkeit von den Größen *Laufzeit* und *Monat1*. Hat *Zähler* den Wert *Null*, erhält das Feld den Ausgangswert *Null*. Die weitere Anweisung stellt sicher, daß Zinsen nur berechnet werden, wenn *Zähler* größer *Monat1* und kleiner oder gleich *Monat1* +12 ist.

Betrachten Sie die Berechnungen für die weiteren Jahre. Auch hier ergeben sich nur geringfügige Änderungen. Vollziehen Sie diese Änderungen nach.

Gehen Sie zum Feld D15 (Tilgung/Jahr):

+ Betrag - B15

Der Tilgungsanteil entspricht dem Darlehensbetrag minus Zinsaufwand.

Gehen Sie zum Feld D16:

@WENN (B16 = 0 ;" " ; B15 - B16)

Wenn das Feld B16 (= Restschuld am Jahresende) gleich Null ist, enthält das Feld D16 einen Leerstring.

Andernfalls ergibt die Differenz aus *Restschuld Vorjahr* und *Restschuld aktuelles Jahr* den Tilgungsanteil.

Gehen Sie zum Feld E15 (Zinsen):

@WENN (B15 > 0 ; B15 * Zins / 100 / 12 ; 0)

Ist die Restschuld größer 0, ergibt sich der Zinsaufwand des Monats aus

Restschuld * Monatszins.

Andernfalls (d.h. die Restschuld ist gleich 0), erhält das Feld den Wert 0.

Gehen Sie zum Feld E16:

> @WENN ((Laufzeit > 1) #ODER# (Laufzeit = 1 #UND#
> Monat1 < 12) ; @WENN (B16 > 0 ; B16 * Zins/100/12 ; 0) ;
> " ")

Die Anweisungen dieses Feldes wurden bereits besprochen. Vollziehen Sie die Änderungen der Formeln für die nächsten Jahre nach.

Weitere Formeln

Positionieren Sie den Cursor auf das Feld C11:

> @WENN (Zähler = 0 #ODER# Zähler = 181 ; " " ; Zähler)

Während der Phase der Neuberechnung wird in Feld C11 der aktuelle, berechnete Tilgungsmonat angezeigt. Ist *Zähler* gleich 0 oder gleich 181, erscheinen Leerzeichen im Feld C11.

Bei einer 15jährigen Laufzeit müssen 180 Iterationen durchgeführt werden (15 * 12 = 180). Die Neuberechnung wird als letzten Befehl *Zähler* den Wert *181* zuweisen.

Gehen Sie zum Feld D11:

> @WENN (Zähler = 0 #ODER# Zähler = 181) ; " " ;
> " berechnete Monate ")

Während im Feld C11 der jeweilige Tilgungsmonat erscheint, steht im Feld D11 der Text "berechnete Monate". Die @WENN-Bedingung ist analog strukturiert zur @WENN-Bedingung im Feld C11. Der Text verschwindet, wenn der Zähler einen der Werte 0 oder 181 annimmt.

Für den Anwender, der die Tilgungsberechnung verfolgt, ist der "Zählerstand" deshalb interessant, weil er zu jeder Zeit weiß, wieviele Monate bereits berechnet sind. In dem Moment, wo der letzte Monat (60, 120 oder 180) berechnet wird, verschwindet der "Zählerstand". Die Berechnung ist abgeschlossen.

Gehen Sie zum Feld I48:

> @VVERWEIS(Laufzeit;I40..J42;1)

Mit Hilfe der Funktion

> **@VVERWEIS(x;Bereich;Spalte)**

sucht QUATTRO PRO in Abhängigkeit von der Laufzeit den gültigen Zinssatz aus *Bereich*. Welcher Zinssatz der jeweiligen Laufzeit zugeordnet ist, können Sie der Abbildung 3.7 entnehmen.

Abbildung 3.7: Ermittlung des Zinssatzes

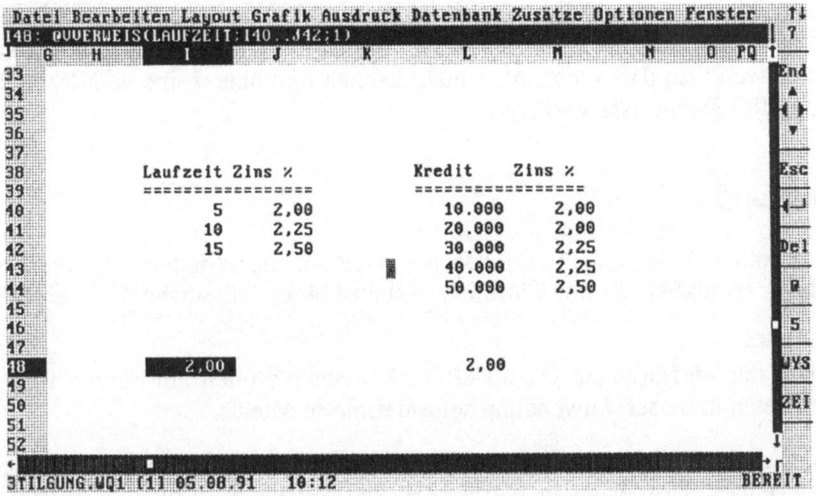

Das Argument **x** ist ein Wert größer oder gleich dem ersten Wert in **Bereich**. Ist **x** kleiner als der erste Wert in **Bereich**, so entsteht eine Fehlersituation. Ist **x** größer als der letzte Wert in der ersten Spalte in **Bereich**, stoppt @VVERWEIS bei der letzten Zelle in der Spalte und gibt deren Inhalt zurück.

Bereich steht für die vertikale Verweistabelle und kann ein Bereichsname oder eine Adresse sein.

Spalte ist die Nummer einer Spalte aus **Bereich**. Die erste Spalte in **Bereich** hat die Nummer 0, die zweite Spalte hat die Nummer 1 usw.

Gehen Sie zum Feld L48:

        @VVERWEIS(Betrag;L40..M44;1)

In Abhängigkeit vom Darlehensbetrag ergibt sich für dieses Feld die Höhe des Zinssatzes. Welcher Zinssatz dem jeweiligen Darlehensbetrag zugeordnet ist, können Sie ebenfalls Abbildung 3.7 entnehmen.

Der Zinssatz für das Darlehen ergibt sich aus der Summe von I48 und L48. Bei der Verwendung der Funktion @VVERWEIS sind einige Besonderheiten zu beachten, die allerdings für unser Beispiel nicht zutreffen. Vollziehen Sie die Aus-

führungen im QUATTRO PRO-Handbuch nach, wenn Sie die Funktion
@VVERWEIS näher kennenlernen möchten.

DIE MAKROS

Der Sachbearbeiter aus dem Sozialwesen möchte sicherstellen, daß andere Mitarbeiter aus der Abteilung im Falle seiner Abwesenheit Tilgungspläne erarbeiten
können, auch wenn sie das Arbeitsblatt nicht kennen und über keine detaillierten
QUATTRO PRO-Kenntnisse verfügen.

Zielvorstellung

Die Makros sollen Bedienungsfunktionen bereitstellen, die es jedem Mitarbeiter
der Abteilung ermöglichen, mit Hilfe des Arbeitsblattes Tilgungspläne zu erstellen.

An die Stelle der umfassenden QUATTRO PRO-Befehlszeilen am oberen Bildschirmrand treten in dieser Anwendung selbstdefinierte Menüs.

Die Befehlsmenüs steuern den Ablauf von der Eingabe der für die Berechnung
des Tilgungsplanes erforderlichen Werte (z.B. Darlehensbetrag) bis zur Aufstellung und Ausgabe des Tilgungsplans. Der Anwender bewegt sich nur innerhalb
der vorgegebenen Menüs. Fehler bei der Dateneingabe können auf diese Weise
"normalerweise" ausgeschlossen werden.

Die Befehle

Um die Makros einsehen zu können, müssen Sie den Cursor in die Spalte T bewegen (s. Abbildung 3.8). Wir beginnen mit der Beschreibung der Menübefehle.

Mit Hilfe der Befehle

> {MENÜAUFRUF Ort} und

> {MENÜSPRUNG Ort}

können Sie QUATTRO PRO veranlassen, selbsterstellte Menüs anstelle des üblichen Befehlsmenüs auf Ihrem Bildschirm anzuzeigen. Die Funktionsweise der
selbstdefinierten Menüs ist analog zu den standardmäßig von QUATTRO PRO
vorgegebenen Befehlsmenüs.

Abbildung 3.8: Die Makros

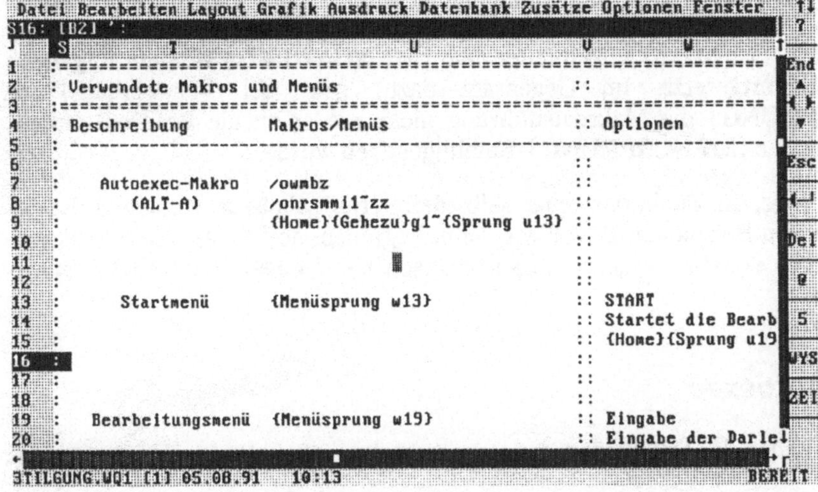

Folgende Eigenschaften kennzeichnen den Menübefehl:

o   Ein **Menü** kann beliebig viele Optionen umfassen.

o   Als **Optionen** können Sie beliebige Texte eingeben. Werte werden ignoriert. Es dürfen sich keine leeren Zellen zwischen den Optionen befinden. Menüoptionen sollten jeweils mit einem anderen Zeichen (z.B. verschiedene Anfangsbuchstaben) beginnen, damit die Optionen durch einen Tastengriff ausgewählt werden können. Sobald QUATTRO PRO auf eine leere Zelle trifft, ist die Definition abgeschlossen.

o   Die **Beschreibung der Menüoption** steht in der Zelle unterhalb der Menüoption.

o   Die **Makroinstruktionen** werden unterhalb der Beschreibung der Menüoptionen eingegeben.

Die Verwendung dieser Befehle in einem Makro veranlaßt einen Sprung zu der vorgegebenen Position, die sich auf die erste Menüoption bezieht. Das übliche QUATTRO PRO-Befehlsmenü wird ausgeschaltet und durch das selbstdefinierte Menü ersetzt.

Folgender Unterschied besteht zwischen den beiden Befehlen: Bei einem mit {MENÜAUFRUF} aktiviertem Menü erfolgt nach Auswahl und Ausführung einer Option der Rücksprung zur Ausgangsposition, d.h. zu der Stelle des Menüaufrufs. Das Makro wird mit der dem {MENÜAUFRUF}-Befehl folgenden Instruktion fortgesetzt. Im Gegensatz dazu, geht bei Verwendung von {MENÜSPRUNG} die Makroausführung nicht wieder an die Position zurück, von der aus der {MENÜSPRUNG}-Befehl gegeben wurde.

Der beste Weg, die Funktionsweise selbstdefinierter Menüs zu verstehen, ist das Betrachten von Beispielen. Bevor wir damit beginnen, soll vorab wieder das Autoexec-Makro erstellt werden, das automatisch beim Laden der Tabelle ausgeführt wird.

Makro: Autoexec

Bei jedem Laden der Datei soll das Autoexec-Makro folgendes bewirken:

o   Ausschalten der Bildschirmaktualisierung.

o   Neuberechnungen sollen immer nur **spaltenweise** vorgenommen werden, da bei der vorliegenden Anwendung eine spaltenweise Abhängigkeit der einzelnen Felder vorliegt.

o   Neuberechnungen sollen immer nur **manuell** über den Befehl {**KALK**} ausgelöst werden.

o   Sprung auf das Feld G1 zur Einsicht der Vorabinformationen zur Menüsteuerung.

o   Aufruf des selbstdefinierten Menüs mit den Optionen *START*, *ENDE_MIT* und *VERLASSEN*.

Bewegen Sie den Cursor nach Feld T7. Sie können das in Spalte U gespeicherte Autoexec-Makro einsehen; es besteht aus 3 Zeilen:

        /owmbz

        /onrsmmi1 ~zz

        {Home}{Gehezu}g1 ~ {Sprung u13}

Die Anweisung der ersten Zeile entspricht der Befehlsfolge **Optionen - Weitere Parameter - Makro - Beide - Zurück**. Diese schaltet die Aktualisierung des Bedienfeldes und der Fensteranzeige aus. Änderungen an der Anzeige während der Makroausführung sind nicht mehr sichtbar.

Wir haben diesen Befehl deshalb in das Autoexec-Makro aufgenommen, weil wir während des Makros *Neuberechnen* die Aktualisierung der Fensteranzeige zeitweise einstellen. Für den Fall, daß das Makro *Neuberechnen* vorzeitig abgebrochen wird, bliebe die neue Einstellung erhalten.

Die Befehle in der zweiten Zeile bewirken, daß

o über die Befehlsfolge **Optionen - Neuberechnung - Reihenfolge - Spalten** eine **spaltenweise** Berechnung erfolgt,

o der Berechnungsmodus über den Befehl **Modus** auf **Manuell** umgestellt wird, und

o die Anzahl Iterationsschritte auf 1 begrenzt wird.

Die dritte Zeile veranlaßt über die Tastatur-Befehle **{HOME}** und **{GEHEZU}** den Sprung nach Feld G1 zur Einsichtnahme der Vorabinformationen und über den Programmsteuerungs-Befehl **{SPRUNG Ort}** die Verzweigung der Makroausführung nach Feld U13.

Das Startmenü

Das **Startmenü**, das vom Autoexec-Makro aufgerufen wird, beginnt in Feld U13:

        {MENÜSPRUNG w13}

Der Befehl **{MENÜSPRUNG}** benötigt als Argument eine Feldadresse, die die erste Option des selbstdefinierten Menüs speichert. Die Definition des Menüs beginnt in Feld W13. Das Menü besteht aus 3 Optionen:

o *START*, um in das **Bearbeitungsmenü** zu verzweigen,

o *ENDE_MIT*, um das Arbeitsblatt zu sichern und QUATTRO PRO zu verlassen und

o *VERLASSEN*, um das Arbeitsblatt zu schließen, ohne es vorher zu sichern, und QUATTRO PRO zu verlassen.

Feld W13 speichert den Namen der ersten Menüoption: *START*.

Feld W14 enthält die Erläuterung zur ersten Menüoption: *Startet die Bearbeitung*.

In Feld W15 beginnen die zur Option *START* gehörenden Makroinstruktionen. Hier erfolgt über die Befehle **{HOME}** und **{SPRUNG}** die Verzweigung nach Feld U19.

Bewegen Sie den Cursor nach Feld X13:

     ENDE_MIT

Feld X13 speichert die zweite Menüoption. Feld X14 enthält die Erläuterung zur zweiten Menüoption und Feld X15 das Makro. Das Makro besteht in diesem Fall aus der Anweisung

     {/ System;Programmende}se

die das Arbeiten nach vorherigem Sichern des Arbeitsblattes beendet. Der menü-äquivalente Befehl {/ **System;Programmende**} entspricht der Befehlsfolge **Datei - Programmende**; Die Buchstaben "se" stehen für "Sichern und Beenden" und "Ersetzen".

Spalte Y speichert die dritte Option *VERLASSEN*.

Die Spaltenbreite

Die Spaltenbreite für die Speicherung der Optionen ist so ausgelegt, daß Sie bei einigen Feldern nur über die F2-Taste den gesamten Inhalt der Felder einsehen können.

Dadurch haben Sie aber eine optisch besser aufbereitete Dokumentation mit gleichen Abständen zwischen den Optionen. Sie sollten bei der Erstellung eigener Anwendungen selbst entscheiden, ob Sie die Spaltenbreite dem Umfang einzelner Feldinhalte anpassen, oder ob Sie eine relativ geringe und gleichmäßige Spaltenbreite bevorzugen.

Das Bearbeitungsmenü

Optionen innerhalb eines Menüs können durch Eingabe des ersten Buchstabens angewählt werden. Man sollte daher bei der Konzeption von Menübefehlen darauf achten, daß Anfangsbuchstaben nicht doppelt verwendet werden. Gäbe es beispielsweise zwei Optionen, die mit gleichem Buchstaben beginnen, könnte die zweite Option nur über die Pfeiltaste angesprungen und durch Drücken der RETURN-Taste bestätigt werden.

Unser zweites Menü stellt insgesamt 5 Optionen zur Verfügung:

o *Eingabe*, um in ein weiteres Menü, das die Darlehensdaten verwaltet, zu verzweigen;

o *Neuberechnen*, um eine Neuberechnung zu veranlassen;

o *Betrachten*, um den Tilgungsverlauf auf dem Bildschirm anzuzeigen;

o *Druck*, um den Tilgungsplan auszudrucken und

o *Zurück*, um wieder zum **Startmenü** zu verzweigen.

Der Aufruf erfolgt in Feld U19:

{Menüsprung w19}

Feld W19 speichert den Namen der ersten zum **Bearbeitungsmenü** gehörenden Option: *Eingabe*.

Feld W20 speichert die Erläuterung; in Feld W21 beginnen die Makroinstruktionen. Diese bewirken den Sprung in das **Eingabemenü**.

Option *Neuberechnen*

Die in der Option *Neuberechnen* verwendeten Makrobefehle benötigen eine nähere Erläuterung. Betrachten Sie zunächst das Makro im Überblick:

Zelle	Befehl
X21	/owmez
X22	{Kalk} {Sei Zähler ; 0}
X23	{Kalk}
X24	{Sei Zähler ; Zähler + 1}
X25	{Wenn Zähler < = Laufzeit * 12} {Sprung x23}
X26	{Sei Zähler ; 181} {Kalk}
X27	/owmbz
X28	{Sprung u19}

Zunächst wird in Feld X21 über die Anweisung

/owmez

die Aktualisierung der Bildschirmanzeige eingeschaltet. Dadurch werden Änderungen, die das aktuelle Fenster betreffen, angezeigt. Zur Erinnerung: Nach jeder monatlichen Berechnung wird der Hinweis, welcher Monat gerade bearbeitet wird, angezeigt. Um diese Anzeige zu realisieren, mußten wir obige Befehlsfolge verwenden.

Feld X22 speichert folgende Anweisung:

{Kalk}{Sei Zähler;0}

Zunächst wird das Arbeitsblatt neuberechnet. Anschließend erhält das Feld *Zähler* den Ausgangswert 0.

Feld X23 speichert die Anweisung

{Kalk}

Die Anweisung bewirkt eine Neuberechnung des Arbeitsblattes. Feld X24 speichert folgende Anweisung:

{Sei Zähler;Zähler + 1}

Hier wird *Zähler* um den Wert 1 erhöht: *Zähler* erhält den Wert *Zähler + 1*.

Betrachten Sie die Anweisung in Feld X25:

{Wenn Zähler< =Laufzeit*12}{Sprung x23}

Hier wird abgefragt, ob das Ende der Berechnung erreicht ist oder nicht. Für den Fall, daß *Zähler* kleiner oder gleich *Laufzeit*12* ist, erfolgt der Sprung nach Feld X23. Feld X23 führt eine Neuberechnung der Tabelle durch, und Feld X24 erhöht den Wert *Zähler* um 1. Anschließend wird obige Bedingung wieder abgefragt, bis *Zähler* schließlich einen Wert größer *Laufzeit*12* annimmt.

Wenn das Ende der Berechnung erreicht ist, gelangt die Anweisung in Feld X26 zur Ausführung:

{Sei Zähler;181}{Kalk}

Bei einer 15jährigen Laufzeit ergeben sich 180 Neuberechnungen (15 * 12). Die {SEI}-Anweisung weist *Zähler* den Wert 181 zu. Die Formeln im Arbeitsblatt erkennen daraufhin, daß die Berechnung abgeschlossen und der Tilgungsplan vollständig erstellt ist. Der Befehl {KALK} veranlaßt noch einmal eine Neuberechnung, damit die Meldung, welcher Monat gerade bearbeitet wird, wieder verschwindet.

Die Anweisung in Feld X27 stellt sicher, daß die Aktualisierung der Bildschirmanzeige wieder ausgeschaltet wird.

Die Anweisung

{Sprung u19}

in Feld X28 bewirkt den Rücksprung zum **Bearbeitungsmenü**. Anders ausgedrückt: Nachdem die Berechnung abgeschlossen ist, wird wieder das zuvor geöffnete Menü aktiviert.

Option *Betrachten*

Die Option *Betrachten* veranlaßt den Sprung von Feld A1 nach Feld A12. Dadurch können Sie den gesamten Tilgungsverlauf einsehen.

Betrachten Sie die Anweisung in Feld Y22:

>   {Labeleintrag "Drücken Sie die RETURN-Taste um
>   fortzufahren";A32}

Der Befehl {**LABELEINTRAG**} unterbricht die Makroausführung und fordert Sie zu einer Texteingabe auf. Sie können jetzt den Tilgungsplan betrachten. Durch Drücken der RETURN-Taste beenden Sie den Befehl und die möglicherweise getätigten Eingaben werden in das Feld A32 übertragen. Betrachten Sie die Anweisung in Feld Y23:

>   {Leer A32}

Da der Befehl {**LABELEINTRAG**} hier lediglich dazu diente, die Makroausführung zu unterbrechen, stellt die Anweisung {LEER A32} sicher, daß möglicherweise getätigte Eingaben wieder gelöscht werden.

Die Anweisung

>   {Sprung u19}

in Feld A24 bewirkt den Rücksprung zum **Bearbeitungsmenü**.

Option *Druck*

Die Option *Druck* bewirkt das Ausdrucken des Arbeitsblattes. Die zum QUATTRO PRO-Menü **Ausdruck** gehörenden Befehle wurden im zweiten Kapitel besprochen, so daß hier auf nähere Erläuterungen verzichtet werden kann.

Option *Startmenü*

Selbsterstellte Menüs sollten einen "geschlossenen Bearbeitungskreislauf" gewährleisten, d.h. es sollte möglich sein, sämtliche Arbeitsschritte zu durchlaufen, ohne zwischendurch die Menüs verlassen zu müssen. Um dies zu realisieren, haben wir dem **Bearbeitungsmenü** die Option *Startmenü* hinzugefügt, mit der Sie den Rücksprung zum **Startmenü** veranlassen können.

Die Option *Startmenü* besteht lediglich aus der Anweisung

>   {Sprung u13}

Diese Anweisung bewirkt den Sprung zum **Startmenü**.

QUATTRO PRO beendet die Menüdefinition, sobald es auf eine leere Zelle trifft. Spalte AA speichert die Option *Startmenü*. Feld AB21 ist leer, d.h. die Definition des **Bearbeitungsmenüs** ist hier abgeschlossen.

Das Eingabemenü

Das **Eingabemenü** ermöglicht die Auswahl, welche Werte in das Arbeitsblatt eingegeben werden sollen. Es wird aufgerufen in Feld U31:

> {Menüsprung w31}

Das **Eingabemenü** besteht aus den Optionen *Betrag, Laufzeit, Fälligkeit* und *Zurück*. Die Optionen *Betrag* und *Laufzeit* rufen jeweils spezielle Menüs zur Auswahl des Betrages und der Laufzeit auf. Die Option *Fälligkeit* bewirkt zunächst über die Anweisung

> {Gehezu}d4 ~

den Cursorsprung nach Feld D4. Dieses Feld speichert das Datum der ersten Ratenzahlung. Nachfolgende Berechnungen hängen davon ab, ob hier ein gültiges Datum gespeichert ist.

Anschließend erfolgt über den Makrobefehl

> {?}

eine Unterbrechung der Makroausführung. Betrachten Sie die Anweisung in Feld Y35:

> {DATUM}

Der Tastatur-Befehl {DATUM} entspricht dem Drücken der "schnellen Datumstaste" STRG-D, die die Eingabe eines Datums einleitet. Sie können jetzt ein beliebiges Datum eintragen.

Betrachten Sie die Anweisungen in der nächsten Zeile:

> ~{Sprung u31}

Zunächst realisiert die Tilde (~), daß das eingetragene Datum übernommen wird. Der Sprung nach Feld U31 veranlaßt, daß erneut das **Eingabemenü** aufgerufen wird.

Die Option *Zurück* "schließt den Kreislauf", da Sie durch Wahl dieser Option den Rücksprung zum **Bearbeitungsmenü** veranlassen können.

Das Menü Darlehensbetrag

Dieses Menü gestattet die Auswahl zwischen den 5 möglichen Darlehensbeträgen.

Zum ersten Mal haben wir ein Menü nicht über den Befehl {MENÜSPRUNG}, sondern über den Befehl {MENÜAUFRUF} aktiviert (Feld U40). Dadurch werden die Optionen wie Unterprogramme behandelt: Nachdem Sie eine Option abgearbeitet haben, springt QUATTRO PRO automatisch zur Zelle unterhalb des Menüaufrufs zurück.

Betrachten Sie die Anweisung in Feld U41:

> {Sprung u31}

Hier verzweigt die Makroausführung zurück zum **Eingabemenü**.

Die zu den Optionen gehörenden Makros bestehen jeweils nur aus einer Anweisung. Für Option *10.000 DM* ist dies die Anweisung

> {Sei Betrag;10000}

Das Menü Laufzeit

Der Aufruf dieses erfolgt ebenfalls über den Befehl {MENÜAUFRUF}. Betrachten Sie die drei Optionen:

> *5 Jahre*
> *10 Jahre*
> *15 Jahre*

Um Option *15 Jahre* auszuwählen, müssen Sie den Cursor auf diese Menüoption positionieren und durch Drücken der RETURN-Taste bestätigen.

Wir sehen an diesem Beispiel, daß es nicht immer möglich ist, eindeutige Anfangsbuchstaben oder -zeichen zu vergeben. Wenn Sie *5* eingeben, wird das erste Makro ausgeführt. Geben Sie *1* ein, wird das zweite Makro ausgeführt. Das dritte Makro (Laufzeit 15 Jahre) können Sie nicht durch Eingabe eines Zeichens zur Ausführung bringen, da die Ziffer 1 bereits für die zweite Option reserviert ist.

Wir haben nun sämtliche Menüs beschrieben. Es ist auch möglich, für ein Menü einen Tastenschlüssel zu definieren, so daß das Menü auch direkt aufgerufen werden kann. Die Anwendung 3TILGUNG.WQ1 ist allerdings so konzipiert, daß die gesamte Bedienerführung menügesteuert erfolgt, so daß kein Bedarf besteht, eines dieser Menüs direkt aufrufen zu müssen.

ZUSAMMENFASSUNG

Sie haben in diesem Kapitel zunächst eine Reihe von Funktionen kennengelernt, die wir für den Aufbau unseres Arbeitsblattes benötigt haben.

Sie haben erfahren, daß durch den Einsatz logischer Funktionen die Berechnung relativ umfangreicher und komplexer Werte möglich ist.

Es wurden Ihnen schließlich weitere Makrobefehle vorgestellt, die eine sichere und bequeme Bedienerführung ermöglichen. Wir haben insbesondere die Möglichkeiten der **Menü-Befehle** genutzt, um Abläufe innerhalb unseres Arbeitsblattes nach eigenen Wünschen zu gestalten.

LITERATUR:

Busse von Colbe, W./Laßmann, G.: Betriebswirtschaftstheorie, Band 3, Investitionstheorie, 3. Auflage, Berlin, Heidelberg, New York, Tokyo 1988.

Däumler, K.-D.: Grundlagen der Investitions- und Wirtschaftlichkeitsrechnung, Verlag Neue Wirtschaftsbriefe GmbH, Herne/Berlin 1976.

Ders., Betriebliche Finanzwirtschaft, Herne/Berlin 1980.

Ders., Finanzmathematisches Tabellenwerk für Praktiker und Studierende, Herne/Berlin 1978.

Schneider, D.: Investition und Finanzierung, 5. Aufl.. Wiesbaden 1980.

Schwarze, J.: Mathematik für Wirschaftswissenschaftler, Band 2, Verlag Neue Wirtschaftsbriefe GmbH, Herne/Berlin 1981.

Süchting, J.: Finanzmanagement, 5. Aufl., Wiesbaden 1989.

ÜBUNG

(1)

Die Geschäftsleitung der Beispiel AG hat beschlossen, daß der Zinssatz für verheiratete Mitarbeiter um 0,5% gesenkt werden soll. Erweitern Sie unser Arbeitsblatt um diese Möglichkeit der Berechnung.

Integrieren Sie in das **Eingabemenü** eine weitere Option, die in das Menü **Familienstand** verzweigt, das wiederum aus den Optionen *Verheiratet* und *Ledig* besteht.

Ist der Mitarbeiter verheiratet, soll der berechnete Zins aus Feld B5 um 0,5 % gesenkt werden. Ist der Mitarbeiter nicht verheiratet, soll der berechnete Zins bestehen bleiben.

Nachdem die Anweisungen der Optionen *Verheiratet* und *Ledig* abgearbeitet sind, soll wieder das **Eingabemenü** aufgerufen werden.

Arbeiten Sie mit dem Befehl {**MENÜAUFRUF**}.

Richten Sie anschließend ein Hilfsfeld ein (z.B. in K48), das den Wert 0 (der Mitarbeiter ist nicht verheiratet) oder 0,5 (der Mitarbeiter ist verheiratet) speichert, und ändern Sie entsprechend die Formel zur Ermittlung des Zinssatzes (Feld B5).

(2)

Nehmen wir an, daß Sie mehrere Arbeitsblätter in den Arbeitsspeicher Ihres PC geladen haben. Mit welchen Makrobefehlen können Sie zwischen den einzelnen Arbeitsblättern hin- und herschalten?

Probieren Sie die Makrobefehle aus!

4 INTERAKTIVE MAKROS

Unsere Beispiel AG verfügt über zwei Produktionsbereiche, die jeweils weiter in Sparten aufgeteilt sind. Die Anlagen (Maschinen) sind weitgehend standardisiert und können in verschiedenen Sparten eingesetzt werden. Folgendes Verfahren wird praktiziert, um eine effiziente innerbetriebliche Kostenverrechnung zu erreichen:

o Bei Neukauf einer Anlage wird eine spezielle Kostenstelle des Rechnungswesens belastet.

o Das Rechnungswesen "vermietet" die Anlagen an die Produktionsbereiche und belastet die jeweiligen Kostenstellen (Sparten) entsprechend der tatsächlichen Einsatzdauer der Anlagen. Das Ziel der Vermietung besteht darin, die aus dem Neukauf der Anlage entstehenden Kosten (Abschreibungen und Zinsen aufgrund der Kapitalbindung in der Anlage) "gerecht" auf die Nutzer der Anlage zu verteilen.

o Der Mietsatz ergibt sich dabei aus *Neuwert, Nutzungsdauer, Auslastungsgrad* und *Reparaturaufwand* der Anlagen sowie aus den Grunddaten *Zins* und *Anzahl Arbeitstage/Jahr*.

Durch dieses Verfahren soll

o eine Senkung und bessere Steuerung der Kosten,

o eine Verringerung der Reservehaltung durch verbesserte Ausnutzung sowie

o eine gleichmäßige Kostenbelastung bei Inanspruchnahme gleichartiger Anlagen als Voraussetzung für Kostenstellenanalysen

erreicht werden.

Eine Anlage muß folgende Bedingungen erfüllen, um in die Vermietung zu gelangen:

o Austauschbar - Die Anlage muß in mehreren Sparten eingesetzt werden können.

o   Langlebig - Die Anlage muß eine Mindestlebensdauer von 3 Jahren haben.

o   Wertvoll - Die Anlage muß einen Neuwert von über 10.000 DM haben.

Die Anlagenbuchhaltung (Hauptabteilung Rechnungswesen) hat die Aufgabe erhalten, die Mietsätze zu ermitteln und die pro Anlage gespeicherten Daten auf dem aktuellen Stand zu halten. Da die Aktualisierung der Miettabelle bisher mit großem manuellen Aufwand verbunden war, wurde beschlossen, ein interaktives QUATTRO PRO-Arbeitsblatt für die Berechnung und Pflege der Mietdaten zu erstellen.

ZIELE DES KAPITELS

Wir werden Ihnen zunächst ein Arbeitsblatt vorstellen, das die jährliche, monatliche und auf den Arbeitstag bezogene Miete der Anlagen berechnet.

Anschließend erfahren Sie, welche Makrobefehle QUATTRO PRO bereithält

o   zur Durchführung von Plausibilitätskontrollen,

o   zur Verwaltung der Maschinendaten und

o   zur Einrichtung einer sinnvollen Verbindung zwischen den Maschinendaten einerseits und dem Arbeitsblatt andererseits.

Die grundsätzlichen Probleme bei der Erstellung interaktiver Programme werden beschrieben. Sie werden beispielsweise erfahren, daß die Akzeptanz eines Dialog-Programms weniger von den technischen Raffinessen der Programmierung abhängt, sondern vielmehr davon, ob die Abläufe innerhalb des Programms den tatsächlichen Bedürfnissen des Anwenders entsprechen.

DAS ARBEITSBLATT

Laden Sie die Datei 4MIETE.WQ1. Sie können dem Auswahlbild entnehmen, daß wir 10 Makros zur Verwaltung des Arbeitsblattes vorbereitet haben (mit Autoexec-Makro insgesamt 11 Makros). Abbildung 4.1 zeigt das Auswahlbild.

Wir werden zunächst wieder die Datei beschreiben, die diesmal aus 5 Teilen besteht:

o   dem Auswahlbild;
o   dem Arbeitsblatt zur Berechnung der Mietsätze;
o   dem Eingabebild zur Erfassung der Grunddaten;
o   der (Hilfs-)Tabelle mit den gespeicherten Maschinendaten;
o   den Makros.

Abbildung 4.1: Das Auswahlbild

```
Datei Bearbeiten Layout Grafik Ausdruck Datenbank Zusätze Optionen Fenster   ↑↓
J1:                                                                           ?
J        J    K    L    M        N        O        P        Q        R    ↑
1                  :============================================================:  End
2                  : BEISPIEL AG :   Mietberechnung      : Datei -   4MIETE    :   ▲
3                  :             : eingesetzte Maschinen  : Datum -   04.08.91 :  ◄ ►
4                  :----------------------------------------------------------:   ▼
5                  :       Tastendruck            Makro                       :
6                  :       ----------------------------------------------     :  Esc
7                  :  (1)  ALT-B                  Betrachten Tabelle          :
8                  :  (2)  ALT-M                  Betrachten Makros           :  ◄┘
9                  :  (3)  ALT-H                  Betrachten Hilfstabelle     :
10                 :  (4)  ALT-D        █         Druck Tabelle               :  Del
11                 :  (5)  ALT-G                  Verändern Grunddaten        :
12                 :  (6)  ALT-N                  Erfassen einer neuen Maschine :  0
13                 :  (7)  ALT-L                  Löschen eines Datensatzes    :
14                 :  (8)  ALT-V                  Verändern eines Datensatzes  :  5
15                 :  (9)  ALT-S                  Sicherungsmakros            :
16                 :------------------------------------------------------------:  WS
17                 :  (10) ALT-W                  Zurück zur Auswahl          :  ZEI
18                 :============================================================:
19
20                                                                            ↓
←     █                                                                      →
4MIETE.WQ1   [1] 04.08.91   11:45                                       BEREIT
```

Abbildung 4.2 zeigt den oberen Teil des Arbeitsblattes. Dieser Teil enthält die
pro Maschine gespeicherten Grunddaten. Sie gelangen durch Drücken von ALT-
B nach Feld A1.

Abbildung 4.2: Grunddaten/Maschine

```
Datei Bearbeiten Layout Grafik Ausdruck Datenbank Zusätze Optionen Fenster   ↑↓
A1: [B1] '                                                                    ?
J   ABC          D            E         F         G         H      I    ↑
1                :------------------------------------------------------:  End
2                : B E I S P I E L  A G : Mietberechnung eingesetzte Maschinen :  ▲
3                :------------------------------------------------------:  ◄ ►
4                : RECHNUNGSWESEN: Anlagenbuchhaltung    : Datum -   04.08.91 :  ▼
5                :------------------------------------------------------:
6                :                                                      :  Esc
7                : G R U N D D A T E N / M A S C H I N E :              :
8                : -----------------------------------------------      :  ◄┘
9                :                                                      :
10               : ARTIKELNUMMER :        █     >        5123 <         :  Del
11               :                                                      :
12               : KURZBEZEICHNUNG :          > Kreiselpumpe   <        :  0
13               :                                                      :
14               : NEUWERT :                  >      18000 <   DM       :  5
15               :                                                      :
16               : NUTZUNGSDAUER :            >         11 <   Jahre    :  WS
17               :                                                      :
18               : AUSNUTZUNGSGRAD :          >         90 <   (%)      :  ZEI
19               :                                                      :
20               : REPARATURAUFWAND / JAHR :  >         30 <   (%)      :  ↓
←                                                                      →
4MIETE.WQ1   [1] 04.08.91   11:47                                       BEREIT
```

Gehen wir die einzelnen Felder durch:

o Feld F10 enthält die vierstellige Artikel-Nummer zur Identifizierung der Anlage. Über Eingabemakros ist sicherzustellen, daß in dieses Feld nur vierstellige Zahlen gelangen können.

o Feld F12 enthält die Kurzbezeichnung der Anlage.

o Feld F14 enthält den Neuwert der Anlage. Der Neuwert muß größer 10.000 DM und kleiner 1.000.000 DM sein. Nur Anlagen innerhalb dieser Grenzen dürfen nach einer Entscheidung des Produktionsleiters vermietet werden. Für Anlagen mit einem Neuwert über 1.000.000 DM gelten andere Abrechnungsverfahren. Über Eingabemakros ist sicherzustellen, daß dieses Feld nur Werte zwischen 10.000 und 1.000.000 annimmt.

o Feld F16 enthält die Nutzungsdauer der Anlage in Jahren. Nur Anlagen mit einer Nutzungsdauer ab 3 Jahre und kleiner 12 Jahre dürfen vermietet werden. Über Eingabemakros ist sicherzustellen, daß dieses Feld nur Werte zwischen 3 und 12 annimmt.

o Feld F18 enthält den Ausnutzungsgrad der Anlage in Prozent (d.h. zu wieviel Prozent wird die Anlage durchschnittlich genutzt und damit tatsächlich vermietet). Über Eingabemakros ist sicherzustellen, daß dieses Feld nur Werte zwischen 10 und 99 annimmt.

o Feld F20 enthält den Reparaturaufwand/Jahr in Prozent vom Neuwert. Über Eingabemakros ist sicherzustellen, daß dieses Feld nur Werte zwischen 5 und 50 annimmt.

o Feld F22 (nicht in Abbildung 4.2 sichtbar) berechnet den Faktor *Kapitaldienst* (Annuitätenfaktor). Dieser Faktor verteilt einen jetzt fälligen Geldbetrag (in unserem Fall die Auszahlung für die Anlage) in gleiche Beträge unter Berücksichtigung von Zins und Zinseszins auf die Nutzungsdauer der Anlage, d.h. der Faktor verwandelt eine "Einmalzahlung jetzt" in eine Zahlungsreihe.

Folgende Formel ermittelt den Faktor Kapitaldienst:

$$\frac{ZINS * (1 + ZINS)^{LAUFZEIT}}{(1 + ZINS)^{LAUFZEIT} - 1}$$

Gehen Sie nach Feld F22 und nehmen Sie sich einen Augenblick Zeit, um nachzuvollziehen, wie wir diese Formel in QUATTRO PRO umgesetzt haben.

o Feld F32 berechnet den Kapitaldienst/Jahr:

    +FAKTOR * NEUWERT.

o Feld F35 ermittelt den Kapitaldienst unter Berücksichtigung des Auslastungs-
grades:

    +F32*(100/AUSNUTZUNG).

Wenn eine Anlage beispielsweise nur zu 75 % ausgelastet ist (die übrige Zeit
sind Stand- oder Reparaturzeiten), kann sie auch nur für diese Zeit vermietet
werden. Die Mietsätze müssen demnach umso höher sein, je geringer eine
Anlage ausgelastet ist.

o Feld F37 ermittelt den Reparaturaufwand:

    +REPARATUR * NEUWERT / 100.

o Feld F39 ermittelt die Gesamtmiete, die sich aus Kapitaldienst und Reparaturaufwand zusammensetzt:

    +F35+F37.

o Feld F43 ermittelt den auf den Monat bezogenen Kapitaldienst:

    +FAKTOR * NEUWERT / 12.

o Feld F46 ermittelt den Kapitaldienst unter Berücksichtigung des Auslastungs-
grades:

    +F43 * (100 / AUSNUTZUNG).

o Feld F48 ermittelt den monatlichen Reparaturaufwand:

    +REPARATUR * NEUWERT / 1200.

o Feld F50 ermittelt die monatliche Gesamtmiete:

    +F46+F48.

o Feld F54 berechnet die auf den Arbeitstag bezogene Miete. Dieser Wert ist
Grundlage der Kostenverrechnung. Pro Arbeitstag wird die entsprechende Kostenstelle mit diesem Wert bei Nutzung der Anlage belastet. Der Wert ergibt
sich aus der Jahresmiete dividiert durch die Anzahl Arbeitstage/Jahr:

    +F39 / ARBEITSTAGE.

Um die Transparenz der Formeln zu erhöhen, haben wir wieder wichtigen Feldern Bezeichnungen zugewiesen:

Feld F10:	*Art_Nr*	Feld F18:	*Ausnutzung*
Feld F14:	*Neuwert*	Feld F20:	*Reparatur*
Feld F16:	*Laufzeit*	Feld F22:	*Faktor*

Das Eingabebild Grunddaten

Drücken Sie ALT-W, um zum Auswahlbild zurückzukommen. Gehen Sie eine Bildseite nach unten (J21). Sie sehen das Eingabebild für die Grunddaten (s. Abbildung 4.3).

Abbildung 4.3: Eingabebild Grunddaten

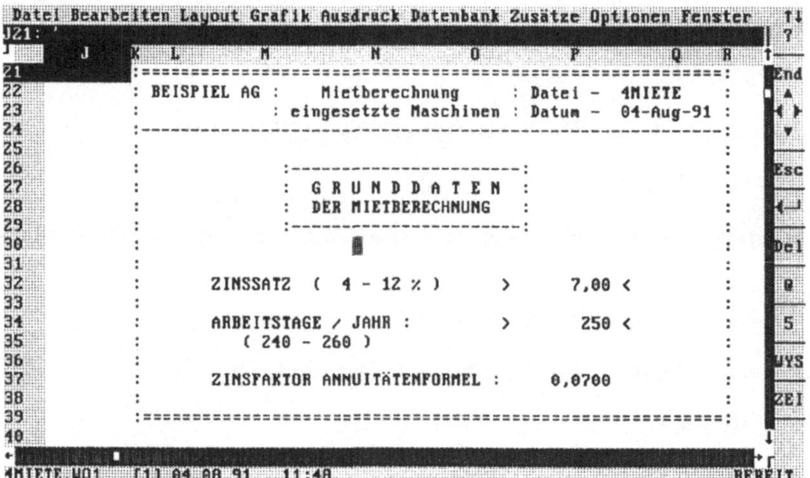

Wir benötigen für unsere Berechnungen zwei Werte, die wir von der Erfassung der Maschinendaten trennen müssen, da sie maschinenunabhängig sind: Der Zins zur Ermittlung des Kapitaldienstes und die Anzahl Arbeitstage/Jahr, um die auf den Arbeitstag bezogene Miete zu ermitteln:

o Feld P32 enthält den Zinssatz, der Werte zwischen 4 und 12 annehmen darf.

o Feld P34 enthält die Anzahl Arbeitstage/Jahr. Der Gültigkeitsbereich liegt hier zwischen 240 und 260 Tagen.

o Feld P37 enthält den Zinsfaktor, den wir für die Berechnung des Annuitätenfaktors verwendet haben. Der Zinsfaktor ergibt sich aus

+ZINSSATZ / 100.

Wir haben hier deshalb differenziert, damit Sie in das Feld P32 einen ganzzahligen Wert eingeben können, QUATTRO PRO bei der Berechnung des Kapitaldienstes aber auf die Prozentzahl zurückgreifen kann.

Den 3 Feldern haben wir folgende Bezeichnungen zugewiesen:

o Feld P32:   *Zinssatz*
o Feld P34:   *Arbeitstage*
o Feld P37:   *Zins*

Drücken Sie wieder ALT-W, um zum Auswahlbild zurückzukommen.

Die Hilfstabelle

Drücken Sie ALT-H, um zur Hilfstabelle zu gelangen. Sie sehen die gespeicherten Maschinendaten (s. Abbildung 4.4).

Abbildung 4.4: Hilfstabelle

```
 Datei Bearbeiten Layout Grafik Ausdruck Datenbank Zusätze Optionen Fenster  ↑↓
U109: [B10] 8989                                                              ?
J     T     U          U          U      X        Y        Z      A
101  :=================================================================:    End
102  :GRUNDDATEN / MASCHINE         Durch ALT-W zurück zur Auswahl       :     ▲
103  :---------------------------------------------------------------    :    ◄ ►
104  :---------------------------------------------------------------    :     ▼
105  : Artikel-                           Nutzungs-  Aus-  Reparatur-:
106  : Nummer                    Neuwert   dauer   lastung  aufwand  :    Esc
107  :(4stellig)  Kurzbezeichnung  (DM)   (Jahre)   (%)      (%)     :    ◄┘
108  :---------------------------------------------------------------:
109  :  8989 Beleuchtungsstat.    35000      5        90       20  :
110  :  7333 Gabelstapler       ▒ 12000      5        95       30  :   ▐Del
111  :  6785 E-Motor              25000      4        88       45  :
112  :  5467 E-Motor Typ E        15000      4        16        8  :     ▐
113  :  5123 Kreiselpumpe         18000     11        90       30  :
114  :  5075 Saugpumpe            11000      9        90       11  :     5
115  :  4213 Kühler               10500      3        90       10  :
116  :  3434 Ventilator DDF       10800      5        70       24  :   ▐VS
117  :  2878 E-Motor Typ C        25700      7        50       20  :
118  :  2355 Hydraulikpumpe       12000      6        55       23  :   ZEI
119  :  1888 E-Motor              10000      3        10        5  :
120  :  1211 Kompaktstation       12000      5        14       12  :    ↓
◄                                                                  ↦ r
◄MIETE.WQ1   [1] 04.08.91   11:58                            BEREIT
```

In der Hilfstabelle finden Sie die Werte wieder, die Sie bereits bei der Beschreibung des Arbeitsblattes kennengelernt haben. Erklärungen erscheinen daher an dieser Stelle nicht erforderlich.

Drücken Sie ALT-W, um zum Auswahlbild zu gelangen.

DIE MAKROS

Drücken Sie ALT-M, um zu dem Teil der Datei zu gelangen, der die Makros speichert (s. Abbildung 4.5).

Abbildung 4.5: Die Makros

```
Datei Bearbeiten Layout Grafik Ausdruck Datenbank Zusätze Optionen Fenster  ↑↓
AE20: [B1] ':                                                                 ?
     E         AF               AG                          AH               ↑
 1   :=============================================================================  End
 2   : Verwendete Makros und Menüs                                                   ▲
 3   :=============================================================================  ◄ ►
 4   :                                                                               ▼
 5   :                                        Menü/
 6   :Tastenschlüssel        Beschreibung     Makro                                  Esc
 7   :---------------------------------------------------------------------------
 8   :                                                                               ◄┘
 9   :                  █      Autoexec         /owmez{Home}{Sprungrechts}
10   :                                                                               Del
11   :     ALT-W          Zurück zur Auswahl    {Home}{Sprungrechts}
12   :                                                                               ▐
13   :     ALT-M          Betrachten Makros     {Home}{Sprungrechts 4}
14   :                                          {Links 2}{Gehezu}AE20~               5
15   :
16   :     ALT-H          Betrachten Hilfstabelle {Home}{Pgdn 5}{Sprungrechts        WYS
17   :                                          {L 6}{U 8}{R}
18   :                                          {/ Sortieren;Block}U109..Z15         ZEI
19   :                                          {/ Sortieren;Start}
20   :                                                                               ↓
4MIETE.WQ1    [1] 04.08.91    11:51                                          BEREIT
```

Wir werden im folgenden bestimmte Makros näher erläutern. Dabei wird allerdings jenen Befehlen besondere Aufmerksamkeit geschenkt, die Sie in den vorherigen Kapiteln noch nicht kennengelernt haben.

Das Autoexec-Makro

Gehen Sie mit dem Cursor zum Feld AH9. Das Autoexec-Makro bewirkt, daß beim Laden der Datei 4MIETE.WQ1 der Sprung zum Auswahlbild mit Hilfe von Tastaturbefehlen erfolgt.

Weiterhin bewirkt das Makro, daß über die Befehlsfolge **Optionen - Weitere Parameter - Makro - Bedienfeld - Zurück** die Aktualisierung der Fensteranzeige eingeschaltet wird. Dadurch verzögert sich zwar die Makroausführung etwas, aber es wird Ihnen leichter fallen, die Beschreibung bestimmter Makros nachzuvollziehen.

Sie sollten sich daher überlegen, ob Sie nicht die Befehlsfolge */owmez* nach Durcharbeiten des Kapitels aus dem Autoexec-Makro entfernen.

Makro: Zurück zur Auswahl

Gehen Sie zum Feld AH11. Dieses Makro realisiert unabhängig von der aktuellen Cursorposition den Rücksprung zum Auswahlbild:

> {Home}{Sprungrechts}

Makro: Betrachten Makros

Gehen Sie zum Feld AH13. Durch dieses Makro gelangen Sie zu dem Teil der Datei, der die Makros speichert. Auch dieses Makro enthält keine neuen Befehle.

Testen Sie das Makro - zur Wiederholung - mit Hilfe des DEBUG-Fensters. Drücken Sie SHIFT-F2 zur Aktivierung des DEBUG-Modus und rufen Sie das Makro auf. Durch mehrfaches Drücken der Leertaste wird es Schritt-für-Schritt abgearbeitet. Verlassen Sie nach Beendigung des Makros den DEBUG-Modus durch erneutes Drücken von SHIFT-F2.

Makro: Betrachten Hilfstabelle

Rufen Sie das Makro durch Drücken von ALT-H auf! Das Makro springt zum Feld U109 und sortiert die Artikel-Nummern in absteigender Reihenfolge.

Rufen Sie anschließend das Makro "Betrachten Makros" durch Drücken von ALT-M auf und gehen Sie zum Feld AH16. Die beiden ersten Zeilen realisieren den Sprung nach Feld U109 (zur Hilfstabelle), die dritte und vierte Zeile des Makros ordnen die Maschinen nach der Artikel-Nummer mit Hilfe der Befehlsfolge

> **Datenbank - Sortieren.**

Der menüäquivalente Befehl

> **{/ Sortieren;Block}**

entspricht der Befehlsfolge **Datenbank - Sortieren - Block**. Hier wird der zu sortierende Block festgelegt.

Der menüäquivalente Befehl

> **{/ Sortieren;Schlüssel1}**

entspricht der Befehlsfolge **Datenbank - Sortieren - 1. Schlüssel**. Hier wird das erste Sortierkriterium festgelegt, in unserem Beispiel soll nach der in Spalte U gespeicherten Artikel-Nummer sortiert werden.

Weiterhin ist festzulegen, ob absteigend (a) oder zunehmend (z) sortiert werden soll. Wir haben uns für "abnehmend" entschieden.

Betrachten Sie die Anweisung in Feld AH19:

{/ Sortieren;Start}

Diese entspricht der Befehlsfolge **Datenbank - Sortieren - Start**, die den Sortiervorgang auslöst.

Makro: Betrachten Tabelle

Gehen Sie mit dem Cursor auf das Feld AH21. Dieses Makro übernimmt lediglich die Aufgabe, an den Anfang der Tabelle zu springen.

Makro: Druck aktuelle Tabelle

Bewegen Sie den Cursor auf das Feld AH23. Die aktuelle Tabelle, d.h. der Bereich von

B1 bis I56

wird über dieses Makro ausgedruckt.

Nach Beendigung des Druckvorgangs erfolgt mit Hilfe des Befehls

{Sprung AH11}

der Rücksprung zum Auswahlbild.

Die Druckbefehle wurden bereits im zweiten Kapitel behandelt und bedürfen an dieser Stelle keiner weiteren Erklärung.

Ein erstes interaktives Makro: Verändern Grunddaten

Interaktiv bedeutet, daß wir Informationen von der Tastatur in den Computer eingeben, während sich das Makro (bzw. das Programm) in der Ausführung befindet. Anders ausgedrückt: Ein Programm sieht einen Dialog zwischen Benutzer und Computer vor, wobei der Verlauf des Dialogs vom Programm gesteuert wird. Ein Programm, das nicht interaktiv ist, das also alle Eingabedaten *vor* dem Beginn des Programmlaufs benötigt, arbeitet im sogenannten Batch-Modus.

In vielen kaufmännischen Bereichen werden inzwischen interaktive Programme eingesetzt. Wir müssen mitunter täglich "Dialoge" mit irgendwelchen Rechnern führen. Bevor wir das erste interaktive Makro beschreiben, sollen zwei Beispiele auf die Probleme bei der Gestaltung interaktiver Programme hinweisen.

Beispiel 1: Der Automat

Sie möchten vor der Fahrt mit öffentlichen Verkehrsmitteln an einem Automat eine Fahrkarte ziehen. Durch Drücken einer bestimmten Taste starten Sie den Dialog mit dem Automat. Der Automat fragt zunächst nach einer bestimmten Preisstufe, die Sie über Tasten eingeben müssen (vielleicht fragt er Sie auch nach dem Zielort und gibt daraufhin den zu zahlenden Betrag an). Anschließend werden Sie aufgefordert, den Preis zu zahlen und erhalten Hinweise zu den Zahlungsmodalitäten, z.B. ob Sie das Geld "passend" einwerfen müssen oder ob die Möglichkeit einer Rückzahlung vorgesehen ist, wenn Sie zu viel Geld eingeworfen haben.

Ein ähnlicher Dialog ist zu führen, wenn Sie ein Parkhaus verlassen und vorher die Parkgebühr entrichten müssen. Welche Möglichkeiten bestehen hier, um den Dialog zu starten? Sie wollen eine Quittung haben. Reichen die Hinweise am Automat aus, um zügig die Quittung zu erhalten? Ist der Ausdruck einer Quittung überhaupt vorgesehen?

Sie werden in der Vergangenheit sicherlich solche oder ähnliche "Dialoge" mit Rechnern geführt haben. Fragen Sie sich kritisch, ob Sie mit den Hinweisen und Arbeitsanleitungen, die die interaktiven Programme bereitstellten, zufrieden waren.

Beispiel 2: Erfassen von Rechnungen

Sie sind innerhalb der Hauptabteilung Organisation und Datenverarbeitung für die Konzeption sämtlicher Anwendungen des Rechnungswesens zuständig. Für die Rechnungserfassung haben Sie folgende Änderung durchgesetzt:

Zu jedem Beleg muß neben zahlreichen anderen Datenfeldern auch das Buchungsdatum eingegeben werden. Sie haben sich überlegt, daß es für den Erfasser sehr lästig sein muß, bei jeder Rechnung immer wieder das gleiche Datum einzugeben.

Sie ändern daraufhin das interaktive Programm derart, daß bei jeder Rechnung das Tagesdatum vom Programm vorgegeben und durch Drücken der RETURN-Taste bestätigt wird. Die Erfasser waren erfreut, weil diese Änderung für sie eine Reduzierung des Schreibaufwandes bedeutete.

Leider werden nicht immer alle Belege auch am gleichen Tag eingegeben. Die
Erfasser waren bei der Eingabe des Datums inzwischen daran gewöhnt, durch
einfaches Drücken der RETURN-Taste das vom Programm vorgegebene Tagesdatum zu bestätigen, so daß es bei der Erfassung der Belege vom Vortag gelegentlich zu fehlerhaften Buchungen kam.

Die durchgeführte Änderung bedeutete zwar eine Reduzierung der Erfassungs-
zeiten, aber durch diese "programmierte Bequemlichkeit" ließ die Konzentration
der Erfasser nach und eine sichere Dateneingabe war nicht mehr gewährleistet.

Es wurde daher beschlossen, wieder die ursprüngliche Programmversion einzu-
setzen und die "Lage neu zu überdenken".

Bei der Konzeption interaktiver Programme gilt es, zwei grundsätzliche Ziele zu
erreichen:

o   Unterstützung bei der Eingabe - Das Programm muß Hinweise für die Eingabe
    bereitstellen (z.B. Angaben über den Gültigkeitsbereich);

o   Unterstützung in Fehlersituationen - Das Programm muß den Anwender auf
    mögliche Fehler aufmerksam machen (z.B. ein Hinweis, wenn ein Wert
    außerhalb des Gültigkeitsbereiches eingegeben wurde).

Wenn Sie eine Parkgebühr zu entrichten haben (Beispiel 1 - Der Automat) und
die einzelnen Schritte zur Bedienung des Automaten werden nicht erklärt, ist das
erste Ziel (Unterstützung bei der Eingabe) nicht erreicht worden.

Wenn Sie bei der Eingabe einer Rechnung ein falsches Buchungsdatum eingeben
und der Rechner erkennt diesen Fehler nicht, ist das zweite Ziel nicht erreicht
worden. Da es unzählige Fehlervarianten gibt, ist es natürlich nicht möglich, daß
ein Programm sämtliche Varianten erkennen kann. Dennoch sollte man bei der
Erstellung interaktiver Programme immer versuchen, jede getätigte Eingabe einer
Plausibilitätskontrolle zu unterziehen und dadurch zumindest einige offensichtliche Fehlerquellen von vornherein auszuschließen.

Bevor wir die interaktiven Makros beschreiben, wollen wir zunächst die Befehle,
die QUATTRO PRO für die Erstellung interaktiver Programme bereithält, kurz
skizzieren.

Der Befehl

{**LABELEINTRAG** Meldung ; Position}

wird dazu verwendet, den Benutzer aufzufordern, Text einzugeben. Der Benutzer
gibt den in **Meldung** verlangten Text ein und betätigt die RETURN-Taste, worauf QUATTRO PRO die Zeichenfolge als Label bei **Position** speichert.

Der Befehl

$$\{\text{ZAHLENEINTRAG Meldung ; Position}\}$$

wird dazu verwendet, den Benutzer aufzufordern, Werte einzugeben. Der Benutzer gibt einen numerischen Wert ein und drückt die RETURN-Taste, worauf QUATTRO PRO die Zahleneingabe bei **Position** speichert.

Mit dem Befehl

$$\{?\}$$

wird die Ausführung des Makros vorübergehend angehalten, so daß man mit dem Cursor in dem Arbeitsblatt hin- und hergehen und gegebenenfalls eine Eingabe vornehmen kann. Das Makro wird nach Drücken der RETURN-Taste fortgesetzt.

In den folgenden Makros werden wir Beispiele für die Anwendung dieser interaktiven Makro-Befehle kennenlernen.

Der Befehl

$$\{\text{EINTRAG Position}\}$$

stellt eine weitere Eingabemöglichkeit dar. Er bewirkt eine Unterbrechung der Makroausführung, bis Sie eine Taste gedrückt haben, die von QUATTRO PRO als linksbündiges Label in **Position** eingetragen wird.

Obwohl die beschriebenen Befehle den Inhalt von Zellen ändern, berechnet QUATTRO PRO nach deren Ausführung Formeln zunächst nicht neu, auch wenn der Neuberechnungsmodus auf *Automatisch* gesetzt ist. Um eine Neuberechnung nach einem interaktiven Befehl durchzuführen, setzen Sie die Tilde (~) oder {KALK} direkt hinter den Befehl (dazu später ein Beispiel).

Im Makro "Verändern Grunddaten" werden wir einen weiteren Befehl einsetzen, der häufig im Zusammenhang mit interaktiven Makros verwendet wird.

Der Befehl

$$\{\text{WENN Bedingung}\}$$

bewirkt die Überprüfung der angegebenen Bedingung. QUATTRO PRO wertet das Argument aus: Ist die Bedingung *falsch*, springt QUATTRO PRO zur nächsten Zelle in der Spalte, wobei weitere Instruktionen in derselben Zelle übersprungen werden.

Ist die Bedingung *wahr*, werden die Instruktionen, die dem {WENN}-Befehl in derselben Zelle folgen, ausgeführt.

Der {WENN}-Befehl implementiert eine **WENN-DANN-SONST**-Möglickeit, wie sie in vielen anderen Programmiersprachen besteht:

o Die Makroinstruktionen hinter dem {**WENN**}-Befehl entsprechen der **DANN**-Klausel.

o Die Zelle unterhalb des {**WENN**}-Befehls entspricht der **SONST**-Klausel.

Beim Aufbau der **DANN**-Klausel muß vorsichtig vorgegangen werden: In den meisten Fällen muß ein {**SPRUNG**}-Befehl aufgenommen werden, um zu verhindern, daß die **SONST**-Klausel direkt hinter der **DANN**-Klausel ausgeführt wird.

Wir wollen nun das Makro "Verändern Grunddaten" testen. Rufen Sie zunächst das Makro "Zurück zur Auswahl" durch Drücken von ALT-W auf. Sie sehen das Auswahlbild. Rufen Sie anschließend das Makro "Verändern Grunddaten" durch Drücken von ALT-G auf.

Sie sehen das Eingabebild zur Veränderung der Grunddaten (Zins und Anzahl Arbeitstage/Jahr). Die möglichen Optionen zur Fortführung des Makros sehen Sie am oberen Bildschirmrand:

> *Zinssatz* zur Eingabe des Zinssatzes,

> *Arbeitstage* zur Eingabe der Anzahl Arbeitstage/Jahr und

> *Rücksprung*, um zum Auswahlbild zurückzukehren.

Starten Sie das Makro *Zinssatz* durch Drücken der RETURN-Taste (oder des Buchstabens Z).

Am oberen Bildschirmrand erscheint die Aufforderung

> "Geben Sie den Zinssatz ein".

Geben Sie den Wert 8 ein und drücken Sie die RETURN-Taste. Der Wert 8 wird ins Feld P32 gestellt und nach etwa zwei Sekunden erfolgt der Rücksprung zum Auswahlbild.

Wiederholen Sie den Vorgang und passen Sie auf, ob QUATTRO PRO den in Feld P32 eingetragenen Wert unmittelbar in das Feld P37, das den Zinssatz in Dezimaldarstellung speichert, übernimmt. Drücken Sie ALT-G und wählen Sie die Option *Zinssatz*. Tragen Sie als Zinssatz den Wert 10 ein und drücken Sie die RETURN-Taste. Beobachten Sie Feld P37: Der neue Wert wird zunächst nicht übernommen.

Drücken Sie ein weiteres Mal ALT-G und wählen Sie Option *Zinssatz*. Sie stellen fest, daß Feld P37 jetzt den neuen Wert speichert. Interaktive Makros bewirken keine unmittelbare Neuberechnung des Arbeitsblattes. Wenn Sie jedoch bei einer Anwendung darauf angewiesen sind, müssen Sie lediglich hinter dem interaktiven Befehl die Tilde eingeben. z.B.:

{Zahleneintrag "Geben Sie den Zinssatz ein " ; Zinssatz} ~

In dieser Anwendung war das unmittelbare Neuberechnen nicht erforderlich, also haben wir auf das Hinzufügen der Tilde verzichtet. Drücken Sie erneut ALT-G und wählen Sie *Zinssatz*. Geben Sie den Wert 15 ein. Was passiert? Es ertönt das akustische Signal und in das Feld P31 wird der Hinweis

--FEHLER--

eingestellt. Beachten Sie auch, daß der fehlerhafte Wert zunächst nicht nach P37 übertragen wird. Anschließend wird wieder das Makro "Verändern Grunddaten" aufgerufen und Sie erhalten Gelegenheit, den Fehler zu korrigieren. Wählen Sie *Zinssatz* und geben Sie einen gültigen Wert ein, z.B. 4,5. Nach etwa 2 Sekunden erscheint das Auswahlbild.

Probieren Sie die Option *Arbeitstage* aus. Geben Sie gültige und ungültige Werte ein. Wie beurteilen Sie das eben getestete interaktive Programm? Wird das Ziel einer sicheren Dateneingabe erreicht? Sind die Fehlerhinweise angemessen? Ist der Rücksprung zum Auswahlbild unmittelbar nach Eingabe eines gültigen Zinssatzes sinnvoll oder sollte vielmehr erneut das Makro "Verändern Grunddaten" aufgerufen werden, damit sofort Gelegenheit besteht, auch die Anzahl Arbeitstage/Jahr zu verändern?

Es ist davon auszugehen, daß die Grunddaten relativ konstant sind und nur selten (z.B. einmal jährlich) geändert werden. Die Wahrscheinlichkeit, daß beide Werte gleichzeitig geändert werden müssen, erscheint sehr gering. Aus diesem Grund haben wir den Dialog so gestaltet, daß nach Änderung eines Wertes der Rücksprung zum Auswahlbild erfolgt. Von dort können unmittelbar andere Makros, z.B. das Druckmakro, aufgerufen werden.

Wir wollen nun das Makro untersuchen, das diesen "Dialog" mit dem Computer realisiert hat. Wenn Sie sich noch innerhalb des Makros "Verändern Grunddaten" befinden, wählen Sie die Option *Rücksprung*. Rufen Sie anschließend das Makro "Betrachten Makros" durch Drücken von ALT-M auf. Gehen Sie mit dem Cursor nach AH31.

Zunächst erfolgt der Sprung ins Eingabebild *Grunddaten*. Anschließend wird mit Hilfe des Befehls {**MENÜSPRUNG**} das aus den drei Optionen bestehende Menü erzeugt. Das Makro der Option *Zinssatz* beginnt mit der Aufforderung, den Zinssatz einzugeben (Feld AI33):

{ZAHLENEINTRAG "Geben Sie den Zinssatz ein ";Zinssatz}

Die getätigte Eingabe wird anschließend geprüft (Feld AI34):

{WENN Zinssatz > = 4 #und# Zinssatz < = 12 } { Sprung AI37}

Gültiger Wert

Ist der eingegebene Wert *gültig* (d.h. ein Wert größer oder gleich 4 und kleiner oder gleich 12), wird das Makro in Feld AI37 fortgesetzt. Betrachten Sie die Anweisungen in Feld AI37:

{Leer P31}{Warten @JETZT+@ZEIT(0;0;2)}

Der Befehl

{LEER Position}

löscht den Inhalt einer angegebenen Zelle oder eines angegebenen Bereiches. **{LEER}** führt zu denselben Ergebnissen wie der Befehl **Bearbeiten - Block löschen**.

Nachdem Sie einen gültigen Wert eingegeben haben, würde der Cursor anschließend sofort zum Auswahlbild springen, wenn wir nicht über den Befehl

{WARTEN Zahl}

eine Verzögerung einbauen, die es Ihnen ermöglicht, die getätigte Eingabe noch einmal kurz zu kontrollieren.

Der Befehl **{WARTEN}** verursacht eine Unterbrechung der Makroausführung. Der Hinweis *WARTEN* in der Modusanzeige (unterer rechter Bildschirmrand) weist auf die Unterbrechung hin.

Die Funktion

@JETZT

berechnet den Wert, der dem aktuellen Datum (Datumzahl) bzw. der aktuellen Uhrzeit (Zeitzahl) der Uhr in Ihrem Computer entspricht.

Die Funktion

@ZEIT (Stunde ; Minute ; Sekunde)

berechnet die Zeitzahl für eine Zeitangabe in Stunden, Minuten und Sekunden. Die Anweisung

{WARTEN @JETZT + @ZEIT (0 ; 0 ; 2)}

bewirkt demnach eine Verzögerung von zwei Sekunden (zuzüglich der Zeit, die QUATTRO PRO für die interne Verarbeitung dieses Befehls benötigt).

In Feld AI38 erfolgt der Sprung zum Makro "Zurück zur Auswahl".

Ungültiger Wert

Für den Fall, daß ein *ungültiger* Wert eingegeben wurde, wird die Befehlsfolge des Feldes AI35 zur Ausführung gebracht:

{Sei P31 ; "--FEHLER--" } {Ton 3}

Mit Hilfe des Befehls

{SEI Position ; Wert ; Typ}

wird das Label

--FEHLER--

in das Feld P31 eingetragen. Anschließend weist das akustische Signal auf den ungültigen Wert hin (wir haben bei diesem und den folgenden Makros zwischen verschiedenen "Tonlagen" variiert, d.h. die Zahl jeweils verändert).

Die Anweisung in Feld AI36 bewirkt, daß erneut das Menü aufgerufen wird.

Untersuchen Sie das Makro der Option *Arbeitstage*. Sie werden feststellen, daß sich das Makro nur geringfügig vom Makro *Zinssatz* unterscheidet. Gehen Sie anschließend zurück zum Auswahlbild.

Makro: Erfassen neue Maschine

Wir wollen zunächst wieder das Makro testen. Rufen Sie es durch Drücken von ALT-N auf.

Der Cursor befindet sich in A1. Am oberen Bildschirmrand sehen Sie 5 Optionen:

Artikel-Nr. zur Eingabe der Artikel-Nummer,

Kurzbez. zur Eingabe der Kurzbezeichnung der Anlage,

Datenfelder zur Eingabe der übrigen Werte,

Übernahme zur Übernahme der Daten in die Hilfstabelle und

Zurück, um zum Auswahlbild zurückzuspringen.

Artikel-Nummer

Wählen Sie die Option *Artikel-Nr.* Am oberen Bildschirmrand erscheint der Hinweis

Geben Sie die Artikel-Nummer ein (4stellig)

Geben Sie eine gültige Zahl ein, z.B. 1991, und drücken Sie die RETURN-Taste. Der Wert wird in das entsprechende Feld eingestellt.

Wählen Sie erneut die Option *Artikel-Nr.* Geben Sie eine ungültige Zahl ein, z.B. 999, und drücken Sie die RETURN-Taste. Es ertönt das akustische Signal und die falsche Artikel-Nummer wird aus Feld F10 entfernt. Das Menü wird erneut aufgerufen. Auf einen besonderen Fehlerhinweis haben wir verzichtet. Wählen Sie *Artikel-Nr.* Geben Sie wieder einen beliebigen gültigen Wert ein.

Wählen Sie ein weiteres Mal die Option *Artikel-Nr.* und drücken Sie die RETURN-Taste, ohne vorher einen Wert eingegeben zu haben. Im Feld F10 steht der Hinweis "FEHLER".

Geben Sie wieder einen gültigen Wert ein. Rufen Sie anschließend noch einmal die Option *Artikel-Nr.* auf. Drücken Sie die ESCAPE-Taste. Sie stellen fest, daß im Feld F10 wieder der Hinweis "FEHLER" erscheint.

Fazit: Wenn Sie bei einer *Werteingabe* unmittelbar die RETURN- oder ESCAPE-Taste drücken, entsteht eine Fehlersituation.

Auch dieser Fehler ließe sich über Makros "abfangen". Sie können über die Funktion

@ISTFEHLER(x)

ermitteln, ob x ein Fehlerwert ist:

{WENN @ISTFEHLER(F10)}{SPRUNG ....}

Für den Fall, daß Feld F10 einen Fehlerwert speichert, können Sie über den Befehl {**SPRUNG**} die Verzweigung zu einer anderen Stelle des Makros veranlassen. Häufig erscheint es sinnvoll, den Fehlerwert FEHLER zu löschen und durch einen anderen Inhalt, z.B. die Zahl 0, zu ersetzen.

Wenn in einer Zelle FEHLER auftritt, wird für alle Formeln und Zellen, die auf diese Zelle verweisen, FEHLER ausgegeben. Dies kann zur Folge haben, daß sich FEHLER wie eine Welle über das gesamte Arbeitsblatt ausbreitet. Da in unserem Fall keine andere Zelle Bezug zu Zelle F10 nimmt, haben wir auf die **@ISTFEHLER**-Prüfung verzichtet.

Geben Sie jetzt wieder den Wert 1991 ein.

Kurzbezeichnung

Wählen Sie die Option *Kurzbez.* QUATTRO PRO erwartet von Ihnen eine Texteingabe.

Bei einer *Texteingabe* können Sie sowohl durch Drücken der RETURN-Taste als auch durch Drücken der ESCAPE-Taste den Feldinhalt löschen. Probieren Sie es aus!

Sie stellen fest, daß das Programm beide Eingaben nicht annimmt, das akustische Signal ertönen läßt und erneut nach der Eingabe der Kurzbezeichnung verlangt.

Wählen Sie *Kurzbez* und geben Sie nun die Kurzbezeichnung "E-Motor" ein, beginnen Sie jedoch die Eingabe mit einem Leerzeichen und drücken Sie anschließend die RETURN-Taste. Auch nach dieser Eingabe können Sie das Makro nicht verlassen.

Geben Sie nun die Kurzbezeichnung "E-Motor" ohne ein vorangehendes Leerzeichen ein und drücken Sie die RETURN-Taste.

Diese Eingabe wird akzeptiert und das Makro verzweigt wieder zum Ausgangsmenü.

Bei der Eingabe der Kurzbezeichnung ist wie bei der Eingabe der Artikel-Nummer auf einen besonderen Fehlerhinweis verzichtet worden. Eine fehlerhafte Eingabe wird hier dadurch vermieden, daß der Anwender in dem Makro verbleibt, bis er eine "gültige" Bezeichnung eingegeben hat.

"Gültig" heißt in diesem Fall, daß das Eingabefeld einen Textinhalt hat, beginnend mit einem "normalen" Zeichen. Die Eingabe ist ungültig, wenn der Textinhalt mit einem Leerzeichen beginnt.

Die Eingabe der Kurzbezeichnung hat einen anderen logischen Aufbau als die Eingabe der Artikel-Nummer. Während ungültige Artikel-Nummern sofort eliminiert werden und das Ausgangsmenü wieder aufgerufen wird, verbleibt der Anwender bei der Eingabe der Kurzbezeichnung solange in dem Makro, bis er eine gültige Bezeichnung eingetragen hat. Auch hier müssen Sie selbst entscheiden, welche Variante Ihnen günstiger erscheint.

Datenfelder

Wählen Sie die Option *Datenfelder*. Es erscheint der Hinweis

> Geben Sie den Neuwert ein (10.000 - 1.000.000 DM)

Prüfen Sie, wie das Programm reagiert, wenn Sie 9000 eingeben. Das akustische Signal weist auf den Fehler hin und das Programm fordert Sie ein zweites Mal zur Eingabe des Neuwertes auf. Geben Sie einen gültigen Wert ein, z.B. 25000. Sie sehen, daß das Programm diesen Wert akzeptiert und jetzt nach der Nutzungsdauer fragt. Es erscheint der Hinweis

> Geben Sie die Nutzungsdauer in Jahren ein (3-12 Jahre)

Das Verfahren entspricht dem bei der Eingabe des Neuwertes. Tragen Sie als Nutzungsdauer den Wert 5 ein, als Ausnutzungsgrad den Wert 50 und als Reparaturaufwand den Wert 35.

Wenn Sie den Reparaturaufwand eingegeben haben, springt das Programm zum Ausgangsmenü zurück (s. Abbildung 4.6).

Abbildung 4.6: Erfassung neue Maschine

```
 Datei Bearbeiten Layout Grafik Ausdruck Datenbank Zusätze Optionen Fenster  ↑↓
                                                                              ?
  Artikel-Nr.          D              E          F          G       H    I   ↑
  Kurzbez.                                                                    End
  Datenfelder   P I E L  A G : Mietberechnung eingesetzte Maschinen       :  ▲
  Übernahme                                                               :  ◄►
  Zurück        SWESEN: Anlagenbuchhaltung         : Datum -   04.08.91   :  ▼
 6 :                                                                      :
 7 :   G R U N D D A T E N / M A S C H I N E  :                           :  Esc
 8 :                                                                      :
 9 :                                                                      :  ◄┘
10 :   ARTIKELNUMMER :            >              1991  <                   :  Del
11 :                                                                      :
12 :   KURZBEZEICHNUNG :          > E-Motor            <                  :  @
13 :                                                                      :
14 :   NEUWERT :                  >             25000  <      DM           :  5
15 :                                                                      :
16 :   NUTZUNGSDAUER :            >                 5  <   Jahre           :  WYS
17 :                                                                      :
18 :   AUSNUTZUNGSGRAD :          >                50  <    (%)            :  ZEI
19 :                                                                      :
20 :   REPARATURAUFWAND / JAHR :  >                35  <    (%)            :  ↓
 Geben Sie die Artikel-Nummer ein                             MAKRO MENÜ
```

Übernahme

Die von Ihnen eingegebenen Daten sollen nun in die Hilfstabelle übernommen werden. Prüfen Sie, ob für *Artikel-Nr.* der Wert 1991 eingetragen ist. Wenn nicht, ändern Sie den Wert entsprechend.

Wählen Sie Option *Übernahme*. Sie sehen wie der Cursor auf die erste Position der Hilfstabelle springt und sich solange eine Zeile nach unten bewegt, bis er auf das erste leere Feld trifft. Jetzt werden die von Ihnen zuvor in das Arbeitsblatt eingegebenen Werte der neuen Maschine in die Hilfstabelle kopiert. Danach springt der Cursor wieder zurück ins Arbeitsblatt und ruft erneut das Menü "Erfassen neue Maschine" auf.

Wählen Sie ein zweites Mal die Option *Übernahme*. Der gleiche Datensatz soll noch einmal in die Hilfstabelle übertragen werden.

Sie können verfolgen, daß das Programm diesen Datensatz nicht in die Hilfstabelle kopiert, sondern es erscheint im Arbeitsblatt über der Artikel-Nummer (im Feld F9) der Fehlerhinweis

>   *Nummer doppelt*.

Die Artikel-Nummer ist ein sogenannter **Schlüsselbegriff,** der in der Hilfstabelle nur einmal vorhanden sein darf. Jeder Datensatz mit der gleichen Artikel-Nummer wird daher abgewiesen. Für den Fall, daß Sie Daten eines *bestehenden* Artikels ändern wollen, haben wir ein anderes Makro vorbereitet.

Wählen Sie die Option *Zurück* und Sie befinden sich wieder im Auswahlbild.

Makrobefehle

Wir werden uns nun ausgewählte Befehle des Makros "Erfassen neue Maschine" genauer ansehen.

Rufen Sie zunächst das Makro "Betrachten Makros" durch ALT-M auf und gehen Sie mit dem Cursor auf das Feld AI44:

>   {Leer F9} {Zahleneintrag "Geben Sie die Artikel-Nummer ein
>   (4stellig) " ; Art_Nr }

Feld F9 speichert möglicherweise noch den Fehlerweis "*Nummer doppelt*". Dieser wird über den Befehl {LEER} gelöscht. Anschließend verlangt QUATTRO PRO nach der Eingabe der vierstelligen Artikel-Nummer.

Gehen Sie nach Feld AI45. Hier wird die eingegebene Artikel-Nummer geprüft:

>   {WENN Art_Nr < 1000 #oder# Art_Nr > 9999}
>   {Leer Art_Nr}{Ton 1}{Sprung AH42}

Ist der eingegebene Wert kleiner 1000 oder größer 9999 (d.h. der Wert ist nicht vierstellig), wird der Inhalt des Feldes *Art_Nr* gelöscht, das akustische Signal weist auf den Fehler hin und es wird erneut das Menü aufgerufen.

War die Artikel-Nummer gültig, wird die Befehlsfolge des Feldes AI46 zur Ausführung gebracht. Hier erfolgt der erneute Menüaufruf.

Erkennen Sie den Unterschied im logischen Aufbau dieser Prüfung und der zuvor besprochenen Gültigkeitsprüfung für den eingegebenen Zinssatz? Nach der Eingabe des Zinssatzes wurde geprüft, ob der Wert *gültig* ist (Zinssatz > =4 **und** Zinssatz < = 12).

Feld AI45 (Prüfung Artikel-Nummer) prüft, ob der eingegebene Wert *ungültig* ist (Artikel-Nummer < 1000 **oder** Artikel-Nummer >9999).

Die nachfolgenden Befehlsfolgen hängen natürlich davon ab, welche Methode (Gültigkeis- oder Ungültigkeitsprüfung) gewählt worden ist. Wenn Sie demnächst eigene interaktive Makros schreiben und getätigte Eingaben einer Plausibilitätsprüfung unterziehen wollen, sollten Sie wieder einmal selbst entscheiden, mit welcher Methode Sie eine effizientere Prüfung erreichen können.

Bewegen Sie den Cursor auf das Feld AJ45 (Prüfung Kurzbezeichnung Anlage).

Dieser Befehl prüft, ob Feld F12 einen Textinhalt speichert:

> {WENN @ISTFEHLER (@CODE (F12)) } {Ton 4}
> {Sprung AJ44}

Die Funktion

@CODE (String)

ergibt den von Ihrem Computer benutzten Code des ersten Zeichens der Zeichenkette in dem angegebenen Feld. Ist Feld F12 leer, liefert die Funktion

@ISTFEHLER (@CODE (F12))

den logischen Wert "wahr", da das Argument ein Fehlerwert ist. Ist im Eingabefeld keine Zeichenkette vorhanden, verlangt das Programm erneut nach der Eingabe der Kurzbezeichnung.

Die nächste Prüfung der Eingabe für die Kurzbezeichnung erfolgt im Feld AJ46:

> {WENN @CODE (F12) = 32} { Ton 2} {Sprung AJ44}

Der benutzte Zeichencode für ein Leerzeichen (Blank) ist 32. Ergibt der Code des ersten Zeichens 32, wurde als erstes Zeichen ein Blank eingegeben. Diese Eingabe weist das Programm ab und ruft erneut das Makro zur Eingabe der Kurzbezeichnung auf.

Wenn weder die erste noch die zweite Bedingung zutrifft, wenn also die Eingabe "ordnungsgemäß" ist, wird diese vom Makro akzeptiert. Es erfolgt der Rücksprung zum Menü "Erfassen neue Maschine".

Die Option *Datenfelder* im Menü "Erfassen neue Maschine" ähnelt im Aufbau den eben besprochenen Makros und braucht daher nicht näher erläutert zu werden.

Wir fahren deshalb mit der Besprechung der Option *Übernahme* fort. Gehen Sie mit dem Cursor auf das Feld AL44.

Der Cursor springt auf die erste Artikel-Nummer der Hilfstabelle (Feld U109) und berechnet das Arbeitsblatt über den Befehl {KALK} neu. Anschließend vergleicht das Makro die erfaßte Artikel-Nummer mit den Artikel-Nummern der Hilfstabelle. Gehen Sie nach Feld AL45:

{WENN @ZELLZEIGER("Inhalt") = Art_Nr} {Ton 3}
{Sei F9;"*Nummer doppelt*}{Sprung AH42}

Ist die Artikel-Nummer im Feld U109 gleich der Artikel-Nummer, die Sie in das Feld F10 bei der Erfassung der Maschine eingetragen haben, wird mit Hilfe des Befehls {SEI} der Fehlerhinweis

Nummer doppelt

in das Feld F9 eingestellt. Danach erscheint wieder das Menü "Erfassen neue Maschine". Die Funktion

@ZELLZEIGER (" Inhalt ")

ergibt den Wert, der momentan in der Zelle U109 gespeichert ist. Mit **@ZELLZEIGER("Folge")** können Informationen über die aktuelle Zelle abgefragt werden. **Folge** muß dabei eines von mehreren gültigen Argumenten sein, z.B.:

o @ZELLZEIGER("Inhalt") ...   ergibt den *Inhalt* der aktuellen Zelle;

o @ZELLZEIGER("Typ")="b" ...   besagt, daß die aktuelle Zelle *leer* ist;

o @ZELLZEIGER("Typ")="w" ...   besagt, daß die aktuelle Zelle einen *Wert* oder eine Formel speichert;

o @ZELLZEIGER("Typ")="l" ...   besagt, daß die aktuelle Zelle ein *Label* speichert;

o @ZELLZEIGER("Zeile") ...   ergibt die aktuelle *Zeilennummer*.

Kapitel 1 des QUATTRO PRO-Handbuchs "Funktionen und Makros" beschreibt weitere Möglichkeiten zur Verwendung dieser Funktion. Bevor Sie **@ZELLZEIGER** in einem Makro benutzen, sollten Sie das Arbeitsblatt neuberechnen, da sich **@ZELLZEIGER** immer auf die letzte Zellposition *vor* einer Neuberechnung bezieht. Aus diesem Grund haben wir den {KALK}-Befehl in das Makro aufgenommen.

Wenn die in Feld AL45 formulierte Bedingung nicht zutrifft, wird die Bedingung in Feld AL46 geprüft:

{WENN #nicht# @ZELLZEIGER("Typ")="B"}
{U}{Kalk}{Sprung AL45}

Wenn das Feld nicht leer ist, also eine Artikel-Nummer enthält, dann bewegt sich der Cursor auf die Artikel-Nummer in der darunterliegenden Zeile, führt eine Neuberechnung durch und überprüft wieder, ob erste und zweite Bedingung erfüllt sind. Dieser Vorgang wiederholt sich solange, bis der Cursor schließlich auf ein leeres Feld trifft. Dann wird der Befehl im Feld AL47 zur Ausführung gebracht:

{Kopie1}

Der Befehl

{UnterprogrammName}

bietet die Möglichkeit, andere Makros als Unterprogramme zu verwenden. Soll beispielsweise eine Folge von Makroinstruktionen von verschiedenen Makros benutzt werden, so ist der Einsatz von Unterprogrammen zu empfehlen. Stößt QUATTRO PRO auf den Aufruf eines Unterprogramms, wird das aufrufende Programm verlassen und die Instruktionen des Unterprogramms durchgeführt. Ist das Unterprogramm beendet, kehrt QUATTRO PRO zum aufrufenden Programm zurück.

Der Name des Unterprogramms ist der Bereichsname der Anfangszelle des Unterprogramms.

Der Makrobefehl *{Kopie1}* ruft das Unterprogramm mit dem Namen *Kopie1* auf. Das Makro mit dem Namen *Kopie1* beginnt in Feld AH71. Bewegen Sie den Cursor dorthin.

Das Unterprogramm enthält die Kopieranweisungen zur Übernahme der eingegebenen Werte in die Hilfstabelle. Nach jedem Kopiervorgang wird der Cursor in der Hilfstabelle über den Tastatur-Befehl {R} um eine Spalte nach rechts bewegt. Nach Beendigung des Makros erfolgt der Rücksprung zum Menü "Erfassen neue Maschine".

Wir werden uns im fünften Kapitel intensiver mit der Verwendung von Makros als Unterprogramme beschäftigen. An dieser Stelle genügt es zu wissen, daß man mit Hilfe des Befehls **{Unterprogramm}** zu einem anderen Makro verzweigen kann.

Makro: Löschen eines Datensatzes

Wir beginnen wieder damit, das Makro zu testen. Rufen Sie es durch Drücken von ALT-L auf.

Sie können am Bildschirm verfolgen, wie zuerst die Artikel-Nummern in absteigender Reihenfolge sortiert werden, um das Auffinden bestimmter Nummern zu erleichtern. Am oberen Bildschirmrand sehen Sie zwei Optionen. Um einen Datensatz zu löschen, müssen Sie Option *Löschen* wählen. Geben Sie dazu *L* ein oder drücken Sie die RETURN-Taste. Sie erhalten am oberen Bildschirmrand den Hinweis

> *Gehen Sie auf die zu löschende Zeile und drücken Sie*
> *die RETURN-Taste*

angezeigt (s. Abbildung 4.7).

Abbildung 4.7: Löschen eines Datensatzes

```
 Datei Bearbeiten Layout Grafik Ausdruck Datenbank Zusätze Optionen Fenster  ↑↓
 U109: [B10] 8989                                                             ?
┌──────────────────────────────────────────────────────────────────────┐
│  Gehen Sie auf die zu löschende Zeile und drücken Sie die RETURN-Taste │  End
└──────────────────────────────────────────────────────────────────────┘   ▲
 103 :---------------------------------------------------------------:     ◄ ►
 104 :---------------------------------------------------------------:      ▼
 105 : Artikel-                          Nutzungs-  Aus-   Reparatur-:
 106 :  Nummer                  Neuwert    dauer   lastung  aufwand :      Esc
 107 :(4stellig)  Kurzbezeichnung  (DM)   (Jahre)    (%)     (%)    :       ◄┘
 108 :---------------------------------------------------------------:
 109 :     8989 Beleuchtungsstat.  35000      5       90       20 :
 110 :     7333 Gabelstapler       12000      5       95       30 :       Del
 111 :     6785 E-Motor            25000      4       88       45 :
 112 :     5467 E-Motor Typ E      15000      4       16        8 :        ▯
 113 :     5123 Kreiselpumpe       18000     11       90       30 :
 114 :     5075 Saugpumpe          11000      9       90       11 :        5
 115 :     4213 Kühler             10500      3       90       10 :
 116 :     3434 Ventilator DDF     10800      5       70       24 :       UYS
 117 :     2878 E-Motor Typ C      25700      7       50       20 :
 118 :     2355 Hydraulikpumpe     12000      6       55       23 :       ZEI
 119 :     1991 E-Motor            25000      5       50       35 :
 120 :     1888 E-Motor            10000      3       10        5 :        ↓
 ◄                               ▯                                  ►
 4MIETE.WQ1   [1] 04.08.91    11:55                          MAKRO WARTEN
```

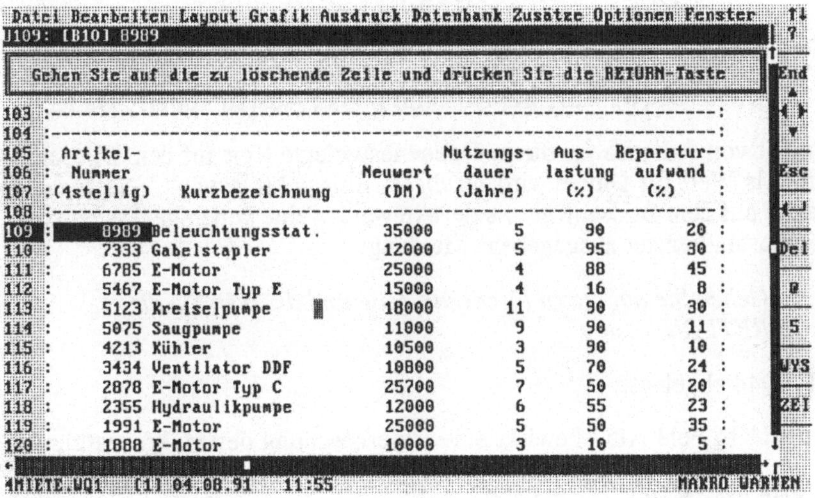

Nachdem Sie das erste Mal die Pfeiltaste betätigt haben, verschwindet der Hinweis. Gehen Sie mit den Pfeiltasten in die Zeile, die den Datensatz mit der Artikel-Nummer 1991 speichert und drücken Sie die RETURN-Taste. Sie können verfolgen, wie der Datensatz gelöscht wird und das Programm zum Menü "Löschen eines Datensatzes" zurückkehrt. Verlassen Sie das Menü über die Option *Zurück*.

Rufen Sie das Makro ALT-M auf und bewegen Sie den Cursor nach Feld AH56:

> {/ Block;Kopieren}T109~T109..T200~

Der menüäquivalente Befehl

> **{/ Block;Kopieren}**

entspricht der Befehlsfolge **Bearbeiten - Kopieren**. Was wird hier kopiert? Rechts und links neben der Hilfstabelle sehen Sie eine aus Doppelpunkten (:) bestehende senkrechte Linie.

Jedesmal, wenn Sie eine Zeile löschen, verschwinden auch die Doppelpunkte. Um sicherzustellen, daß der linke und rechte Rand bestehen bleiben, sorgt der Kopierbefehl dafür, daß sich die senkrechte Linie bis zur Zeile 200 erstreckt. Für den Fall, daß weitere Maschinendaten gespeichert werden sollen, ändern Sie nur die Angabe innerhalb des Kopierbefehls, z.B. von T200 nach T300.

Option Löschen

Betrachten Sie die Anweisung in Feld AI56:

> {Meldung AQ44..AY44 ; 0 ; 0 ; 0 }

Der Befehl

> **{MELDUNG Adresse; Abstand links ; Abstand oben ; Dauer }**

läßt den Inhalt von **Adresse** für die in **Dauer** festgelegte Zeit auf dem Bildschirm erscheinen. Als Wert für **Dauer** wird für dieses Beispiel 0 gewählt: Die Meldung bleibt solange auf dem Bildschirm, bis der Anwender eine beliebige Taste drückt. Die im definierten Fenster ausgegebene Meldung

> *Gehen Sie auf die zu löschende Zeile und drücken Sie die*
> *RETURN-Taste*

ist in Feld AQ44 abgelegt.

Der Befehl {?} in Feld AI57 bewirkt eine Unterbrechung der Makroausführung, damit Sie die zu löschende Zeile auswählen können; {**KALK**} berechnet die Tabelle neu. Der Ausdruck

> @ZELLZEIGER ("Zeile")

in Feld AI58 ergibt den Wert 109, wenn der Cursor bei der letzten Neuberechnung in Zeile 109 stand. Der {**WENN**}-Befehl

> {WENN @ZELLZEIGER ("Zeile") > 108} {/ Zeile ; Löschen } ~

stellt damit sicher, daß Sie nur Zeilen der Hilfstabelle löschen können. Befindet sich der Cursor oberhalb der Zeile 109, erfolgt kein Löschvorgang. Probieren Sie es aus:

Rufen Sie ALT-L auf, wählen Sie Option *Löschen*, gehen Sie mit dem Cursor nach Zeile 107 und drücken Sie die RETURN-Taste. Was passiert? Es erfolgt der erneute Aufruf des Menüs "Löschen eines Datensatzes". Zeile 107 wurde nicht gelöscht. Wählen Sie Option *Zurück*, um zum Ausgangsmenü zu gelangen.

Makro: Verändern eines Datensatzes

Stellen Sie nach der Erfassung fest, daß der Datensatz für eine neu eingegebene Maschine fehlerhaft ist, dann können Sie durch Aufruf des Makros ALT-V diesen Datensatz zur Korrektur vorsehen. Sie können das Makro auch dafür verwenden, wenn Sie die Mietdaten für einen bestimmten Datensatz ausdrucken wollen: Sie wählen den Datensatz aus der Tabelle aus und kopieren ihn in das Arbeitsblatt. Anschließend verlassen Sie die geöffneten Menüs über die Option *Zurück* und rufen schließlich das Druckmakro auf. Die Mietdaten des zuvor ausgewählten Datensatzes werden ausgedruckt.

Wir wollen zunächst das Makro testen. Rufen Sie es durch Drücken von ALT-V auf. Der Cursor springt ins Feld U109 und ordnet die Artikel-Nummern in absteigender Reihenfolge und es erscheint das Menü mit den Optionen

> *Auswahl* zur Auswahl des zu korrigierenden Datensatzes,

> *Übernahme* zur Übernahme des korrigierten Datensatzes in die Hilfstabelle und

> *Zurück*, um zum Auswahlbild zurückzuspringen.

Wählen Sie Option *Auswahl* und bewegen Sie den Cursor mit den Pfeiltasten auf eine Artikel-Nummer, in deren Datensatz Änderungen vorgenommen werden sollen und drücken Sie die RETURN-Taste. Sie können am Bildschirm verfolgen, wie ein Kopiervorgang abläuft und danach das Arbeitsblatt mit den Angaben des Datensatzes, der zur Korrektur ausgewählt wurde, auf dem Bildschirm erscheint.

Verändern Sie zur Übung einige Werte. Dieses Makro sieht keine Änderung der Artikel-Nummer vor. Nachdem Sie einen oder zwei Werte geändert haben, wählen Sie Option *Zurück*. Der Cursor bewegt sich wieder zur Hilfstabelle. Wählen Sie die Option *Übernahme*. Die korrigierten Daten werden in die Hilfstabelle übernommen.

Springen Sie über die Option *Zurück* zum Auswahlbild. Wir werden uns jetzt das Makro "Verändern eines Datensatzes" ansehen. Starten Sie das Makro ALT-M. Betrachten Sie die Anweisungen ab Feld AI67:

> {Meldung AQ49..AY49 ; 0 ; 0 ; 0 }

> {?}{Kalk}

> {WENN @Zellzeiger("Zeile") < 109 #oder# @Zellzeiger("Typ")
> = "b" #oder# @Zellzeiger("Spalte")<>21 }
> {Ton 3}{Sprung AH65}

> {Kopie2}{Home}{Sprung AH87}

Zunächst wird die in Feld AQ49 abgelegte Meldung "Gehen Sie auf die ..." angezeigt und die Makroausführung über den {?}-Befehl unterbrochen. Der Befehl {KALK} stellt sicher, daß das Arbeitsblatt vor der nächsten Abfrage neu berechnet wird.

Über den {WENN}-Befehl werden drei Bedingungen abgefragt:

> Ist die Zeilennummer kleiner 109 ?

> Ist das Feld "Leer" ?

> Ist die Spaltennummer ungleich 21 (d.h. ungleich Spalte U) ?

Wenn eine dieser Bedingungen erfüllt ist, liegt ein Fehler vor. Um beispielsweise einen korrekten Kopiervorgang sicherzustellen, muß eine Zelle aus Spalte U ausgewählt worden sein. Von dieser Ausgangsposition können die im Unterprogramm *Kopie2* gespeicherten Kopierbefehle die Daten zwischen Hilfstabelle und Arbeitsblatt austauschen.

Liegt ein Fehler vor, ertönt das akustische Signal und das Menü wird erneut aufgerufen.

Ist der zur Korrektur ausgewählte Datensatz formell korrekt (z.B. die Zeilennummer ist größer 109), gelangt die Befehlsfolge im Feld AI70 zur Ausführung:

> {KOPIE2} {HOME} {SPRUNG AH87}

Gehen Sie mit dem Cursor nach Feld AH79 und schauen Sie sich das Makro *Kopie2* an. Das Makro löst Kopiervorgänge aus, die die Werte des zur Korrektur ausgewählten Datensatzes in das Arbeitsblatt kopieren. Anschließend erfolgt über den Befehl {HOME} der Sprung nach Feld A1 und es wird das Menü aufgerufen, das die Korrektur der Daten ermöglicht. Gehen Sie mit dem Cursor nach Feld AI70. Durch den Befehl

> {SPRUNG AH87}

wird das Menü aufgerufen. Bei den Korrekturen gelten die gleichen Restriktionen wie bei der Erfassung neuer Maschinen. Die Makros sind daher vom logischen Aufbau identisch.

Nach Veränderung des Datensatzes gelangt man über die Option *Zurück* zu dem Menü, das die Option für die Übernahme des Datensatzes enthält. Gehen Sie mit dem Cursor nach Feld AJ67. Wenn ein korrigierter Datensatz übernommen werden soll, springt der Cursor auf die erste Artikel-Nummer der Hilfstabelle. Feld AJ68 prüft folgende Bedingung:

> {WENN @ZELLZEIGER ("Inhalt") < > Art_Nr}
> {U} {KALK} {SPRUNG AJ68}

Wenn die Artikel-Nummer des korrigierten Datensatzes nicht mit der ersten Artikel-Nummer in der Hilfstabelle übereinstimmt, bewegt sich der Cursor mit Hilfe des Makro-Befehls {U} auf die nächste Artikel-Nummer der Hilfstabelle, führt eine Neuberechnung durch und prüft diese auf Übereinstimmung. Dieser Vorgang wiederholt sich solange bis die Artikel-Nummer des zur Korrektur anstehenden Datensatzes ihre korrespondierende Artikel-Nummer in der Hilfstabelle findet. Dann gelangt folgende Befehlsfolge zur Ausführung:

{KOPIE1} {SPRUNG AH65}

Das Makro ruft das Unterprogramm auf, das die korrigierten Daten aus dem Arbeitsblatt in die Hilfstabelle überträgt. Danach springt das Makro wieder in das Menü "Verändern eines Datensatzes".

Hinweis

Dieses Makro birgt die Gefahr einer Endlosschleife. Es geht davon aus, daß die in Feld F10 gespeicherte Artikel-Nummer in jedem Fall zu einem Datensatz der Hilfstabelle paßt. Für den Fall, daß dies nicht zutrifft, vielleicht weil zwischendurch die Artikel-Nummer "manuell" geändert worden ist, entsteht eine Endlosschleife. In Feld AJ68 wird lediglich abgefragt, ob die in der Hilfstabelle gespeicherte Artikel-Nummer mit der in Feld F10 gespeicherten übereinstimmt. Liegt keine Übereinstimmung vor, springt der Cursor eine Zeile nach unten und wiederholt die Prüfung.

Wenn keine Artikel-Nummer aus der Hilfstabelle übereinstimmt, bewegt sich der Cursor bis ans Ende der Datei: In QUATTRO PRO können Sie bis zu 8192 Zeilen eingeben.

Dieses Beispiel sollte noch einmal aufzeigen, daß es insbesondere bei interaktiven Makros sehr schwierig ist, "perfekte Makros" zu schreiben. Sie sollten bei der Erstellung eigener interaktiver Makros nicht anstreben, sämtliche denkbaren Fehlerkonstellationen zu berücksichtigen, sondern lediglich über Plausibilitätsprüfungen einige offensichtliche Fehlerquellen ausschalten.

Die Fehlersituation, die hier nicht abgefragt wird, kann "normalerweise" auch nicht auftreten, weil das Menü "Verändern eines Datensatzes" eine Änderung der Artikel-Nummer nicht vorsieht.

Wenn Sie die Endlosschleife ausprobieren wollen, gehen Sie wie folgt vor: Drücken Sie ALT-V und wählen Sie einen beliebigen Datensatz aus der Hilfstabelle aus. Anschließend verlassen Sie die Makros (Optionen *Zurück*), bewegen den Cursor nach Feld F10 und ändern "manuell" die in Feld F10 gespeicherte Artikel-Nummer. Vergeben Sie eine Nummer, die in der Hilfstabelle nicht gespeichert ist.

Anschließend rufen Sie erneut das Makro durch Drücken von ALT-V auf und wählen Option *Übernahme*. Der Cursor läuft daraufhin von Zeile 109 nach unten, und läuft, und läuft ...!

Durch Drücken von STRG-UNTBR können Sie das Makro abbrechen!

Makro: Sicherungsmakros

Rufen Sie ALT-M auf und gehen Sie zum Feld AH95. Hier wird das Menü zu den Sicherungsmakros aufgerufen. Die Befehle der drei Optionen *Sichern*, *Ende_Mit* und *Verlassen* sind Ihnen bereits aus vorherigen Kapiteln bekannt und brauchen an dieser Stelle nicht noch einmal erläutert werden.

Wir haben nun alle Makros und Menüs zur Bearbeitung des QUATTRO PRO-Arbeitsblattes 4MIETE.WQ1 besprochen. Es gibt einen weiteren Makrobefehl zur Unterstützung von Benutzereingaben, den wir im folgenden besprechen werden.

Der Befehl Datenbank - Eingabemaske

Gehen Sie nach Feld BG2. Mit dem Befehl

{/ **Block ; Eingabe** }

bietet QUATTRO PRO eine weitere Möglichkeit zur Dateneingabe an. Der Befehl {/ **Block;Eingabe**} bewirkt eine Unterbrechung der Makroausführung, so daß Sie Daten in ungeschützte Felder eintragen können. Dieser menüäquivalente Befehl entspricht der Befehlsfolge **Datenbank - Eingabemaske**.

Bei dem definierten Block kann es sich um einen Bereich in beliebiger Größe handeln, wobei der Bereich jedoch Zellen enthalten muß, deren Schutz mit der Befehlsfolge

Layout - Block Schutz - Entfernen

aufgehoben wurde.

Stößt QUATTRO PRO auf einen {/ **Block;Eingabe**}-Befehl, springt der Cursor in die erste ungeschützte Zelle des definierten Blocks, und die Makroausführung wird unterbrochen, bis Sie die RETURN- oder ESCAPE-Taste drücken.

Wir haben drei Makros mit den Bezeichnungen *Maske1* bis *Maske3* vorbereitet (s. Abbildung 4.8).

Abbildung 4.8: Der Befehl Datenbank - Eingabemaske

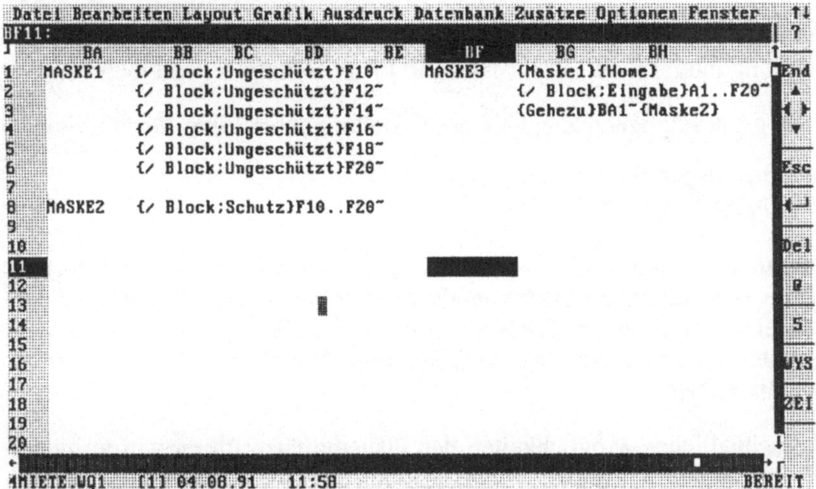

Maske1 hebt über die Befehlsfolge **Bearbeiten - Block Schutz - Entfernen** den Schutz von sechs Feldern des Arbeitsblattes auf.

Maske2 aktiviert den Schutz der Felder wieder.

Maske3 besteht aus folgenden Befehlsfolgen:

    {MASKE1} {HOME}
    {/ BLOCK ; EINGABE } A1..F20~
    {GEHEZU} BA1~ {MASKE2}

Zunächst erhalten über den Aufruf des Programms {MASKE1} die aufgeführten Felder den Status *Ungeschützt*. Anschließend erfolgt der Sprung nach Feld A1. Der {/ **Block;Eingabe**}-Befehl definiert den Bereich von A1 bis F20. Nach Ausführung des {/ **Block;Eingabe**}-Befehls erfolgt der Rücksprung nach Feld BA1 sowie der Aufruf des Programms {**MASKE2**}, das den Feldschutz wieder aktiviert.

Rufen Sie das Makro *Maske3* auf: Drücken Sie ALT-F2, wählen Sie **Ausführen,** geben Sie *Maske3* ein und drücken Sie die RETURN-Taste. Der Cursor befindet sich in Feld F10. Sie können den Wert überschreiben oder sich durch Drücken der Pfeiltasten auf die weiteren ungeschützten Felder bewegen. Drücken Sie beispielsweise zehnmal *Pfeiltaste unten* und beobachten Sie was passiert: Sie bewegen sich nur innerhalb der ungeschützten Felder.

Drücken Sie die RETURN-Taste, um den {/ **Block;Eingabe**}-Befehl zu beenden.

ZUSAMMENFASSUNG

Sie haben in diesem Kapitel die Funktionen und Makrobefehle kennengelernt, die Sie zur Gestaltung interaktiver QUATTRO PRO Anwendungen benötigen.

Sie kennen die grundsätzlichen Ziele bei der Erstellung interaktiver Programme:

o   Unterstützung bei der Eingabe und
o   Unterstützung in Fehlersituationen.

Soll ein Programm den Anwender bei der Eingabe unterstützen, muß es Informationen über die einzugebenden Daten bereitstellen (z.B. Informationen über den Gültigkeitsbereich). Soll es in Fehlersituationen behilflich sein, muß es beispielsweise einen entsprechenden Hinweis liefern und/oder unmittelbare Korrekturmöglichkeiten bieten.

Auf die unterschiedlichen Möglichkeiten der Plausibilitätsprüfung wurde hingewiesen (z.B. Prüfung auf Gültigkeit versus Prüfung auf Ungültigkeit).

Schließlich haben Sie eine Möglichkeit der Datenverwaltung kennengelernt und insbesondere erfahren, wie man Daten einer Tabelle mit Hilfe von Makros mit einem Arbeitsblatt verknüpfen kann.

ÜBUNG

Laden Sie die Datei 4UEBUNG.WQ1. Auf dem Bildschirm erscheinen die Ihnen aus dem Arbeitsblatt 3TILGUNG bekannten Kopfdaten. Schreiben Sie die Makros zu den angegebenen Optionen:

o   *Kreditbetrag* - Es können Werte zwischen 10.000 und 50.000 eingegeben werden.

o   *Zins* - Es können Werte zwischen 5 und 8,5 eingegeben werden.

o   *Laufzeit* - Die Laufzeit kann entweder 10 Jahre, 15 Jahre oder 20 Jahre betragen (die Werte 12 oder 18 wären beispielsweise falsch).

o   *Beenden* - Diese Option soll lediglich aus dem Befehl {**Home**} bestehen.

Wir haben den Menüaufruf bereits vorbereitet und dem Makro den Tastenschlüssel ALT-E (Eingabe) zugewiesen.

Beginnen Sie die zu den Optionen gehörenden Makros jeweils mit dem Makrobefehl {**ZAHLENEINTRAG**} und prüfen Sie anschließend die Eingaben mit Hilfe des Befehls {**WENN**}.

Das akustische Signal soll auf mögliche Fehler hinweisen. Auf Fehlermeldungen soll verzichtet werden.

Nach erfolgreicher Eingabe eines Wertes soll wieder das Menü aufgerufen werden. Der Abbruch des Makros soll über Option *Beenden* erfolgen.

Der vorgegebene Platz reicht für die Erstellung der Makros aus.

5 UNTERPROGRAMME

Zur Erfolgsplanung und -kontrolle führt der Vertriebsleiter der Beispiel AG für
seine 12 Filialen kurzfristige Erfolgsrechnungen auf Basis der Deckungsbeitrags-
rechnung nach folgendem Schema durch:

<pre>
            Umsatz
      -     Vertriebseinzelkosten

      =   Deckungsbeitrag I (DB-I)
      -     Anteilige Gemeinkosten

      =   Deckungsbeitrag II (DB-II)
</pre>

Umsatz und Vertriebseinzelkosten (z.B. Löhne und Gehälter der Mitarbeiter oder
Mieten bzw. Abschreibungen für die Büroräume) können den einzelnen Filialen
direkt zugerechnet werden. Problematisch ist die Verteilung der Vertriebsge-
meinkosten. Da eine verursachungsgemäße Verteilung dieser Kosten nicht möglich ist, wird versucht, durch Wahl geeigneter Bezugsgrößen die Gemeinkosten
"möglichst genau" auf die Filialen zu verteilen.

Für eine bestimmte Abrechnungsperiode müssen folgende Gemeinkosten anteilig
auf die Filialen verteilt werden:

o Gemeinkosten Verwaltung: 3,50 Mio. DM
o Gemeinkosten Produktion: 2,10 Mio. DM
o Gemeinkosten EDV: 0,85 Mio. DM
o Summe Gemeinkosten: 6,45 Mio. DM

Abbildung 5.1 enthält die von der Beispiel AG standardmäßig verwendeten
Schlüsselparameter und deren Gewichtungen.

Abbildung 5.1: Standardeinstellung Schlüsselparameter

```
 Datei Bearbeiten Layout Grafik Ausdruck Datenbank Zusätze Optionen Fenster  ↑↓
021:                                                                            ?
         O     P    Q      R      S       T       U        V       W  ↑
21           :===============================================================: End
22           : BEISPIEL AG  :     Vertriebsbereich   : Datei - 5VERK.WQ1 :     ▲
23           :              :     Überblick Filialen : Datum -   04.08.91 :   ◄ ►
24           :-------------------------------------------------------------:     ▼
25           :   E I N G A B E   S C H L Ü S S E L P A R A M E T E R   :
26           :                            Summe Gemeinkosten        6450 :   Esc
27           :-------------------------------------------------------------:
28           :Gemeinkosten Verwaltung:          3500 TDM                   :   ◄┘
29           :        Mitarbeiter   Index    Umsatz   Einzelk.      Summe :
30       ▌   :   (%)        50         0       50         0         100 :   Del
31           :-------------------------------------------------------------:
32           :Gemeinkosten Produktion:          2100 TDM                   :    @
33           :        Mitarbeiter   Index    Umsatz   Einzelk.      Summe :
34           :   (%)        25         0       25        50         100 :    5
35           :-------------------------------------------------------------:
36           :Gemeinkosten EDV:                  850 TDM                   :   WYS
37           :        Mitarbeiter   Index    Umsatz   Einzelk.      Summe :
38           :   (%)        25        25       25        25         100 :   ZEI
39           :===============================================================:
40                                                                           ↓
 ←           ▐  ■                                                        ► ┌
 5VERK.WQ1      [1] 04.08.91   12:13                                BEREIT
```

Die verwendeten Schlüsselgrößen sind

o Anzahl Mitarbeiter,
o Strukturindex,
o Umsatz und
o Einzelkosten.

Die Verwaltungskosten (3,5 Mio. DM) werden zu 50% in Abhängigkeit von der
Mitarbeiterzahl geschlüsselt und zu 50% in Abhängigkeit von der Höhe des Um-
satzes. Ausschlaggebend für die Wahl dieser Schlüsselgrößen waren folgende
Überlegungen:

Je mehr Mitarbeiter in einer Filiale arbeiten, desto mehr Verwaltungsaufwand
verursacht diese Filiale, z.B. hinsichtlich der Anzahl Lohn- und Gehaltsabrech-
nungen. Je mehr Umsatz eine Filiale erzielt, desto mehr Buchungen, Rechnungs-
prüfungen und ähnliche kaufmännische Vorgänge fallen in der Hauptverwaltung
für diese Filiale an. Eine Verteilung der Verwaltungskosten auf Basis der Mitarbeiterzahl und der Umsatzhöhe schien daher am gerechtesten zu sein. Die Verteilung der Produktionskosten basiert zu 25% auf der Mitarbeiterzahl, zu 25%
auf der Umsatzhöhe und zu 50% auf der Höhe der Einzelkosten.

Für die EDV-Gemeinkosten wurden die Gewichtungsziffern über alle Schlüsselgrößen gleich verteilt.

Der Strukturindex charakterisiert über eine Kennziffer (1 oder 2) die Kaufkraft
der Region, in der die einzelnen Filialen angesiedelt sind. Wird Kennziffer 1 gewählt, handelt es sich um eine strukturschwache Region (z.B. ausgedrückt durch
das regionale Bruttosozialprodukt); wird Kennziffer 2 vergeben, handelt es sich
um eine strukturstarke Region (z.B. eine Großstadt). Über die Schlüsselung von
25% der EDV-Gemeinkosten versucht die Beispiel AG, diesem Faktor in ange-
messener Weise Rechnung zu tragen.

Abbildung 5.2 enthält den Überblick über die 12 Filialen. Sie erkennen, daß Filiale 6 den höchsten Deckungsbeitrag erwirtschaftet hat. Wir wollen uns jedoch
im folgenden in die Situation der Filiale 10 versetzen.

Abbildung 5.2: Überblick Filialen (Standardgewichtung)

```
 Datei Bearbeiten Layout Grafik Ausdruck Datenbank Zusätze Optionen Fenster   ↑↓
A1: [B1] ':                                                                     ?
     A      B     C     D     E     F        G       H         I        J   K   ↑
 1  :------------------------------------------------------------------------:  End
 2  :    B  A  G   : Überblick Filialen                 █                    :   ▲
 3  :------------------------------------------------------------------------:  ◄ ►
 4  :   04.08.91 :                         Einzel-                Ant.       :   ▼
 5  : 5VERK.WQ1  : Anzahl          Umsatz  kosten            Gem.kosten      :  Esc
 6  :           :Mitarb. Index  (TDM)    (TDM)    DB-1       (TDM)     DB-2  :
 7  :------------------------------------------------------------------------:  ←
 8  : Filiale 01 :    12      2     890      500      390        322      68 :
 9  : Filiale 02 :    14      2    1000      550      450        364      86 :  Del
10  : Filiale 03 :    23      1    3300     2500      800        966    -166 :
11  : Filiale 04 :    17      2    1500     1000      500        511     -11 :   █
12  : Filiale 05 :    15      2    1300      760      540        437     103 :
13  : Filiale 06 :    10      2    1230      600      630        357     273 :   S
14  : Filiale 07 :     9      2     870      700      170        308    -138 :
15  : Filiale 08 :    13      2     700      350      350        292      58 :  UYS
16  : Filiale 09 :    24      1    1600     1050      550        595     -45 :
17  : Filiale 10 :    40      1    2300     1500      800        910    -110 :  ZEI
18  : Filiale 11 :    18      2    1800     1300      500        594     -94 :
19  : Filiale 12 :    35      2    2000     1200      800        794       6 :
20  :------------------------------------------------------------------------:
 5VERK.WQ1    [1] 04.08.91    12:14                                     BEREIT
```

Der Leiter der Filiale 10 nimmt wie folgt zu diesem Ergebnis Stellung: "Mein
Ergebnis ist deshalb so schlecht, weil gerade jene Parameter stark gewichtet wer-
den, die bei mir relativ ungünstig sind. Durch die ungünstige geographische Lage
(Strukturindex 1) benötige ich mehr Mitarbeiter, um gleiche Umsatzzahlen wie
Filialen aus besseren Regionen zu erreichen." Er schlägt daraufhin vor, den
Strukturindex bei der Verteilung der Gemeinkosten stärker zu berücksichtigen als
bisher.

Abbildung 5.3 zeigt die vom Leiter der Filiale 10 angestrebte Gewichtung der
Schlüsselparameter.

Abbildung 5.3: Von Filiale 10 gewünschte Gewichtung der Schlüsselparameter

```
 Datei Bearbeiten Layout Grafik Ausdruck Datenbank Zusätze Optionen Fenster    ↑↓
 D21:                                                                            ?
 J       O      P   Q     R       S         T        U        V       W   ↑
 21    :====================================================================:
 22    :  BEISPIEL AG  :    Vertriebsbereich   : Datei -   5VERK.WQ1  :   End
 23    :              :    Überblick Filialen  : Datum -    04.08.91  :   ◄ ►
 24    :----------------------------------------------------------------:
 25    :    E I N G A B E   S C H L Ü S S E L P A R A M E T E R    :
 26    :                          Summe Gemeinkosten         6450  :   Esc
 27    :----------------------------------------------------------------:
 28    :Gemeinkosten Verwaltung:          3500 TDM              :   ◄┘
 29    :      Mitarbeiter  Index      Umsatz   Einzelk.     Summe :
 30    :  (%)        0       50         50         0        100  :   Del
 31    :----------------------------------------------------------------:
 32    :Gemeinkosten Produktion:          2100 TDM              :    ■
 33    :      Mitarbeiter  Index      Umsatz   Einzelk.     Summe :
 34    :  (%)        0       25         25        50        100  :    5
 35    :----------------------------------------------------------------:
 36    :Gemeinkosten EDV:                  850 TDM              :   WYS
 37    :      Mitarbeiter  Index      Umsatz   Einzelk.     Summe :
 38    :  (%)       25       25         25        25        100  :   ZEI
 39    :====================================================================:
 40
 5VERK.WQ1     [1] 04.08.91    12:16                            BEREIT
```

Das Ergebnis der neuen Berechnung wird in Abbildung 5.4 gezeigt: Filiale 10 hat
den höchsten Deckungsbeitrag erwirtschaftet. Dem Vertriebsleiter ist bekannt,
daß die Verteilung der Gemeinkosten mit Hilfe ausgewählter Umlageschlüssel
immer wieder von den Filialleitern, die schlecht abschneiden, kritisiert wird.

Abbildung 5.4: Überblick Filialen (Gewichtung gemäß Filiale 10)

```
 Datei Bearbeiten Layout Grafik Ausdruck Datenbank Zusätze Optionen Fenster    ↑↓
 A1: [B1] ':                                                                     ?
 J    A      B    C    D      E      F      G     H      I       J    K   ↑
 1  :------------------------------------------------------------------:  End
 2  :   B A G  : Überblick Filialen                        ■      :   ▲
 3  :------------------------------------------------------------------:  ◄ ►
 4  :  04.08.91 :                  Einzel-             Ant.        :
 5  : 5VERK.WQ1 : Anzahl         Umsatz  kosten      Gem.kosten    :
 6  :          :Mitarb. Index  (TDM)   (TDM)   DB-1   (TDM)   DB-2 :   Esc
 7  :------------------------------------------------------------------:
 8  : Filiale 01 :   12    2     890     500    390     420    -30 :   ◄┘
 9  : Filiale 02 :   14    2    1000     550    450     442      8 :
 10 : Filiale 03 :   23    1    3300    2500    800     846    -46 :   Del
 11 : Filiale 04 :   17    2    1500    1000    500     560    -60 :
 12 : Filiale 05 :   15    2    1300     760    540     506     34 :    ■
 13 : Filiale 06 :   10    2    1230     600    630     475    155 :
 14 : Filiale 07 :    9    2     870     700    170     436   -266 :    5
 15 : Filiale 08 :   13    2     700     350    350     380    -30 :
 16 : Filiale 09 :   24    1    1600    1050    550     466     84 :   WYS
 17 : Filiale 10 :   40    1    2300    1500    800     623    177 :
 18 : Filiale 11 :   18    2    1800    1300    500     632   -132 :   ZEI
 19 : Filiale 12 :   35    2    2000    1200    800     664    136 :
 20 :------------------------------------------------------------------:
 5VERK.WQ1     [1] 04.08.91    12:17                            BEREIT
```

Die Bestimmung der "richtigen" Umlageschlüssel ist nicht einfach. "Richtig" hieße, daß ein Kostenschlüssel eine Verteilung nach dem Prinzip der Kostenverursachung ermöglicht. Das setzt allerdings voraus, daß die Schlüssel möglichst zu allen Faktoren, die die Kostenrechnung beeinflussen, proportional sind.

Die Berechnung, welche Auswirkungen eine veränderte Gewichtung der Schlüsselgrößen auf das Ergebnis hat, ist sehr aufwendig. Der Vertriebsleiter beschließt daher, ein makro-unterstütztes Arbeitsblatt aufzubauen, das den Einfluß unterschiedlicher Gewichtungen auf den Deckungsbeitrag ermittelt.

ZIELE DES KAPITELS

Wir werden Ihnen zunächst das Arbeitsblatt und die Hilfsfelder, die für die Ermittlung der Deckungsbeiträge benötigt werden, vorstellen.

Anschließend zeigen wir Ihnen, wie man ein relativ umfangreiches und aus zahlreichen Einzelkomponenten bestehendes Arbeitsblatt durch Einsatz von Makros unterstützen kann. Im Vergleich zu den vorhergehenden Kapiteln wird sich auch der Umfang der Makros erhöhen. Damit die Übersichtlichkeit gewahrt bleibt, werden wir eine weitere Möglichkeit nutzen, die QUATTRO PRO bei der Erstellung von Makros bietet: die Verwendung von Makros als Unterprogramme.

Unterprogramme stellen ein wichtiges Konzept dar, wenn es gilt, flexible und leistungsfähige Programme zu schreiben. Sie werden erfahren, welche Vorteile Unterprogramme bieten und wann der Einsatz von Unterprogrammen sinnvoll ist.

ARBEITSBLATT UND FUNKTIONEN

Laden Sie die Datei 5VERK.WQ1. Sie können dem Auswahlbild entnehmen, daß wir 10 Makros zur Bearbeitung des Arbeitsblattes vorbereitet haben. Abbildung 5.5 zeigt das Auswahlbild.

Die Datei 5VERK.WQ1 besteht aus folgenden 8 Teilen:

o dem Auswahlbild,
o dem Eingabebild für die Schlüsselparameter,
o dem Eingabebild für 2 weitere Parameter,
o den 2 Arbeitsblättern,
o den Hilfsfeldern für die Berechnung der anteiligen Gemeinkosten,
o den Hilfsfeldern zur Durchführung von Plausibilitätskontrollen,
o den Makros und
o den Unterprogrammen.

Abbildung 5.5: Auswahlbild

```
 Datei Bearbeiten Layout Grafik Ausdruck Datenbank Zusätze Optionen Fenster  ↑↓
U1:
         O       P      Q      R        S        T        U        V      W       ?
                                                                                 End
   :=====================================================================:
   :  BEISPIEL AG   :   Vertriebsbereich    : Datei -  5VERK.WQ1 :        ▲
   :  Hauptmenü     :   Überblick Filialen  : Datum -    04.08.91 :       ◄ ►
   :-------------------------------------------------------------:        ▼
   :            Tastendruck            Makro                      :
   :-------------------------------------------------------------:        Esc
   :    (1)   ALT-T              Betrachten Tabelle               :
   :    (2)   ALT-M              Betrachten Makros                :        ←┘
   :    (3)   ALT-U              Betrachten Unterprogramme         :
   :    (4)   ALT-B              Betrachten Schlüsseldaten        :        Del
   :    (5)   ALT-G              Übernahme Grunddaten             :
   :    (6)   ALT-V        ▌     Verändern Parameter              :        @
   :    (7)   ALT-D              Drucken                          :
   :    (8)   ALT-O              Ordnen                           :        5
   :-------------------------------------------------------------:
   :    (9)   ALT-S              Sicherungsmakros                 :        WYS
   :-------------------------------------------------------------:
   :    (10)  ALT-W              Zurück zur Auswahl               :        ZEI
   :=====================================================================:
                                                                          ↓
 5VERK.WQ1    [1] 04.08.91    12:10                             BEREIT
```

Eingabebild für die Schlüsselparameter

Vor Ihnen auf dem Bildschirm befindet sich das Auswahlbild. Gehen Sie eine
Bildseite nach unten (O21). Sie haben dieses Eingabebild bereits kennengelernt:
Hier werden die Schlüsselparameter gespeichert.

Eingabebild für 2 weitere Parameter

Gehen Sie eine weitere Bildseite nach unten (O41). Dieses Eingabebild speichert
das Sortierkriterium und den Druckparameter. Das Sortierkriterium bestimmt die
Folge, nach der die Filialen sortiert werden. Der Druckparameter legt fest, welches Arbeitsblatt nach Aufruf des Druck-Makros ausgegeben wird. Sie können
dem Eingabebild entnehmen, welche Sortier- und Druckvarianten zur Auswahl
stehen. Abbildung 5.6 zeigt das Eingabebild.

Die Arbeitsblätter

Die Abbildungen 5.2 und 5.4 zeigen das erste Arbeitsblatt. Gehen Sie nach Feld
A1. Spalte D enthält die Anzahl Mitarbeiter, Spalte E den Strukturindex
(Kennziffer 1 oder 2), Spalte F den Umsatz, Spalte G die Vertriebseinzelkosten,
Spalte H den Deckungsbeitrag 1, Spalte I die anteiligen Gemeinkosten und Spalte
J den Deckungsbeitrag 2 (jeweils in TDM).

Abbildung 5.6: Sortierkriterium und Druckparameter

```
Datei Bearbeiten Layout Grafik Ausdruck Datenbank Zusätze Optionen Fenster  ↑↓
D41:                                                                          ?
        O   P   Q      R         S          T        U       V       W      ↑
11  :====================================================================:  End
12  : BEISPIEL AG  :    Vertriebsbereich   : Datei -   5VERK.WQ1 :         ▲
13  :              :    Überblick Filialen : Datum -    04.08.91 :         ◀ ▶
14  :-------------------------------------------------------------------:  ▼
15  :     SONSTIGE PARAMETER   Sortierkriterium und                     :
16  :     ------------------   Druckparameter                           :  Esc
17  :-------------------------------------------------------------------:
18  :     SORTIERKRITERIUM                    >        3 <               :  ←┘
19  :          0        Nach Filialen (Ausgangssituation)               :
50  :          1        Nach Umsatz                                     :  Del
51  :          2        Nach Vertriebseinzelkosten                      :
52  :          3        Nach anteiligen Gemeinkosten                    :  @
53  :          4        Nach Überschuß/Verlust (DB-2)                   :
54  :-------------------------------------------------------------------:  5
55  :     DRUCKPARAMETER                      >        3 <               :
56  :          1        Blatt 1 (Überblick unsortiert)                  :  WYS
57  :          2        Blatt 2 (Überblick sortiert)                    :
58  :          3        Blätter 1 + 2                                   :  ZEI
59  :====================================================================:
60
5VERK.WQ1    [1] 04.08.91   12:22                                   BEREIT
```

Betrachten Sie das zweite Arbeitsblatt, indem Sie mit dem Cursor nach Feld
A101 gehen. Das zweite Arbeitsblatt ist mit dem ersten bis auf zwei Ausnahmen
identisch:

o Es ist nach Gemeinkosten sortiert - ein Makro sortiert in Abhängigkeit vom
   Sortierkriterium das zweite Arbeitsblatt, wobei die Möglichkeit besteht, zwischen verschiedenen Kriterien auszuwählen, z.B. nach Umsatz, nach Einzelkosten usw.

o Es enthält nur Werte (keine Formeln) - nur dadurch ist ein problemloses Sortieren möglich. Enthalten Felder eines zu sortierenden Bereiches Formeln, erhalten die Formeln nach einem Sortiervorgang mit großer Wahrscheinlichkeit
   neue Positionen im Arbeitsblatt, was zu unerfreulichen Überraschungen führen kann. Aus diesem Grund kopiert ein Makro die Werte (und nur die Werte)
   über die Befehlsfolge **Bearbeiten - Werte kopieren** vom ersten in das zweite
   Arbeitsblatt.

Hilfsfelder zur Berechnung der anteiligen Gemeinkosten

Abbildung 5.7 zeigt die Hilfsfelder zur Berechnung der anteiligen Gemeinkosten.
Wir wollen die Formel von Feld D41 näher untersuchen. Beachten Sie, daß
QUATTRO PRO für den Fall, daß Sie den gesamten Feldinhalt durch Drücken
von F2 einsehen wollen, anstelle der Feldbezeichnungen die Feldadressen an-
zeigt.

Abbildung 5.7: Ermittlung der anteiligen Gemeinkosten

```
 Datei Bearbeiten Layout Grafik Ausdruck Datenbank Zusätze Optionen Fenster   ↑↓
A36: [B1]                                                                       ?
   A       B       C       D       E     F       G       H       I       J   K  ↑
36                                                                             End
37                                                                             ▲
38                                                                             ◄ ►
39   Hilfsfelder zur Berechnung der anteiligen Gemeinkosten                    ▼
40                Verw.    Prod. EDV      Summe
41      Filiale 01:    251    119     50      420                             Esc
42      Filiale 02:    261    126     54      442
43      Filiale 03:    396    337    114      846                    ▌         ←┘
44      Filiale 04:    309    180     71      560
45      Filiale 05:    290    153     62      506                             Del
46      Filiale 06:    283    137     54      475
47      Filiale 07:    249    136     51      436                             0
48      Filiale 08:    233    100     46      380
49      Filiale 09:    235    162     69      466                             5
50      Filiale 10:    301    221    100      623
51      Filiale 11:    337    215     81      632                             WYS
52      Filiale 12:    356    212     97      664
53      S u m m e :   3500   2100    850     6450                             ZEI
54
55                                                                             ↓
←□                                                                         → ┌
5VERK.WQ1      [1] 04.08.91   12:24                                      BEREIT
```

Folgende Formel ermittelt in Feld D41 die anteiligen Verwaltungsgemeinkosten
für Filiale 1:

(*Verwaltung* * R30 / 100) * (D8 / *s_anzahl*)   +

(*Verwaltung* * S30 / 100) * (E8 / *s_index*)   +

(*Verwaltung* * T30 / 100) * (F8 / *s_umsatz*)   +

(*Verwaltung* * U30 / 100) * (G8 / *s_einzel*).

Bei Verwendung der von Filiale 10 gewünschten Gewichtungsziffern (s. Abbildungen 5.3 und 5.4) ergeben sich für Filiale 1 folgende Einzelwerte:

3.500 * 0 / 100 * 12 / 230 + 3.500 * 50 / 100 * 2 / 21 +

3.500 * 50 / 100 * 890 / 18.490 + 3.500 * 0 / 100 * 500 / 12.010

= 0 + 166,66 + 84,23 + 0 = 251 (gerundet).

Nach diesem Rechenverfahren werden für sämtliche Filialen die anteiligen Gemeinkosten ermittelt.

Die einzelnen Werte dieser Formel haben wir folgenden Feldern entnommen:

o Feld T28 speichert die Verwaltungsgemeinkosten; diesem Feld haben wir über die Befehlsfolge **Bearbeiten - Namen - Block benennen** die Bezeichnung *Verwaltung* zugewiesen.

o Zeile 21 enthält die Summenfelder des Arbeitsblattes 1 (d.h. die Felder aus dem Bereich von D21 bis G21). Feld D21 speichert die Summe Anzahl Mitarbeiter (Bezeichnung *s_anzahl*), Feld E21 die Summe Strukturindex (Bezeichnung *s_index*), Feld F21 die Summe Umsatz (Bezeichnung *s_umsatz*) und Feld G21 die Summe Einzelkosten (Bezeichnung *s_einzel*).

o Die Felder R30 bis U30 speichern die Schlüsselparameter für die Verteilung der Gemeinkosten.

Hilfsfelder zur Durchführung von Plausibilitätskontrollen

Eines der Unterprogramme in diesem Kapitel hat die Aufgabe, sämtliche Eingabedaten auf Gültigkeit zu überprüfen und im Fehlerfall einen entsprechenden Hinweis anzuzeigen. Gehen Sie mit dem Cursor nach Feld AR1. Wenn das Unterprogramm einen Fehler entdeckt, wird in das Feld AR1 der Wert 1 eingestellt. Die weitere Makroausführung hängt davon ab, ob in diesem Feld der Wert 0 (es wurde kein Fehler entdeckt) oder 1 (es wurde ein Fehler entdeckt) gespeichert ist. Abbildung 5.8 zeigt die Hilfsfelder.

Abbildung 5.8: Durchführung von Plausibilitätskontrollen

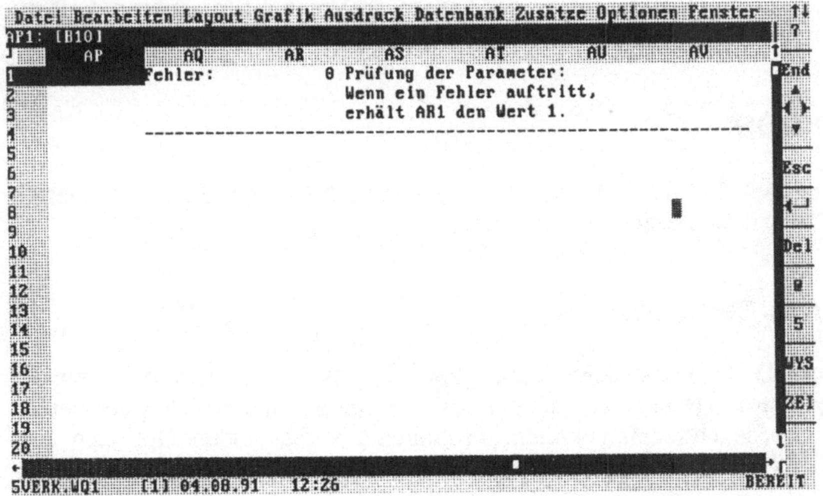

Makro- und Unterprogramm-Übersicht

Durch Aufruf des Makros ALT-M gelangen Sie zur Makro-Übersicht (s. Abbildung 5.9). Durch Aufruf des Makros ALT-U gelangen Sie zur Unterprogramm-Übersicht (s. Abbildung 5.10).

Abbildung 5.9: Übersicht Makros

```
 Datei Bearbeiten Layout Grafik Ausdruck Datenbank Zusätze Optionen Fenster   ↑↓
 AE20: [B1] ':                                                                   ?
 J      E       AF                    AG                       AH             ↑
 1    :===========================================================================  End
 2    : Verwendete Makros und Menüs                                               ▲
 3    :===========================================================================  ◄ ►
 4    :                                                                            ▼
 5    :                                               Menü/
 6    :Tastenschlüssel  Beschreibung            ▌     Makros                      Esc
 7    :--------------------------------------------------------------------------
 8    :                                                                           ←┘
 9    :                        AUTOEXEC            {Home}{gehezu}o1~
10    :                                                                          Del
11    :    ALT-W            Zurück zur Auswahl     {Home}{gehezu}o1~
12    :                                                                           @
13    :    ALT-M            Betrachten Makros      {Home}{Sprungrechts 4}{
14    :                                                                           5
15    :    ALT-T            Betrachten Tabelle     {Menüsprung AI15}
16    :                                                                          UYS
17    :
18    :                                                                          ZEI
19    :    ALT-U            Betrachten Unterprogramme  {Home}{Sprungrechts 8}{
20    :
 SVERK.WQ1      (1) 04.08.91    12:27                                        BEREIT
```

Während Ihnen der Aufbau der Makro-Übersicht bereits aus vorherigen Kapiteln bekannt ist, hat die Dokumentation der Unterprogramme einen anderen Aufbau, auf den wir später in diesem Kapitel eingehen werden.

DIE MAKROS

Rufen Sie das Makro ALT-W auf. Wir werden zunächst wieder die Makros testen und anschließend die Befehle beschreiben.

Die Makros "Betrachten"

Die Makros (1) - (4) realisieren Sprungbefehle, um zu bestimmten Teilen der Datei zu gelangen. Drücken Sie ALT-T. Sie werden gefragt, welches der beiden Arbeitsblätter Sie betrachten wollen. Probieren Sie die beiden Optionen aus. Durch ALT-W gelangen Sie jeweils zurück zur Auswahl.

Abbildung 5.10: Übersicht Unterprogramme

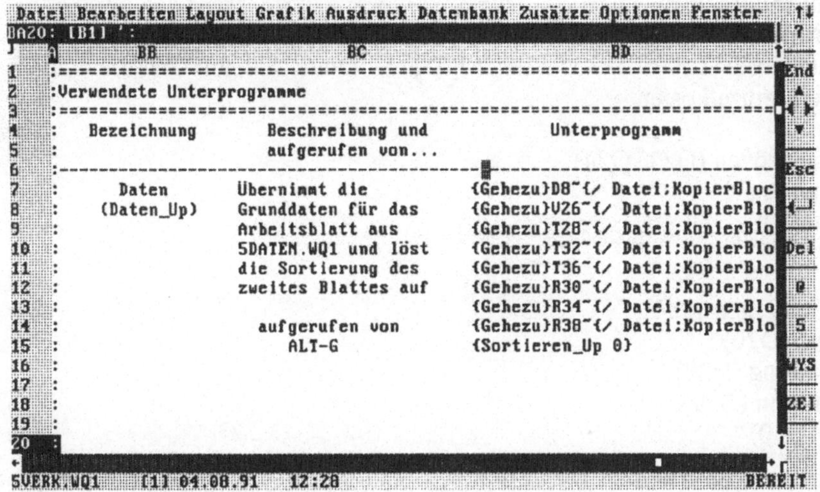

Durch ALT-M gelangen Sie zu dem Teil der Datei, der die Makros speichert.

Nach Aufruf von ALT-U können Sie die Unterprogramme einsehen.

ALT-B bringt Sie zu dem Eingabebild, das die Schlüsselparameter speichert.

Rufen Sie erneut ALT-M auf und vollziehen Sie die Befehle der vier Sprungma-kros und des Autoexec-Makros nach. Sie stellen fest, daß wir zur Erstellung die-ser Makros ausschließlich bereits aus vorherigen Kapiteln bekannte Befehle ver-wendet haben.

Weitere Erläuterungen erscheinen an dieser Stelle nicht erforderlich zu sein.

Makro: Übernahme Grunddaten

Die Grunddaten unseres Arbeitsblattes sind in der Datei 5DATEN.WQ1 gespei-chert. Rufen Sie die Datei 5DATEN.WQ1 mit Hilfe der Befehlsfolge

Datei - Öffnen

auf. Das Makro "Übernahme Grunddaten" kopiert die Daten der Datei 5DATEN.WQ1 nach 5VERK.WQ1. Zu den Grunddaten zählen:

o Grunddaten pro Filiale (D8..G19)
   - Anzahl Mitarbeiter
   - Strukturindex
   - Umsatz
   - Vertriebseinzelkosten

o Schlüsselgrößen (D22..G24)
   - Verwaltung
   - Produktion
   - EDV

o Höhe Gemeinkosten
   - Summe (D26)
   - Verwaltung (D28)
   - Produktion (D29)
   - EDV (D30)

Den einzelnen Feldern haben wir Bezeichnungen zugewiesen, die wir im Unterprogramm zur Übernahme der Grunddaten verwendet haben.

Schließen Sie die Datei 5DATEN.WQ1 über die Befehlsfolge **Datei - Fenster schließen.**

Sie haben das Arbeitsblatt 5VERK.WQ1 auf dem Bildschirm. Starten Sie das Makro "Übernahme Grunddaten" durch Drücken von ALT-G. Sie sehen am oberen Bildschirmrand den kurzfristig eingeblendeten Hinweis

Daten aus 5DATEN.WQ1 werden nach 5VERK.WQ1 übertragen

Die Daten aus der Datei 5DATEN.WQ1 werden in die entsprechenden Felder der Datei 5VERK.WQ1 kopiert. Die Anwendung 5VERK.WQ1 ist so konzipiert, daß die Datei 5DATEN.WQ1 dem Vertriebsleiter für jede Abrechnungsperiode zur Verfügung gestellt wird. Mit den aktuellen Daten wird anschließend in der Tabelle weitergearbeitet.

Drücken Sie ALT-M ("Betrachten Makros") und gehen Sie mit dem Cursor nach Feld AH41:

        {Meldung AN41..AS41 ; 0 ; 0 ; @Jetzt + @ Zeit (0 ; 0 ; 3)}

Zunächst wird kurzfristig die erwähnte und in Feld AN41 abgelegte Meldung am oberen Bildschirmrand angezeigt. Betrachten Sie die Anweisungen in Feld AH42:

        {Daten_Up}{Sprung AH11}

Das Unterprogramm *Daten-Up* wird aufgerufen und das Makro durch den Rücksprung nach AH11 (Zurück zur Auswahl) beendet.

Damit wird klar, daß nicht das Hauptprogramm (ALT-G), sondern das Unterprogramm *Daten_Up* die eigentlichen Befehle für die Übernahme der Grunddaten enthält. Das Hauptprogramm hat an dieser Stelle die Aufgabe, die **Reihenfolge** der Befehle zu steuern.

Warum Unterprogramme?

Der Aufbau des Makros "Übernahme Grunddaten" weicht von den bisher vorgestellten Makros der Kapitel 1 bis 4 ab. Welche Vorteile bietet die "neue" Vorgehensweise? Die Übersichtlichkeit der Hauptprogramme wird erhöht. Dadurch, daß die Makros lediglich die Steuerung der Befehlsfolgen übernehmen, reichen wenige Zeilen für die Erstellung der Makros aus.

Die Verwendung von Makros als Unterprogramme bietet jedoch noch weitere Vorteile. Gehen Sie mit dem Cursor nach AH51 (Sortieren). Das Hauptprogramm besteht aus 3 Zeilen:

```
{Prüfung_Up}
{Wenn  AR1 =0} {Sortieren_Up Sort}
{Sprung  AH11}
```

Das Hauptprogramm ruft zur Durchführung der Sortiervorgänge die beiden Unterprogramme *Prüfung_Up* und *Sortieren_Up* auf.

Der Befehl

```
{SPRUNG  Position}
```

besitzt im Vergleich zum Unterprogramm-Aufruf einen wesentlichen Unterschied: Wird ein Makro mit dem Befehl

```
{Unterprogramm  Argumentliste}
```

aufgerufen, ist der Rücksprung zum aufrufenden Makro möglich. Der Befehl **{SPRUNG Position}** sieht hingegen keinen Rücksprung vor. Die Art des gewünschten Programmablaufs bestimmt, welcher der beiden Befehle zu verwenden ist.

Wenn es innerhalb einer Anwendung Befehlsfolgen gibt, die von mehreren Makros genutzt werden, reduziert die Verwendung von Unterprogrammen oder der mehrfache Aufruf anderer Makros den Schreibaufwand. Dadurch, daß mehrere Makros den Befehl

```
{Sprung  AH11}
```

verwenden, braucht der eigentliche Rücksprung zum Auswahlbild nur einmal eingegeben werden. Da ein Rücksprung zum aufrufenden Makro nicht erforderlich ist, kann hier die Befehlsfolge {**SPRUNG Position**} verwendet werden.

Gehen Sie mit dem Cursor nach AH55. Das Makro "Drucken der Arbeitsblätter" ruft ebenfalls das Unterprogramm *Prüfung_Up* auf:

>   {Prüfung_Up}

d.h. vor Sortier- und Druckvorgang wird ein Unterprogramm aufgerufen, das die Überprüfung bestimmter Feldinhalte vornimmt.

Da eine Vielzahl von Feldinhalten zu prüfen ist, ist das Unterprogramm *Prüfung_Up* relativ umfangreich. Ein weiterer Vorteil bei der Verwendung von Unterprogrammen zeigt sich an dieser Stelle. Wenn weitere Eingabedaten geprüft werden sollen, braucht lediglich das Unterprogramm geändert werden. Wenn die Prüfung bestimmter Feldinhalte modifiziert werden muß, z.B. wenn sich der Gültigkeitsbereich für ein Feld geändert hat, braucht ebenfalls nur eine Stelle der Datei geändert werden.

Neben der Reduzierung des Schreibaufwandes bei der Erstellung der Makros reduziert sich demnach der Aufwand bei der Modifikation der Makros, weil sich Änderungen auf ein Makro beschränken.

Wir werden diese Erörterung bei der Beschreibung der Unterprogramme fortsetzen.

Makros: Verändern Parameter und Sicherung

Das Makro "Verändern Parameter" beginnt in Feld AH23 und stellt folgende Optionen bereit:

>   *Druck-Sortier* zur Eingabe von Druckparameter und Sortierkriterium,
>
>   *Schlüssel* zur Eingabe der Schlüsselparameter,
>
>   *Zurück*, um zum Auswahlbild zurückzuspringen.

Betrachten Sie die Eingabemakros der Optionen *Druck-Sortier*: Nach Abarbeiten des Befehls {**ZAHLENEINTRAG**} erfolgt unmittelbar der Rücksprung. Plausibilitätsprüfungen sind nicht vorgesehen.

Betrachten Sie das in Feld AH33 beginnende Makro zur Eingabe der Schlüsseldaten. Es besteht aus folgenden Befehlen:

```
{Pgdn}{/ Block;Ungeschützt}R30..U30~

{/ Block;Ungeschützt}R34..U34~

{/ Block;Ungeschützt}R38..U38~

{/ Block;Eingabe}P21..W39~

{/ Block;Schutz}R30..U38~

{Sprung AH23}
```

Zunächst erhalten die entsprechenden Felder der Zeilen 30, 34 und 38 den Status *ungeschützt*. Anschließend wird der in Kapitel 4 besprochene Befehl **Datenbank - Eingabemaske** aufgerufen. Sie können jetzt in die ungeschützten Felder beliebige Werte eingeben. Durch Drücken der RETURN-Taste beenden Sie den Befehl.

Schließlich erhalten die Felder über den Befehl {/ **Block;Schutz**} wieder den Status *geschützt* und es erfolgt der Rücksprung nach Feld AH23.

Die Eingabemakros sehen keine Plausibilitätsprüfungen vor. Da die **Sortier- und Druckvorgänge** "normalerweise" ausschließlich über die vorbereiteten Makros ausgelöst werden, bietet es sich an, **unmittelbar vor der Durchführung dieser Makros** Plausibilitätsprüfungen durchzuführen. Dadurch wird ausgeschlossen, daß die Arbeitsblätter ausgedruckt oder sortiert werden, wenn an irgendeiner Stelle der Datei fehlerhafte Werte eingegeben wurden.

Diese Vorgehensweise unterscheidet sich von der Vorgehensweise bei der Mietberechnung: Die Eingaben in Kapitel 4 wurden unmittelbar auf Gültigkeit geprüft. Die Eingaben dieser Anwendung werden erst geprüft, wenn sie tatsächlich benötigt werden (z.B. für den Druckvorgang). Sie sollten bei der Entwicklung eigener Makros jeweils abwägen, welche Methode Ihnen günstiger erscheint. Ist beispielsweise davon auszugehen, daß Werte auch auf herkömmliche Weise eingegeben werden (d.h. *ohne* Makro-Unterstützung), empfiehlt sich die Vorgehensweise aus Kapitel 5.

Die Befehle der Sicherungsmakros, die in Feld AH47 beginnen, sind Ihnen aus vorherigen Kapiteln bekannt.

Rufen Sie ALT-U auf. Wir werden uns nun den Unterprogrammen zuwenden.

DIE UNTERPROGRAMME

Unterprogramme entlasten Hauptprogramme von bestimmten Befehlsfolgen, d.h. sie unterstützen Hauptprogramme. Vorteile dieser Vorgehensweise haben wir eben skizziert.

Der Aufruf von Unterprogrammen sollte daher ausschließlich durch andere Programme erfolgen, d.h. sie sollten nicht direkt durch Verwendung eines Tastenschlüssels aufgerufen werden können.

Aus diesem Grund werden wir Unterprogramme auch anders dokumentieren als Hauptprogramme:

Rufen Sie das Makro ALT-U auf. Der erste Block (Spalte BB) enthält die Bezeichnung des Unterprogramms (z.B. *Daten* - Feld BB7) sowie einen Hinweis, welchen Namen das erste Feld des Unterprogramms erhalten hat (z.B. *Daten_Up* - Feld BB8).

Der Block BC enthält eine Kurzbeschreibung sowie den Hinweis, von welchen Programmen das Unterprogramm aufgerufen wird.

Der Block BD enthält die Befehlsfolgen des Unterprogramms. Die erste Zeile jedes Unterprogramms hat über die Befehlsfolge **Bearbeiten - Namen - Block benennen** die Bezeichnung erhalten, die auch in Spalte BB angegeben ist, z.B. hat Feld BD7 die Bezeichnung *Daten_Up* erhalten. Zur Erinnerung: Das Unterprogramm wurde innerhalb des Ihnen bereits bekannten Hauptprogramms "Übernahme Grunddaten" über die Befehlsfolge

        {Daten_Up}

aufgerufen.

Der Rücksprung zum Hauptprogramm erfolgt, wenn die Befehlsfolge des Unterprogramms beendet ist.

Unterprogramm: Daten_Up

Die Grunddaten werden der Reihe nach von 5DATEN.WQ1 nach 5VERK.WQ1 kopiert. Gehen Sie nach Feld BD7:

        {Gehezu}D8 ~ { / Datei ; KopierBlock}Daten ~ 5daten.WQ1 ~

Zunächst wird der Cursor auf Feld D8 plaziert. Anschließend erfolgt über den menüäquivalenten Befehl

        {/ Datei;KopierBlock},

der der Befehlsfolge

        Zusätze - Datenübernahme - Kopieren - Block

entspricht, die Übernahme des Bereiches *Daten* aus 5DATEN.WQ1.

Gehen Sie mit dem Cursor nach Feld BD8:

{Gehezu}V26~{/ Datei ; KopierBlock} Summe~5Daten.WQ1~

Feld V26 speichert die Summe Gemeinkosten. Der Cursor springt nach V26 und über den Befehl {/ **Datei;KopierBlock**} wird wieder der Kopiervorgang durchgeführt.

Vollziehen Sie die Befehle des Unterprogramms bis BD14 nach: Es werden jeweils weitere Feldinhalte von 5DATEN.WQ1 nach 5VERK.WQ1 übertragen.

Gehen Sie anschließend mit dem Cursor nach BD15:

{Sortieren_Up 0}

Hier erfolgt der Aufruf des Unterprogramms *Sortieren_Up*, wobei als Parameter der Wert 0 übergeben wird. Daraus können wir zwei Dinge ableiten:

o   Unterprogramme können mit Parameterübergabe aufgerufen werden, d.h. Sie können dem Unterprogramm beim Aufruf einen Wert oder eine Folge von Werten übergeben, mit denen im Unterprogramm gearbeitet werden kann. Wir werden die Parameterübergabe am Beispiel der Unterprogramme *Sortieren_Up* und *Druck_Up* besprechen.

o   Unterprogramme können von anderen Unterprogrammen aufgerufen werden, in diesem Beispiel ruft das Unterprogramm *Daten_Up* das Unterprogramm *Sortieren_Up* auf.

Das Unterprogramm *Daten_Up* ist damit beendet. Es erfolgt der Rücksprung zum aufrufenden Makro ("Übernahme Grunddaten").

Unterprogramm: Prüfung_Up

Wir wollen das Unterprogramm, das sämtliche Parameter auf Gültigkeit prüft, zunächst testen. Rufen Sie ALT-W auf. Gehen Sie eine Bildseite nach unten und anschließend nach R30. Ersetzen Sie den Schlüsselparameter (Mitarbeiter - Verwaltungsgemeinkosten) durch eine Textangabe: Geben Sie "Testfall" ein.

Rufen Sie anschließend das Makro "Ordnen" durch Drücken von ALT-O auf. Der Cursor springt in das Hilfsfeld für Plausibilitätsprüfungen und zeigt nach einigen Sekunden den Hinweis

Textfelder Schlüsselparameter Verwaltung.

Innerhalb der Schlüsselparamter für die Verwaltungsgemeinkosten muß sich ein Textfeld befinden. Nachfolgende Berechnungen können aus diesem Grund zu keinem korrekten Ergebnis führen. Das Makro bricht ab und nach Drücken der RETURN-Taste erfolgt der Rücksprung zum Auswahlbild.

Wir wollen einen zweiten Fehlerfall testen. Gehen Sie wieder nach Feld R30 und ersetzen Sie den eben eingegebenen Text durch die Zahl *99*. Dieser Wert ist zwar für sich allein betrachtet gültig, die Summenangabe wird aber dadurch fehlerhaft. Rufen Sie erneut ALT-O auf. Das Makro bricht wieder ab; diesmal erscheint der Hinweis

Fehler Feld Verwaltung Summe.

Nach Drücken der RETURN-Taste erfolgt auch hier der Rücksprung zum Auswahlbild.

W i c h t i g : Geben Sie in das Feld R30 wieder den korrekten Wert ein.

Wir wollen uns nun das Unterprogramm *Prüfung_Up* ansehen. Rufen Sie ALT-U auf und bewegen Sie den Cursor nach BD21!

Wir haben das Unterprogramm in zwei Blöcke aufgeteilt. Im ersten Block werden die Eingabedaten einer *formellen* Prüfung unterzogen. Im zweiten Block erfolgt die *inhaltliche* Prüfung. Ein formeller Fehler liegt vor, wenn anstelle einer Zahl Texte in einem Feld gespeichert sind. Ein inhaltlicher Fehler liegt vor, wenn ein Feld zwar eine Zahl enthält, diese Zahl aber außerhalb eines vorher festgelegten Gültigkeitsbereiches liegt. Die Summenangaben müssen beispielsweise den Wert 100 enthalten. Jeder andere Wert wäre im Rahmen dieser Anwendung inhaltlich falsch.

Feld BD21 speichert folgende Befehlsfolge:

        {/ Block ; Löschen} AQ9..AQ25 ~ {Sei AR1;0}
        {Home} {Gehezu}AQ1 ~ {U 8}

Die Befehlsfolge erfüllt folgende Aufgaben:

o Löschen der Felder, die möglicherweise noch Fehlermeldungen vorangegangener Prüfungen speichern;

o Einstellen des Wertes 0 in das Feld AR1 mit Hilfe des Befehls {**SEI**};

o Sprung nach Feld AQ9.

Die formelle Prüfung beginnt in BD22:

> {Wenn (@Istfolge(R30) #oder# @Istfolge(S30) #oder#
> @Istfolge(T30) #oder# @Istfolge(U30))} Textfelder
> Schlüsselparameter Verwaltung~{U}

Mit Hilfe der Funktion

@ISTFOLGE(x)

prüft QUATTRO PRO das Argument auf einen String. Enthält das Argument eine Zeichenfolge, liefert die Funktion den logischen Wert *wahr* (= 1) Ist **x** leer oder enthält **x** einen numerischen Wert, wird der Wert *falsch* (= 0) zurückgegeben.

Wird mit dieser Funktion der Inhalt eines Feldes geprüft, dessen Inhalt vorher mit Hilfe des Befehls **Bearbeiten - Block Löschen** gelöscht worden ist, ergibt **@ISTFOLGE** den logischen Wert *falsch*.

Obige Befehlsfolge ermittelt demnach, ob die Felder, die "normalerweise" Schlüsselparameter für die Verwaltungsgemeinkosten speichern, Texte anstelle der Zahlen enthalten.

Stellt QUATTRO PRO fest, daß einer der Werte einen Text speichert, weist der Hinweis

> *Textfelder Schlüsselparameter Verwaltung*

den Anwender auf die Fehlersituation hin.

Anschließend werden die Schlüsselparameter *Produktion* und *EDV* sowie Druckparameter und Sortierkriterium der gleichen Prüfung unterzogen. Betrachten Sie die Anweisung in Feld BD26:

> {Wenn @Istfolge(AQ9)} {Sprung BD46}

Speichern die Felder, in denen die vorgenannten Schlüsselparameter stehen, einen Text, befindet sich zumindest in Feld AQ9 ein Fehlerhinweis (also auch ein Text), der dazu führt, daß der Ausdruck

> @Istfolge(AQ9)

den logischen Wert *wahr* ergibt. Wenn sich innerhalb der Liste der Parameter ein Fehler befindet, so erscheint es ratsam, das Makro vorzeitig abzubrechen und zunächst den Fehler zu beheben.

Die Befehlsfolgen aus BD46 und BD47 stellen für den Anwender weitere Fehlerhinweise bereit und speichern in dem Feld AR1 den Wert 1. Die Felder werden übersprungen, wenn kein Fehler entdeckt worden ist.

Die inhaltliche Prüfung der Parameter beginnt in Feld BD27 und erstreckt sich darauf, ob die Werte der Schlüsselparameter zwischen 0 und 100 liegen. Die Summenfelder werden geprüft, ob sie den Wert 100 speichern. Schließlich werden die Gültigkeit von Druckparameter und Sortierkriterium geprüft. Im Fehlerfall erfolgen entsprechende Hinweise, das Feld AR1 erhält den Wert 1, das Unterprogramm bricht ab und es erfolgt der Rücksprung zum Hauptprogramm.

Zur Erinnerung: Das Hauptprogramm führt Sortier- und Druckvorgänge nur durch, wenn Feld AR1 den Wert 0 speichert. Wie wir soeben gesehen haben, enthält AR1 den Wert 1, sobald das Unterprogramm einen Fehler entdeckt hat.

Betrachten Sie die Anweisung in Feld BD44:

{Wenn @Istfolge(AQ9)} {Sprung BD46}

Hierbei handelt es sich um die gleiche Anweisung wie die in Feld BD26. Wenn ein Fehler vorliegt, befindet sich zumindest in Feld AQ9 ein Text. In einem solchen Fall wird das Makro in Feld BD46 fortgesetzt.

Betrachten Sie die Anweisung in Feld BD45:

{Zurück}

Mit diesem Befehl können Sie die Ausführung des aktuellen Unterprogramms beenden. Der Befehl am Ende eines Unterprogramms ist optional, denn QUATTRO PRO verläßt das Unterprogramm ohnehin, sobald es auf eine Leerzelle trifft.

Im Zusammenhang mit dem **{WENN}**- und/oder **{SPRUNG}**-Befehl läßt sich der Befehl jedoch vielfach sinnvoll einsetzen.

Unterprogramm: Sortier_Up

Das Unterprogramm *Sortier_Up* ordnet das zweite Arbeitsblatt gemäß dem übergebenen Parameter.

Rufen Sie ALT-W auf, um zum Auswahlbild zu kommen. Gehen Sie zwei Bildschirmseiten nach unten (O41). Auf Ihrem Bildschirm erscheint das Eingabebild SONSTIGE PARAMETER. Feld U48 speichert das aktuelle Sortierkriterium. Das Feld hat über die Befehlsfolge **Bearbeiten - Namen - Block benennen** die Bezeichnung *Sort* erhalten.

Wir wollen uns nun das Unterprogramm *Sortier_Up* ansehen. Rufen Sie ALT-U auf und bewegen Sie den Cursor nach BD68 (s. Abbildung 5.11).

Abbildung 5.11: Unterprogramm Sortieren

```
 Datei Bearbeiten Layout Grafik Ausdruck Datenbank Zusätze Optionen Fenster  ↑↓
BA68: [B1] ' :                                                                ?
    A        BB                 BC                     BD                     ↑
68  :     Sortieren         Sortiert Blatt 2       {Definition Krit:Wert}    End
69  :    (Sortieren_Up)     in Abhängigkeit vom    {/ Block:Werte}B8..J19~B108~  ▲
70  :                       Sortierkriterium       {/ Block:Löschen}I102~     ◄ ►
71  :                                              {/ Sortieren:Block}B108..J119~  ▼
72  :                       aufgerufen von         {Wenn Krit=0}{Sprung BD77}
73  :                          ALT-O               {Wenn Krit=1}{Sprung BD79}  Esc
74  :                          Daten_Up            {Wenn Krit=2}{Sprung BD82}
75  :                                              {Wenn Krit=3}{Sprung BD85}  ↵
76  :                                              {Wenn Krit=4}{Sprung BD88}
77  :                       ab hier: Filialen      {Sei Sort:0}{Sei I102;"Filiale Del
78  :                                              {Sprung BD91}
79  :                       ab hier: Umsatz        {Sei I102;"Umsatz"}          0
80  :                                              {/ Sortieren:Schlüssel1}F108~A
81  :                                              {Sprung BD91}                5
82  :                       ab hier: Einzelkosten  {Sei I102;"Einzelkosten"}
83  :                                              {/ Sortieren:Schlüssel1}G108~A WYS
84  :                                              {Sprung BD91}
85  :                       ab hier: Gemeinkosten  {Sei I102;"Gemeinkosten"}   ZEI
86  :                                              {/ Sortieren:Schlüssel1}I108~A
87  :                                              {Sprung BD91}               ↓
5VERK.WQ1    (1) 04.08.91    12:30                                        BEREIT
```

Betrachten Sie die Anweisung in Feld BD68:

> {Definition Krit:Wert}

Der Befehl

> **{DEFINITION Pos1:Typ1 ; Pos2:Typ2 ; Pos3:Typ3 ; ... }**

beschreibt die an ein Unterprogramm übergebenen Parameter. **Pos** ist die Zelle, in der der übergebene Wert gespeichert wird, **Typ** legt den Datentyp fest (**String** oder **Wert**).

Der Befehl **{DEFINITION}** muß in die erste Zeile des Unterprogramms eingefügt werden. Wenn Sie den Befehl nicht einfügen, werden die übergebenen Werte ignoriert.

Die erste angegebene Adresse (= **Pos1**) und der erste Typ (= **Typ1**) werden dem zuerst übergebenen Wert zugeordnet; die zweite Adresse und der zweite Typ dem zweiten Wert usw.

In unserem Beispiel haben wir als **Pos1** das Feld BC51 verwendet, dem wir die Bezeichnung *Krit* zugewiesen haben und das wir daher über diesen Namen ansprechen können.

Als **Typ1** haben wir *Wert* angegeben, da beabsichtigt ist, hier Zahlen zu speichern.

Setzen wir die Beschreibung des Unterprogramms fort: Der Befehl

{/ Block;Werte}B8..J19~B108~

in Feld BD69 bewirkt, daß die Werte (und nur die Werte) aus dem ersten Arbeitsblatt in das zweite Arbeitsblatt kopiert werden. Der Befehl

{/ Block;Löschen}I102~

löscht den Inhalt des Feldes I102. Dieses Feld speichert die Information, nach welchem Kriterium das zweite Arbeitsblatt sortiert ist. Da der neue Sortiervorgang unmittelbar bevorsteht, haben wir mit diesem Befehl erreicht, daß der alte Inhalt des Feldes I102 gelöscht wird.

Der Sortierbereich wird in Feld BD71 festgelegt:

{/ Sortieren;Block}B108..J119~

Ab Feld BD72 beginnen die Abfragen:

{Wenn Krit=0}{Sprung BD77}

Wenn nach Filialen sortiert werden soll, muß beim Aufruf des Unterprogramms der Wert 0 übergeben werden. Erinnern Sie sich noch daran, auf welche Arten das Unterprogramm *Sortieren_Up* aufgerufen wurde:

o   aus dem Makro *Sortieren* (ALT-O) durch

   {Sortieren_Up Sort}

o   aus dem Unterprogramm *Daten_Up* durch

   {Sortieren_Up 0}

Im ersten Beispiel haben wir die Feldadresse *Sort*, im zweiten Beispiel den Wert 0 verwendet. Unabhängig davon, welche der beiden Methoden gewählt wird, legt QUATTRO PRO den übergebenen Wert in *Krit* ab und arbeitet mit dieser Variablen weiter.

Für den Fall, daß *Krit* den Wert 0 speichert, wird die Makroausführung in Feld BD77 fortgesetzt: Hier erhält das Feld *Sort* den Wert 0 und Feld I102 den Text "Filialen".

In Feld *Sort* wird damit der alte Wert durch den Wert 0 ersetzt, und das zweite Arbeitsblatt erhält die Information, nach welchem Kriterium sortiert worden ist. Betrachten Sie die Anweisung in Feld BD78:

{Sprung BD91}

Die Anweisungen ab Feld BD79 sortieren das zweite Arbeitsblatt nach den weiteren Kriterien.

Diese dürfen nicht zur Ausführung gelangen, wenn *Krit* den Wert 0 speichert. Die Anweisung in Feld BD78 stellt damit sicher, daß die Makroausführung erst in Feld BD91 fortgesetzt wird. Betrachten Sie die Anweisung in Feld BD91:

> {/ Sortieren;Start}

In Feld BD91 wird schließlich der eigentliche Sortiervorgang veranlaßt.

Vollziehen Sie die Ausführung für ein weiteres Sortierkriterium nach: als Beispiel nehmen wir uns die "Einzelkosten" vor. Betrachten Sie die Anweisung in Feld BD82:

> {Sei I102;"Einzelkosten"}

Feld I102 erhält den Text "Einzelkosten". Betrachten Sie die Anweisung in Feld BD83:

> {/ Sortieren;Schlüssel1}G108~A~

Hier wird über die Feldadresse G108 das Sortierkriterium "Einzelkosten" festgelegt. Weiterhin soll "absteigend" sortiert werden. Betrachten Sie die Anweisung in Feld BD84:

> {Sprung BD91}

Hier erfolgt wieder der Sprung zum Sortiervorgang an das Ende des Unterprogramms.

Unterprogramm: Druck_Up

Das Unterprogramm *Druck_Up* druckt die Arbeitsblätter eins und zwei in Abhängigkeit vom gewählten Druckparameter aus (s. Abbildung 5.12).

Die Anweisung in Feld BD53 legt als Ausgabeziel den Drucker fest. Betrachten Sie die Anweisung in Feld BD55:

> {Wenn (Krit=1 #oder# Krit=3)}{D_Blatt1}

Das erste Arbeitsblatt wird ausgedruckt, wenn als Druckparameter einer der Werte 1 oder 3 festgelegt worden ist. In einem solchen Fall wird das Unterprogramm *D_Blatt1* aufgerufen.

Das Unterprogramm *D_Blatt1*, das in Feld BD61 beginnt, besteht aus den Anweisungen, die die Ausgabe des ersten Arbeitsblattes bewirken.

Abbildung 5.12: Druckmakro

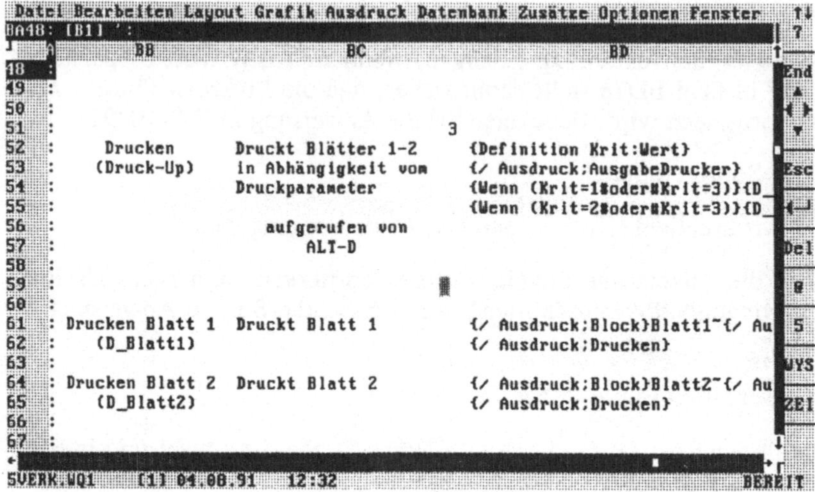

Betrachten Sie die Anweisung in Feld BD55:

$$\{Wenn (Krit=2 \text{ #oder# } Krit=3)\}\{D\_Blatt2\}$$

Wenn *Krit* einen der Werte 2 oder 3 speichert, wird über das Unterprogramm
D_Blatt2 das zweite Arbeitsblatt ausgedruckt.

ZUSAMMENFASSUNG

Sie haben in diesem Kapitel eine Reihe relativ umfangreicher Makros kennengelernt. Sie haben erfahren, daß die Verwendung von Unterprogrammen die Übersichtlichkeit der Makros erhöht und den Schreibaufwand bei der Erstellung reduziert.

Mit zunehmender Komplexität der Anwendungen und Makros werden systemati-
sche und präzise Aufzeichnungen wichtig. Wir haben in diesem Kapitel für den
Bereich "Dokumentation von Unterprogrammen" Vorschläge gemacht, die sich
von der Dokumentation "normaler" Makros unterscheiden.

ÜBUNG

Laden Sie die Datei 5UEBUNG.WQ1. Vor Ihnen auf dem Bildschirm erscheinen die Grunddaten für den Vertriebsbereich (s. Abbildung 5.13).

Abbildung 5.13: Die Datei 5UEBUNG.WQ1

```
 Datei Bearbeiten Layout Grafik Ausdruck Datenbank Zusätze Optionen Fenster  ↑↓
A1: [B1] ':                                                                   ?
      A         B         C       D         E         F         G      H    I  ↑
1    :-----------------------------------------------------------:           □End
2    :    Beispiel AG :     Grunddaten Vertriebsbereich          :           ▲
3    :        04.08.91 : Anz. Mit-  Struktur-    Umsatz    Vertr.- :          ◄ ►
4    :Datei: 5UEBUNG :    arbeiter    index               Einzelk.:          ▼
5    :-----------------------------------------------------------:
6    :  Filiale 01    :        12        2        890       500 :            Esc
7    :  Filiale 02    :        14        2       1000       550 :
8    :  Filiale 03    :        23        1       3300      2500 :            ←┘
9    :  Filiale 04    :        17        2       1500      1000 :
10   :  Filiale 05    :        15        2       1300       760 :            Del
11   :  Filiale 06    :        10        2       1230       600 :
12   :  Filiale 07    :         9        2     ▓ 870       700 :             ø
13   :  Filiale 08    :        13        2        700       350 :
14   :  Filiale 09    :        24        1       1600      1050 :            5
15   :  Filiale 10    :        40        1       2300      1500 :
16   :  Filiale 11    :        18        2       1800      1300 :            WYS
17   :  Filiale 12    :        35        2       2000      1100 :
18   :-----------------------------------------------------------:           ZEI
19      M i n i m u m            9        1        700       350
20      M a x i m u m           40        2       3300      2500            ↓
5UEBUNG.WQ1  [2] 04.08.91   12:33                                       BEREIT
```

Schreiben Sie ein Unterprogramm, das vor Zurückschreiben der Datei sämtliche Werte einer Plausibilitätsprüfung unterzieht. Gesichert werden soll nur, wenn das Prüf-Unterprogramm keinen Fehler entdecken konnte. Das Hauptprogramm haben wir bereits vorbereitet (Aufruf durch ALT-S). Das Unterprogramm soll den Namen

Übung_Up

erhalten. Das Hauptprogramm stellt den Wert *0* in das Feld M18. Im Fehlerfall soll das Unterprogramm den Wert 1 in dieses Feld einstellen (s. Abbildung 5.14).

Es soll lediglich eine *inhaltliche* Prüfung der Felder vorgenommen werden, d.h. es wird unterstellt, daß sich keine Texte in den geprüften Feldern befinden.

Nutzen Sie bei der Prüfung die Funktionen

@MIN(Liste) und

@MAX(Liste).

Abbildung 5.14: Hauptprogramm

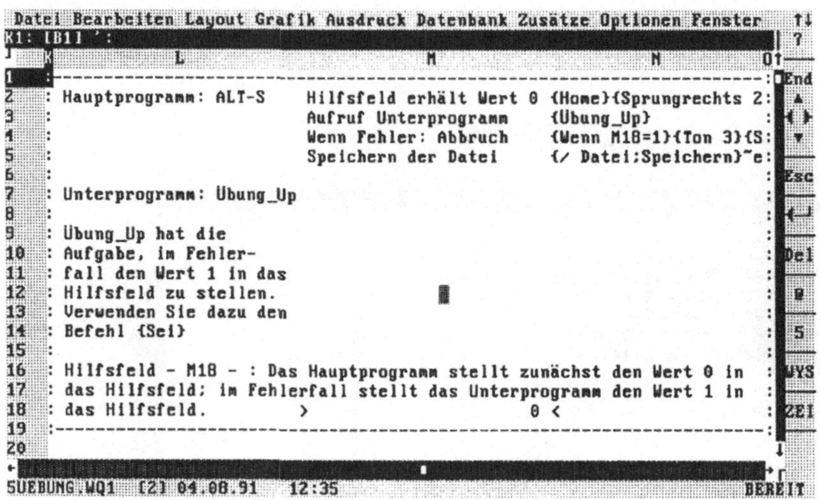

Unterhalb der Tabelle befinden sich Beispiele für die Anwendung der beiden
Funktionen. Folgende Gültigkeitsbereiche sind zu prüfen:

o Mitarbeiter: 5 - 50;
o Index: 1 - 2;
o Umsatz: 500 - 5.000;
o Einzelkosten: 100 - 3.000.

Das Unterprogramm soll in Feld N7 beginnen. Wir haben diesem Feld bereits die
Bezeichnung *Übung_Up* zugewiesen.

Wenn Sie die Übungsaufgabe gelöst haben, testen Sie das erstellte Unterprogramm, indem Sie ungültige Werte in die Tabelle einfügen, z.B. Ziffer *3* als
Strukturindex für eine Filiale Ihrer Wahl.

6 GRAFIKEN

Zur besseren Illustration der Auswirkungen von Schlüsselparameteränderungen hat der Vertriebsleiter beschlossen, bei Präsentationen der Ergebnisse die grafischen Möglichkeiten von QUATTRO PRO zu nutzen.

Er hat die einzelnen Filialleiter um Vorschläge für eine "optimale Dimensionierung" der Schlüsselparameter gebeten. Es sollen die Deckungsbeiträge der Standardgewichtung und der von den Filialleitern vorgeschlagenen Gewichtungen gegenübergestellt werden.

ZIELE DES KAPITELS

Die Anwendung dieses Kapitels ist mit der in Kapitel 5 besprochenen weitgehend identisch: Zusätzlich zu den Ihnen bereits bekannten Komponenten enthält die Tabelle die von den Filialleitern erarbeiteten Vorschläge zur Verteilung der Schlüsselparameter.

Sie werden in diesem Kapitel erfahren, wie man in QUATTRO PRO einfache Grafiken erstellen und deren Aufbereitung und Präsentation durch Makros vereinfachen kann.

DAS ARBEITSBLATT

Die Anwendung dieses Kapitels unterscheidet sich durch folgende Punkte von der Anwendung in Kapitel 5:

o Eine Übernahme von "Grunddaten" wie in Kapitel 5 ist nicht vorgesehen.

o Das Auswahlbild wurde den Anforderungen dieses Kapitels angepaßt.

o Eine Sortierung der Tabelle ist nicht vorgesehen, so daß auf das zweite Arbeitsblatt, das die Filialen sortiert wiedergibt, verzichtet werden kann.

o Unterhalb des Eingabebildes für die Schlüsseldaten befinden sich die von den Filialleitern vorgeschlagenen Parameter. Momentan sind die von Filiale 10 vorgeschlagenen Schlüsseldaten aktiviert.

Laden Sie die Datei 6GRAFIK.WQ1. Sie sehen das Auswahlbild (s. Abbildung 6.1). Wir werden in diesem Kapitel nur 2 Makros behandeln:

o ALT-A: Auswahl und

o ALT-G: Betrachten Grafik.

Die weiteren Makros bestehen ausschließlich aus bereits besprochenen Makrobefehlen.

Abbildung 6.1: Auswahlbild

```
Datei Bearbeiten Layout Grafik Ausdruck Datenbank Zusätze Optionen Fenster  ↑↓
J1:                                                                          ?
J      0   P   Q      R        S        T        U        V       W ↑
1                :=========================================================: End
2                : BEISPIEL AG  :   Vertriebsbereich  : Datei -  6GRAFIK  :  ▲
3                : Hauptmenü    :  Überblick Filialen  : Datum -   04.08.91 :  ◄ ►
4                :----------------------------------------------------------:  ▼
5                :    Tastendruck        Makro                              :
6                :----------------------------------------------------------: Esc
7                : (1)  ALT-A          A U S W A H L                        :
8                :                                                          :  ◄┘
9                : (2)  ALT-M          Betrachten Makros                    :
10               :                     ▌                                    : Del
11               : (3)  ALT-G          Betrachten Grafik                    :
12               :                                                          :  ▌
13               :----------------------------------------------------------:
14               : (4)  ALT-S          Sicherungsmakros                     :  5
15               :----------------------------------------------------------:
16               : (5)  ALT-W          Zurück zur Auswahl                   : WYS
17               :=========================================================: 
18                                                                           ZEI
19
20
←                                                                            ↓
6GRAFIK.WQ1  [1] 04.08.91  12:57                                    BEREIT
```

EINE EINFÜHRUNG

Bevor wir die Makros testen, wollen wir eine kurze Einführung in die Erstellung von Grafiken geben. Dadurch können Sie die später folgende Beschreibung der entsprechenden Makrobefehle besser nachvollziehen.

Die Erstellung von Grafiken erfolgt in mehreren Schritten:

1. Diagrammtyp festlegen;

2. Werte, Texte und Überschriften festlegen;

3. Formatier- und Layoutmaßnahmen durchführen.

Wir werden in diesem Kapitel die Punkte 1 und 2 behandeln und ansatzweise auf den dritten Punkt eingehen.

Diagrammtyp festlegen

Zunächst muß der Diagrammtyp festgelegt werden. QUATTRO PRO bietet eine Reihe von Typen an, die Sie über die Befehlsfolge **Grafik - Diagrammtyp** auswählen können. Geben Sie diese Befehlsfolge ein und betrachten Sie die Alternativen. Wählen Sie die Option **Balken** aus.

Werte, Texte und Überschriften festlegen

Als nächstes ist festzulegen, welche Zahlen dargestellt werden sollen. Wählen Sie aus dem Menü **Grafik** den Befehl **Wertebereiche** und hier **1. Wertebereich**. Tragen Sie den Bereich J24..J35 ein.

Dieser Bereich speichert die Deckungsbeiträge 2 nach der Standardgewichtung.

Wählen Sie **2. Wertebereich** und geben Sie als Bereich J8..J19 ein. Dieser Bereich speichert die Deckungsbeiträge 2 nach der Gewichtung einer bestimmten Filiale.

Wählen Sie schließlich **X-Achsenwerte**. Hier tragen Sie den Bereich H24..H35 ein. Dieser Bereich speichert die Zahlen 1 bis 12. Die unter **X-Achsenwerte** eingetragenen Daten werden in der Grafik unterhalb der X-Achse angezeigt.

Abbildung 6.2 zeigt die eingetragenen Wertebereiche.

Durch Drücken der Funktionstaste F10 können Sie von jedem beliebigen Ausgangspunkt vom Arbeitsblatt zur Grafik wechseln. Probieren Sie es aus! Drücken Sie F10. QUATTRO PRO wechselt in die Grafikdarstellung. Drücken Sie ESCAPE, um zurück zum Arbeitsblatt zu springen.

Abbildung 6.2: Wertebereiche

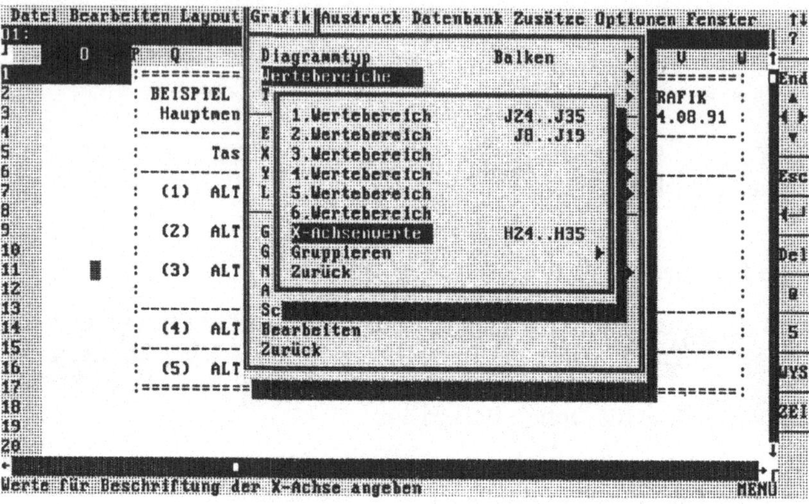

Wählen Sie die Befehlsfolge **Grafik - Layout**. Abbildung 6.3 zeigt die möglichen **Layout**-Befehle.

Abbildung 6.3: Layout-Befehle

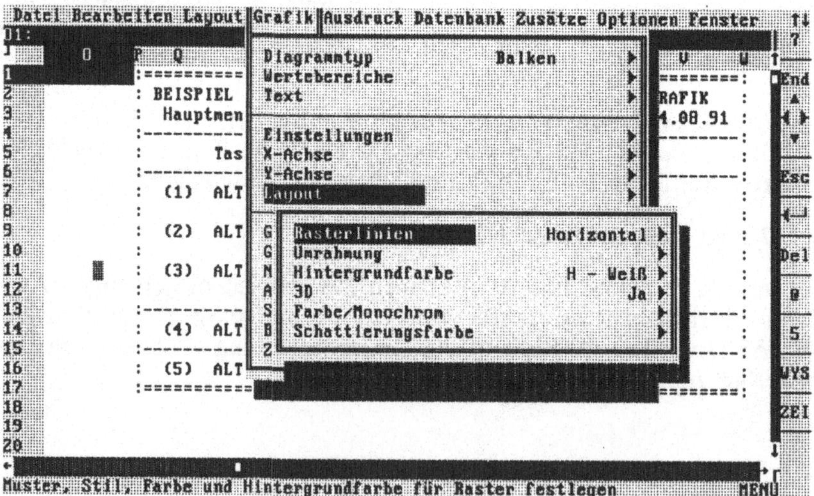

Wählen Sie **Rasterlinien**. Hier benötigen wir die Option **Horizontal**.

Wählen Sie **Umrahmung** und anschließend **Grafik**. Hier benötigen wir die Option **Doppelte Linie**.

Wählen Sie **Hintergrundfarbe**. Hier benötigen wir die Option **H** (Weiß).

Wählen Sie **3D**. Hier benötigen wir Option **Ja**.

Wählen Sie **Farbe/Monochrom**. Wenn Sie über einen Farbbildschirm verfügen, sollte **Farbe** eingestellt sein, ansonsten **Schwarzweiß** (bzw. Monochrom).

Die Schattierungsfarbe interessiert uns momentan nicht.

Wir wollen im nächsten Schritt die Schraffur der Balken des zweiten Wertebereiches ändern. Wählen Sie aus dem Menü **Grafik** die Befehlsfolge **Einstellungen - Muster - 2. Wertebereich - O-Dachziegel - Zurück - Zurück - Zurück**. Betrachten Sie den aktuellen Stand der Grafik durch Drücken von F10 (s. Abbildung 6.4)

Abbildung 6.4: Aktueller Stand der Grafik

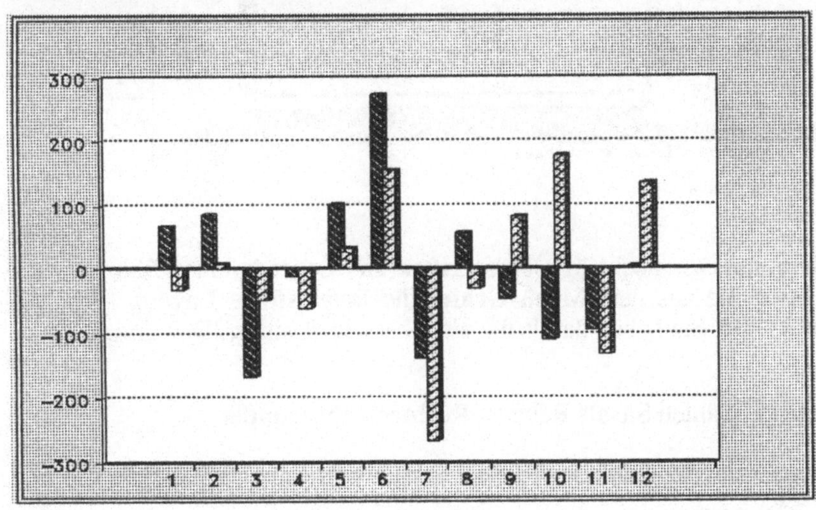

Als nächstes wollen wir Überschriften und Legende festlegen. Drücken Sie ES-CAPE. Wählen Sie aus dem geöffneten Menü **Grafik** den Befehl **Text**.

Tragen Sie unter **1. Zeile** *Gegenüberstellung* und unter **2. Zeile** *Standard vs. Filiale 10* ein.

Wählen Sie anschließend den Befehl **Legenden**. Unter **1. Wertebereich** geben Sie bitte *Standard* und unter **2. Wertebereich** *Filiale 10* ein. Als **Position** für die Legende benötigen wir Option **Unten**. Abbildung 6.5 zeigt die soeben vorgenommenen Eintragungen.

Abbildung 6.5: Der Text-Befehl

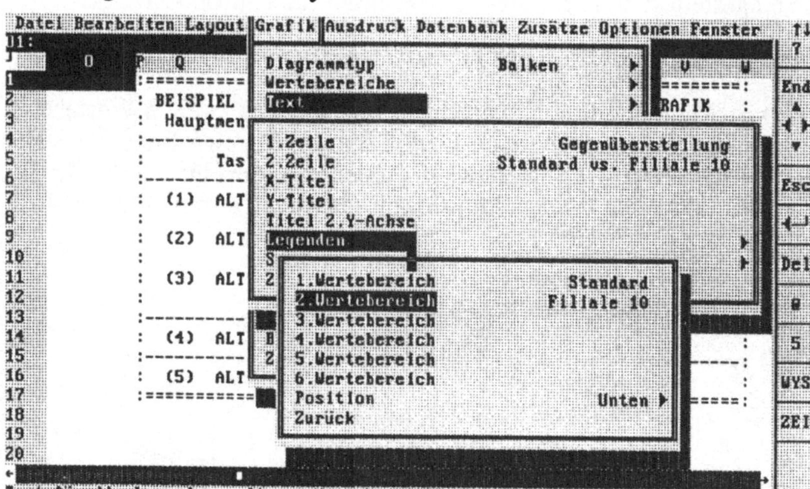

Schließlich wollen wir noch für Überschriften und Legende einen Rahmen definieren. Wählen Sie aus dem Menü **Grafik** die Befehlsfolge **Layout - Umrahmung - Titel - 3D**. Sie haben damit für die Überschrift einen 3D-Rahmen festgelegt.

Für die Legende wählen Sie als Rahmen **Rechteck abgerundet**.

Abbildung 6.6 zeigt den momentanen Stand der Grafik.

Was haben wir bisher gemacht? Wir haben zunächst als Diagrammtyp **Balken** festgelegt. Anschließend haben wir die Wertebereiche und Überschriften definiert. Zwischendurch haben Sie erfahren, wie man zwischen Schraffurarten wechseln und eine Grafik um eine Legende ergänzen kann.

Wie ist vorzugehen, wenn Sie in einem Arbeitsblatt mit mehreren Grafiken arbeiten möchten? Für diesen Fall können Sie Grafiken unter einem Namen abspeichern, und diese später wieder aufrufen.

Abbildung 6.6: Standard vs. Filiale 10

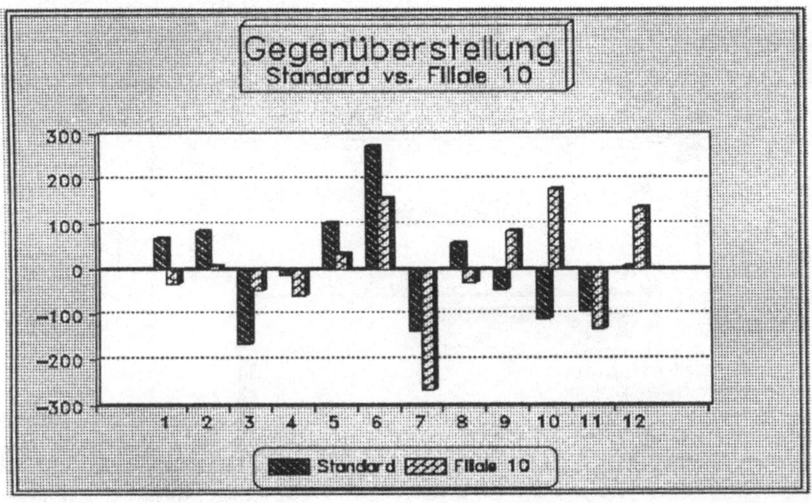

Dazu ein Beispiel! Wählen Sie die Befehlsfolge **Grafik - Namen - Sichern**. Tragen Sie den Namen *Test1* ein und drücken Sie die RETURN-Taste. Der aktuelle Stand der zuletzt bearbeiteten Grafik ist unter dem Namen *Test1* abgespeichert. Sie könnten sich jetzt einer anderen Grafik zuwenden, diese gegebenenfalls auch abspeichern und zu einem späteren Zeitpunkt die Grafik *Test1* zurückholen.

Bei der Besprechung der Makros werden wir auf das Speichern und Zurückholen von Grafiken noch einmal eingehen.

DIE MAKROS

Wir wollen zunächst die Makros testen. Wählen Sie zuvor die Befehlsfolge **Grafik - Namen - Zuordnen**. Sie sehen die Namen der vorbereiteten Grafiken. Wählen Sie die Grafik *Vergleich* (s. Abbildung 6.7).

Nachdem Sie die Grafik *Vergleich* durch Drücken der RETURN-Taste ausgewählt haben, zeigt QUATTRO PRO unmittelbar die Grafik an. Sie stellen fest, daß diese mit der Grafik übereinstimmt, die Sie zuvor selbst erstellt haben.

Drücken Sie die ESCAPE-Taste, um zurück zum Arbeitsblatt zu springen.

Abbildung 6.7: Der Befehl Zuordnen

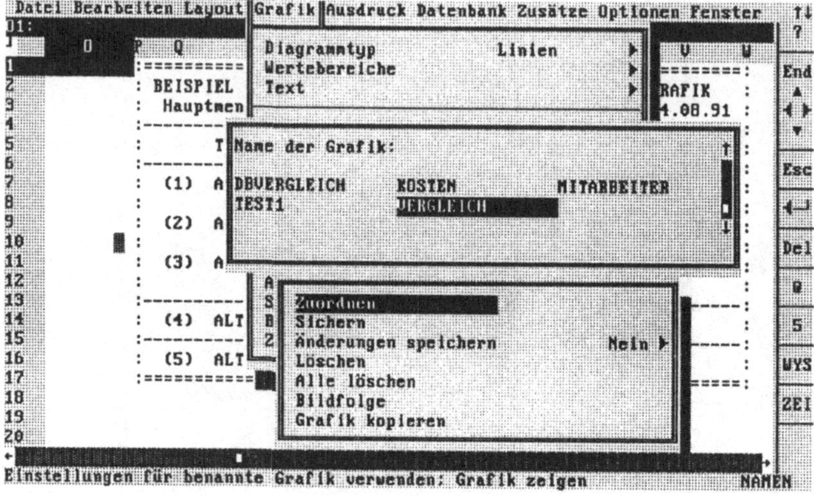

Schließen Sie eventuell noch geöffnete Menüs und rufen Sie das erste Makro durch Drücken von ALT-A auf. Der Cursor springt nach Feld A1 und QUATTRO PRO öffnet das selbsterstellte Menü (s. Abbildung 6.8).

Abbildung 6.8: Selbsterstelltes Menü

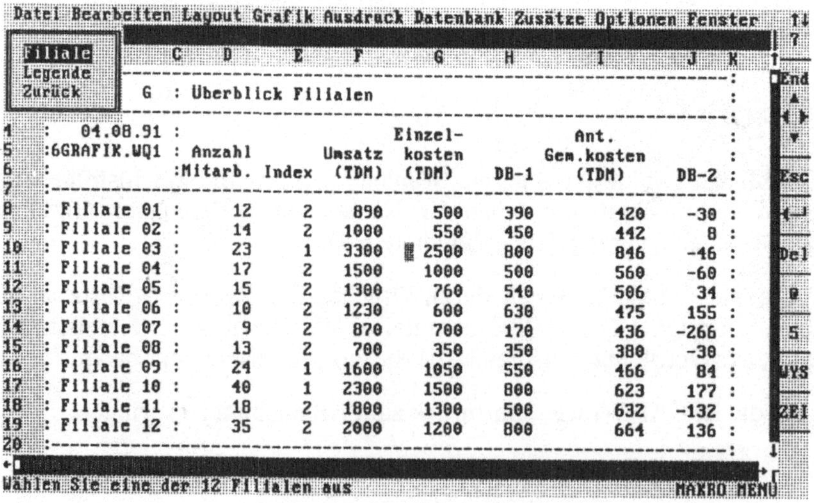

Voraussetzung für die korrekte Arbeitsweise des Makros ist, daß Sie zuvor - wie beschrieben - über die Befehlsfolge **Grafik - Namen - Zuordnen** die Grafik *Vergleich* aufgerufen haben.

Wählen Sie Option *Filiale*. Sie können jetzt eine der 12 Filialen auswählen (s. Abbildung 6.9). Wählen Sie Filiale 9. Nach etwa 2 Sekunden öffnet QUATTRO PRO erneut das selbsterstellte Menü.

Abbildung 6.9: Auswahl einer Filiale

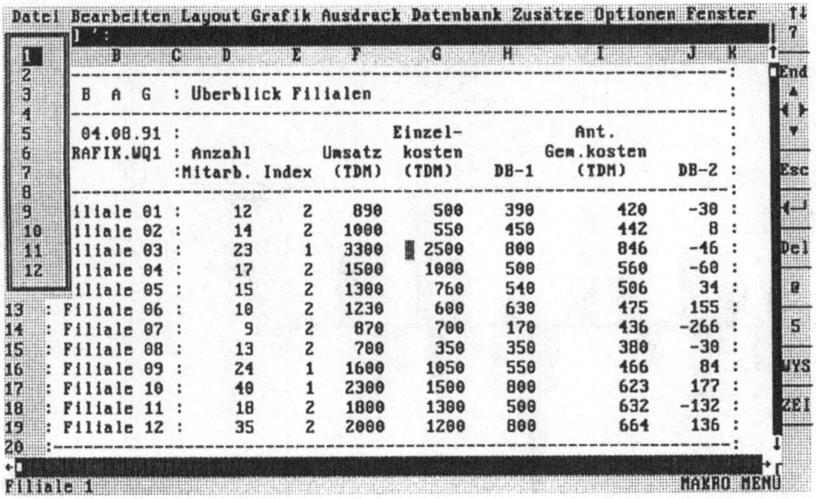

```
 Datei Bearbeiten Layout Grafik Ausdruck Datenbank Zusätze Optionen Fenster   ↑↓
      D':                                                                   │ ?
  1       B     C     D     E     F       G      H       I       J    K   ↑
  2   ----------------------------------------------------------------- : □End
  3    B  A  G  : Überblick Filialen                                    :   ▲
  4   ----------------------------------------------------------------- :  ◄ ►
  5    04.08.91 :                      Einzel-           Ant.           :   ▼
  6   RAFIK.WQ1 : Anzahl        Umsatz  kosten        Gem.kosten        :
  7             :Mitarb. Index  (TDM)   (TDM)   DB-1    (TDM)     DB-2   :  Esc
  8   ----------------------------------------------------------------- :
  9   iliale 01 :    12     2    890     500    390      420      -30   :  ◄┘
 10   iliale 02 :    14     2   1000     550    450      442        8   :
 11   iliale 03 :    23     1   3300   █2500    800      846      -46   : Del
 12   iliale 04 :    17     2   1500    1000    500      560      -60   :
      iliale 05 :    15     2   1300     760    540      506       34   :  �ê
 13 : Filiale 06 :    10     2   1230     600    630      475      155  :
 14 : Filiale 07 :     9     2    870     700    170      436     -266  :   5
 15 : Filiale 08 :    13     2    700     350    350      380      -30  :
 16 : Filiale 09 :    24     1   1600    1050    550      466       84  :  UYS
 17 : Filiale 10 :    40     1   2300    1500    800      623      177  :
 18 : Filiale 11 :    18     2   1800    1300    500      632     -132  :  ZEI
 19 : Filiale 12 :    35     2   2000    1200    800      664      136  :
 20 : ----------------------------------------------------------------  :   ↓
 Filiale 1                                                     MAKRO MENÜ
```

Dieses Makro nehmen wir zum Anlaß zu folgender grundsätzlicher Erklärung: Ziel des Makros ist die Auswahl einer der 12 Filialen. Es gibt weitere Möglichkeiten, diese Auswahl zu realisieren, beispielsweise über den Befehl {ZAHLENEINTRAG} oder über die Befehlsfolge **Datenbank - Eingabemaske**.

Die Plausibilitätsprüfung könnte sofort - wie in Kapitel 4 - oder später per Unterprogramm - wie in Kapitel 5 - durchgeführt werden. Weiterhin kann zwischen "normalen" Befehlsfolgen und menüäquivalenten Befehlen ausgewählt werden. Dies zeigt, daß Ihrer Kreativität bei der Erstellung eigener Makros kaum Grenzen gesetzt sind. In diesem Buch haben wir für die Anwendungsbeispiele jeweils

eine **mögliche** Lösung

vorgestellt. Wie dieses einfache Beispiel der Eingabe einer Zahl von 1 - 12 zeigt, bieten sich bereits hier mehrere Lösungsalternativen an.

Setzen wir die Beschreibung der Makros fort. Wählen Sie aus dem selbsterstellten Menü den Befehl *Legende*. Es stehen die Optionen *Unten* und *Rechts* zur Verfügung. Wählen Sie *Rechts*. Verlassen Sie anschließend das selbsterstellte Menü über die Option *Zurück*.

Drücken Sie F10. Abbildung 6.10 zeigt den momentanen Stand der Grafik. Sie sehen, daß sich die Gegenüberstellung auf Filiale 9 bezieht und die Legende am rechten Bildschirmrand positioniert worden ist. Mit ESCAPE gelangen Sie in das Arbeitsblatt zurück.

Abbildung 6.10: Daten Filiale 9

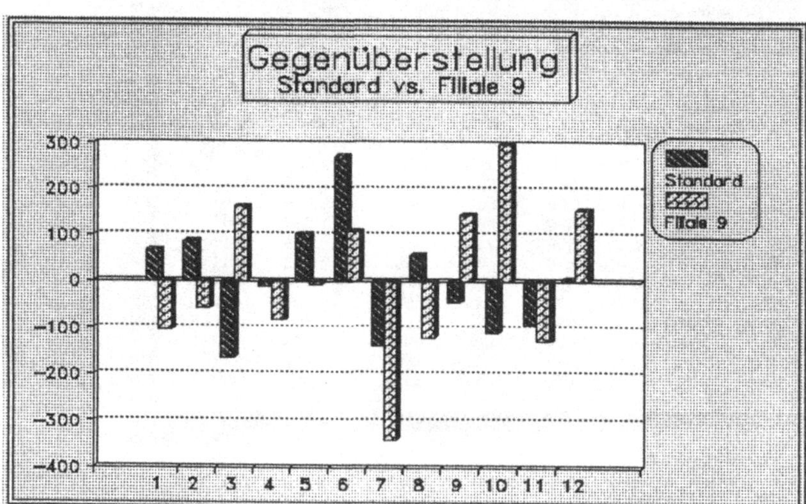

Makro: Auswahl

Setzen wir die Beschreibung mit dem Makro *Auswahl* fort. Drücken Sie ALT-M, um zu den Makros zu gelangen. Bewegen Sie den Cursor nach unten, so daß Sie die zum *Auswahl*-Makro gehörenden Befehle einsehen können (s. Abbildung 6.11).

Das Menü wird in Feld AD20 aufgerufen:

> {*Menüsprung AE19*}

Das Menü besteht aus den Optionen *Filiale*, *Legende* und *Zurück*.

Option Filiale

Wenn Sie *Filiale* wählen, wird die Makroausführung in Feld AD27 fortgesetzt.
Hier erfolgt der Menüaufruf zur Auswahl einer der 12 Filialen. Was passiert,
wenn Sie beispielsweise Filiale 1 auswählen?

Feld AE29 speichert folgende Anweisung:

{/ Block;Kopieren}r50..u58∼r30∼

Der Block R50 bis U58 speichert die von Filiale 1 gewünschten Schlüsselparameter. Diese werden in das Eingabebild für die Schlüsselparameter (Startposition
R30) kopiert. Die Berechnungen beziehen sich auf die aktuellen Daten des Eingabebildes, d.h. unser Arbeitsblatt ermittelt jetzt die Deckungsbeiträge in Abhängigkeit von den von Filiale 1 gewünschten Schlüsselparametern.

Abbildung 6.11: Auswahl-Makro

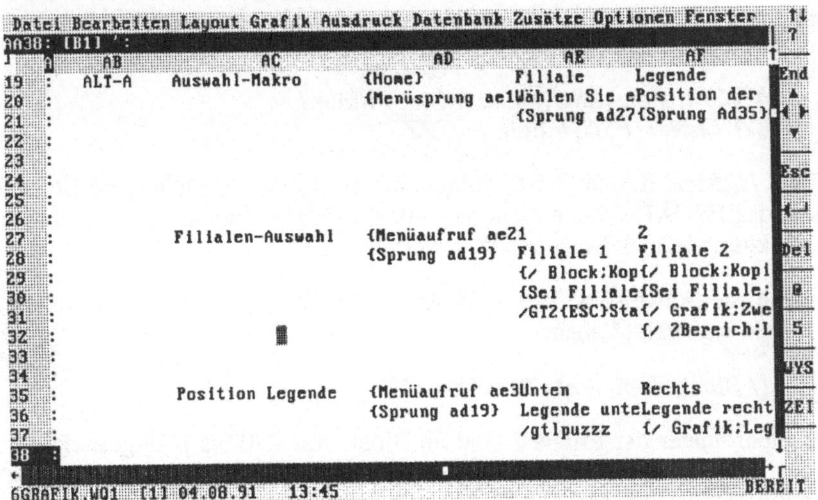

Betrachten Sie die Anweisung in Feld AE30:

{Sei Filiale;1}

Wir haben Feld V25 aus dem Eingabebild für die Schlüsselparameter den Namen
Filiale zugewiesen. Durch diese Anweisung kann der Anwender erkennen, mit
welchen Schlüsselparametern momentan gearbeitet wird.

Betrachten Sie die Anweisung in Feld AE31:

> */GT2{ESC}Standard vs. Filiale 1 ~*
> *L2{ESC}Filiale 1 ~ZZZ*

Zunächst wird die 2. Titelzeile geändert: Sie erhält den Text *Standard vs. Filiale 1*. Anschließend wird der Text für den 2. Wertebereich der Legende geändert: *Filiale 1*.

Der {**ESC**}-Befehl bewirkt jeweils, daß der ursprüngliche Inhalt gelöscht wird. Wenn wir auf den {**ESC**}-Befehl verzichten, wird der neue Text hinter den alten gehängt.

Problematisch ist der Fall, wenn zuvor kein Text eingegeben war (dieser Fall kann hier allerdings "normalerweise" nicht auftreten). Dann bewirkt das Drücken der ESCAPE-Taste nicht das Löschen des Textes, sondern die Beendigung des aktuellen Befehls, wodurch möglicherweise eine Fehlersituation entsteht.

Sie können diesen Fehler dadurch ausschließen, daß Sie einen beliebigen Text angeben, und erst dann den {**ESC**}-Befehl folgen lassen, z.B.:

> */GT2Hilfstext{ESC}Standard vs. Filiale 1 ~*
> *L2Hilfstext{ESC}Filiale 1 ~ZZZ*

Dadurch, daß *Hilfstext* in den Befehl aufgenommen wurde, ist sichergestellt, daß das Drücken der ESCAPE-Taste nicht die vorzeitige Beendigung des Befehls zur Folge hat, da zumindest *Hilfstext* gelöscht werden muß.

Betrachten Sie die Anweisung von Feld AF29. Diese gelangt zur Ausführung, wenn Sie Filiale 2 gewählt haben:

> *{/ Block;Kopieren}r70..u78~r30~*

Die Schlüsselparameter der Filiale 2 sind im Block von R70 bis U78 gespeichert. Dieser Block wird in das Eingabebild für die Schlüsselparameter kopiert. Betrachten Sie die Anweisung in Feld AF30:

> *{Sei Filiale;2}*

In das Feld *Filiale* wird der Wert 2 eingestellt. Betrachten Sie die Anweisungen der Felder AF31 und AF32:

> *{/ Grafik;ZweiteZeile}{ESCAPE}Standard vs. Filiale 2 ~*
>
> *{/ 2Bereich;Legende}{ESC}Filiale 2 ~*

Bei dieser Option haben wir mit menüäquivalenten Befehlen gearbeitet. Der menüäquivalente Befehl

{/ Grafik;ZweiteZeile}

entspricht der Befehlsfolge **Grafik - Text - 2. Zeile**. Der menüäquivalente Befehl

{/ 2Bereich;Legende}

entspricht der Befehlsfolge **Grafik - Text - Legenden - 2. Wertebereich**.

Für die weiteren Optionen haben wir "normale" Befehlsfolgen verwendet.

Option Legende

Der Menüaufruf erfolgt in Feld AD35. Das Menü besteht aus den Optionen *Unten* und *Rechts*. Für den Fall, daß Sie *Unten* wählen, gelangt die Anweisung in Feld AE37 zur Ausführung:

/gtlpuzzz

Diese entspricht der Befehlsfolge **Grafik - Text - Legenden - Position - Unten - Zurück - Zurück - Zurück**.

Betrachten Sie die Anweisung, die nach Auswahl der Option *Rechts* zur Ausführung gelangt (Feld AF37):

{/ Grafik;LegendePos}R

Dieser menüäquivalente Befehl legt fest, daß die Legende am rechten Bildschirmrand positioniert wird.

Makro: Betrachten Grafik

Abbildung 6.12 zeigt die Sicherungsmakros sowie das Makro *Betrachten Grafik*. Da die Sicherungsmakros "nichts Neues" bringen, ersparen wir uns die Beschreibung. Kommen wir damit gleich zum Makro *Betrachten Grafik*.

Der Menüaufruf erfolgt in Feld AD47. Betrachten Sie die Anweisung in Feld AD48:

/GERGZZ

Die Anweisung entspricht der Befehlsfolge **Grafik - Einstellungen - Rücksetzen - Grafik - Zurück - Zurück**. Der Befehl **Rücksetzen - Grafik** bewirkt, daß sämtliche Daten der aktuellen Grafik aus dem Arbeitsspeicher entfernt werden. Wenn Sie anschließend F10 drücken, erhalten Sie als Fehlerhinweis "kein Wertebereich angegeben".

Abbildung 6.12: Makro Betrachten Grafik

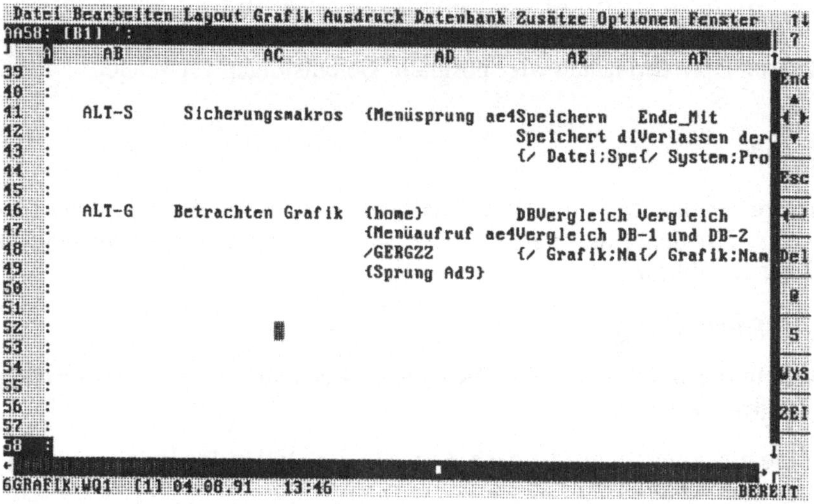

Sie haben in einem der letzten Abschnitte erfahren, daß Sie eine Grafik unter einem bestimmten Namen speichern können (Befehlsfolge **Grafik - Namen - Sichern**). Die auf diese Art gespeicherten Grafiken werden selbstverständlich nicht gelöscht. Es werden lediglich die Angaben der momentan bearbeiteten Grafik aus dem Arbeitsspeicher entfernt, z.B. Wertebereiche oder Überschriften.

Der Arbeitsspeicher wird dadurch "frei" für eine neue Grafik. Rufen Sie das Makro ALT-G auf. Abbildung 6.13 zeigt das selbsterstellte Menü.

Es stehen 4 Optionen zur Verfügung. Diese entsprechen den unter **Grafik - Namen - Sichern** gespeicherten Grafiken. Wählen Sie beispielsweise Option *Mitarbeiterzahlen*. Er erscheint ein 3D-Liniendiagramm, das die Mitarbeiterzahlen der 12 Filialen enthält (s. Abbildung 6.14).

Die zu den Optionen gehörenden Anweisungen bestehen jeweils aus einem menüäquivalenten Befehl:

{/ Grafik;NamenZeigen}

Abbildung 6.13: Auswahlmenü Betrachten Grafik

```
Datei Bearbeiten Layout Grafik Ausdruck Datenbank Zusätze Optionen Fenster  ↑↓
                                                                              ?
   DBVergleich        D     E     F     G     H        I        J   K   ↑
   Vergleich          ------------------------------------------------:   End
   Mitarbeiterzahlen  rblick Filialen                                 :    ▲
   Kostensituation    ------------------------------------------------:   ◄ ►
                                            Einzel-          Ant.      :    ▼
 5  :6GRAFIK.WQ1 : Anzahl        Umsatz  kosten       Gem.kosten       :
 6  :             :Mitarb. Index (TDM)   (TDM)   DB-1     (TDM)   DB-2 :   Esc
 7  :-----------------------------------------------------------------:
 8  : Filiale 01 :    12     2    890     500    390      495    -105  :   ◄┘
 9  : Filiale 02 :    14     2   1000     550    450      508     -58  :
10  : Filiale 03 :    23     1   3300    2500    800      638     162  :   Del
11  : Filiale 04 :    17     2   1500    1000    500      582     -82  :
12  : Filiale 05 :    15     2   1300     760    540      545      -5  :    @
13  : Filiale 06 :    10     2   1230     600    630      521     109  :
14  : Filiale 07 :     9     2    870     700    170      511    -341  :    5
15  : Filiale 08 :    13     2    700     350    350      471    -121  :
16  : Filiale 09 :    24     1   1600    1050    550      405     145  :   WYS
17  : Filiale 10 :    40     1   2300    1500    800      502     298  :
18  : Filiale 11 :    18     2   1800    1300    500      628    -128  :   ZEI
19  : Filiale 12 :    35     2   2000    1200    800      645     155  :
20  :-----------------------------------------------------------------:  ↓
Vergleich DB-1 und DB-2                                    MAKRO MENU
```

Dieser entspricht der Befehlsfolge **Grafik - Namen - Zuordnen** und bewirkt, daß
die angegebene Grafik angezeigt wird, z.B.

$$\{/\ Grafik;NamenZeigen\}Mitarbeiter\sim$$

bei der Option *Mitarbeiterzahlen*.

Abbildung 6.14: Mitarbeiterzahlen

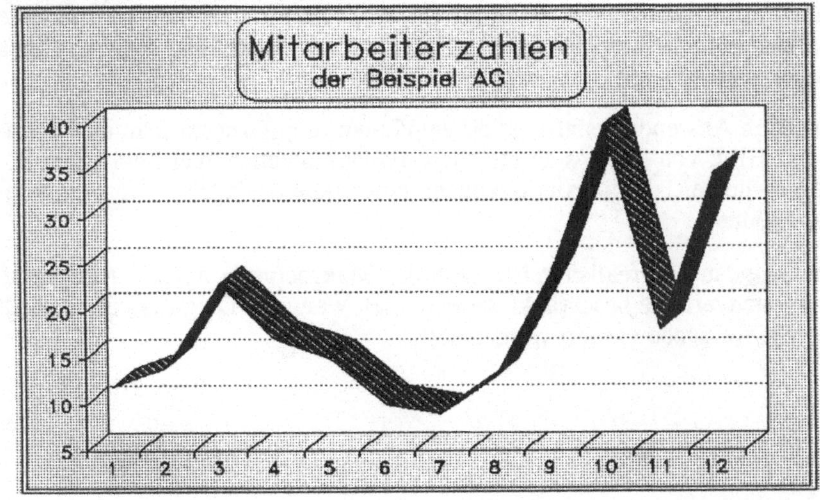

Betrachten Sie eine zweite Grafik! Springen Sie zurück zum Arbeitsblatt und aktivieren Sie das Makro *Betrachten Grafik* (ALT-G). Hier wählen Sie Option *Kostensituation* (s. Abbildung 6.15).

Abbildung 6.15: Kostensituation

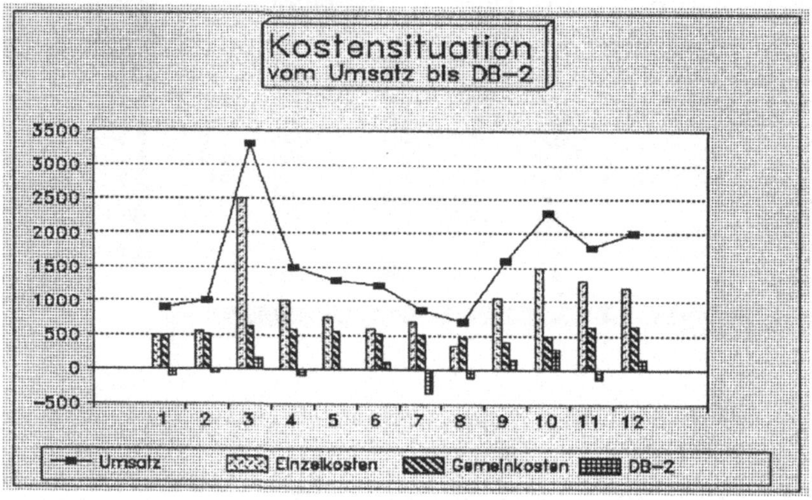

Grafiken und Makros ?

Nachdem wir die Makros des sechsten Kapitels beschrieben haben, soll eine wichtige Frage erörtert werden: Sollen Makros zur Erstellung von Grafiken herangezogen werden?

Für die meisten Anwendungsfälle ist zu empfehlen, den Grundaufbau einer Grafik **nicht** mit Hilfe von Makros zu erstellen. Es ist einfacher, hier "normale" Befehlsfolgen zu nutzen, da die Auswirkungen einer Befehlseingabe sofort eingesehen werden können.

Wenn der Grundaufbau realisiert ist, kann der Makroeinsatz auf die Anpassung an spezielle Sachverhalte beschränkt werden, z.B. wenn die Diagrammüberschrift je nach Benutzereingabe variiert werden soll.

ZUSAMMENFASSUNG

Sie haben in diesem Kapitel eine Einführung in das Erstellen einfacher Grafiken erhalten. Sie haben erfahren, daß die Grafikerstellung in mehreren Schritten erfolgt:

1. Diagrammtyp festlegen;

2. Werte, Texte, Überschriften festlegen;

3. Formatier- und Layoutmaßnahmen durchführen.

Während die ersten zwei Schritte nur wenige Befehle umfassen, sind Ihrer Kreativität bei der Modifikation der Grafikdarstellung kaum Grenzen gesetzt. Sie können Farben, Schraffuren, Linientypen, Achsenbezeichnungen und vieles mehr modifizieren. Wenn Sie beabsichtigen, QUATTRO PRO verstärkt für die Erstellung Ihrer Grafiken zu nutzen, sollten Sie sich vielleicht 2 oder 3 Stunden Zeit nehmen, um sämtliche Befehle anhand von Beispielen auszuprobieren.

Makros lassen sich bei der Grafikerstellung nur bedingt einsetzen. Sie sollten daher deren Einsatz auf die Präsentation und die Durchführung kleinerer Modifikationen beschränken.

ÜBUNG

Betrachten Sie die Abbildung 6.16: Sie zeigt ein einfaches Liniendiagramm zur Darstellung der Mitarbeiterzahlen der Beispiel AG. Ihre erste Aufgabe besteht darin, eine Grafik zu erstellen, die dem Diagramm in Abbildung 6.16 entspricht.

Anschließend ist diese Grafik über die Befehlsfolge **Grafik - Namen - Sichern** unter dem Namen *Übung* zu speichern.

Schreiben Sie schließlich Makros, die Modifikationen der Grafik unterstützen: Es sollen wahlweise die Mitarbeiterzahlen, die Einzelkosten oder der Umsatz der 12 Filialen in dem Liniendiagramm dargestellt werden. Das Hauptmakro soll durch Drücken von ALT-U aufgerufen werden (U = Übung).

Definieren Sie ein eigenes Menü mit den Optionen *Mitarbeiter*, *Einzelkosten* und *Umsatz*.

Die zu den Optionen gehörenden Makros sollen den Wertebereich und die Überschrift entsprechend festlegen.

Abbildung 6.16: Übungsgrafik

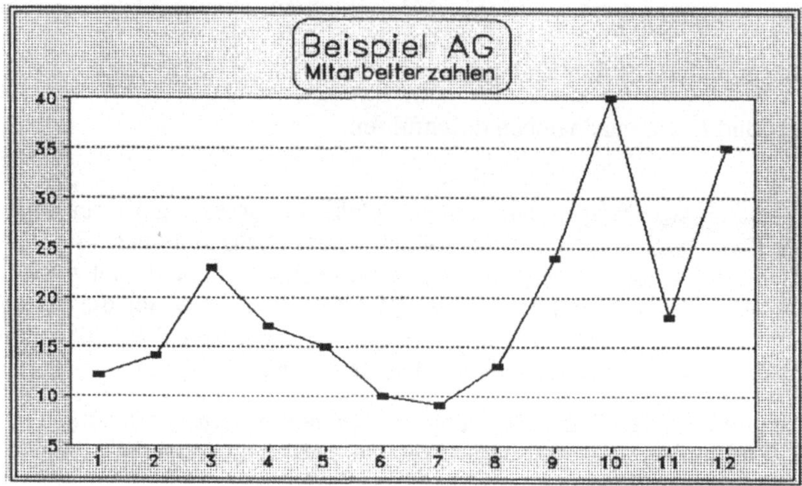

7 LESEN UND SCHREIBEN VON ASCII - DATEIEN

Einige zum Produktionsbereich der Beispiel AG gehörenden Maschinen haben die Aufgabe, Kolben herzustellen, deren Durchmesser nur gering von der eingestellten Größe abweichen darf. Die eingestellte Größe beträgt zumeist 10 cm.

Die Herstellerfirma der Maschinen gibt folgende Garantien:

o Der Mittelwert der produzierten Kolben weicht höchstens um 0,2% von der eingestellten Größe ab.

o Die Standardabweichung beträgt höchstens 0,1.

Über ein zusätzlich beschafftes Meßgerät ist die Beispiel AG in der Lage, den Durchmesser der produzierten Kolben genau zu ermitteln und die Daten in eine ASCII-Datei zurückzuschreiben.

Der Produktionsleiter ist der Ansicht, daß zahlreiche Maschinen "Garantiefälle" sind und bittet einen seiner Mitarbeiter zu ermitteln, welche Maschinen oben genannte Bedingungen nicht erfüllen.

ZIELE DES KAPITELS

In diesem Kapitel werden Sie erfahren, wie Sie aus einer ASCII-Datei Daten lesen und in QUATTRO PRO weiterverarbeiten können. (Es ist **nicht** geplant, eine vollständige ASCII-Datei in QUATTRO PRO zu laden, sondern eine bestimmte Anzahl Datensätze der ASCII-Datei zu lesen und in eine bestehende Tabelle einzufügen).

Die meisten Tabellenkalkulationsprogramme verfügen über einen Datenbankteil, mit dessen Hilfe bestimmte Funktionen ausgeführt werden können. Diese Funktionen können in vielen Fällen übliche Tabellenfunktionen sinnvoll ergänzen. Sie sollten sich jedoch merken, **daß der Datenbankteil eines Tabellenkalkulationsprogramms einer Datenbanksoftware in jedem Fall unterlegen ist.** Der Datenbankteil eines Tabellenkalkulationsprogramms kann nur eine sinnvolle Ergänzung zu bestimmten Tabellenfunktionen darstellen.

In diesem Kapitel werden Sie einige Datenbankfunktionen kennenlernen, mit dessen Hilfe unser Produktionsmitarbeiter die gewünschten Ergebnisse rasch erzielen kann. Schließlich werden Sie eine Reihe weiterer interessanter Tabellenfunktionen kennenlernen.

DAS ARBEITSBLATT

Laden Sie die Tabelle 7PROD.WQ1. Der Cursor befindet sich in Feld A1. Die Anwendung ist so einfach, daß wir auf die Verwendung von Auswahlbildern, Sprungmakros u.ä. verzichtet haben (s. Abbildung 7.1).

Spalte A enthält die aus einer der Dateien DATEN1.DAT oder DATEN2.DAT gelesenen ASCII-Werte. Diese Dateien enthalten die durch das Meßgerät ermittelten und in eine Datei zurückgeschriebenen Daten: die laufende Nummer (3-stellig) und den Durchmesser (6-stellig mit drei Nachkommastellen). Zwischen beiden Werten ist ein Leerzeichen. Unser Mitarbeiter aus dem Produktionsbereich ist der Ansicht, daß eine Stichprobe von 100 Fällen ausreichend sei, um festzustellen, ob eine Maschine die geforderten Bedingungen erfüllen kann. Aus diesem Grund hat er ein Makro geschrieben, das die ersten 100 Datensätze einer der vorliegenden ASCII-Dateien liest (beide Dateien enthalten insgesamt 101 Datensätze, das Makro liest jedoch nur die ersten 100 Sätze).

ASCII-Daten werden in Text-, und nicht in Zahlenform gespeichert. Obgleich die Datei fast ausschließlich aus Ziffern besteht, können Sie mit ihnen zunächst keine Rechenvorgänge durchführen. Bewegen Sie den Cursor nach Feld B2:

> @WERT (@LINKS (A2 ; 3))

Die Tabellenfunktion

> **@LINKS(String;n)**

gibt die ersten **n** Zeichen aus **String** zurück. Falls **String** ein numerischer Wert oder ein Leerfeld ist, entsteht eine Fehlersituation. Ist **n** länger als **String,** wird die gesamte Zeichenkette ausgegeben.

Die Anweisung

> @LINKS("Guten Tag";3)

ergibt beispielsweise "Gut".

In unserem Beispiel werden die ersten drei Zeichen des in Spalte A gespeicherten Textes herausgefiltert:

> @LINKS (A2 ; 3)

Abbildung 7.1: Die Tabelle 7PROD.WQ1

```
 Datei Bearbeiten Layout Grafik Ausdruck Datenbank Zusätze Optionen Fenster
A1: [B12] 'ASCII-Werte
            A          B   C         D                        E            F
 1  ASCII-Werte    NR   Wert    Eingestellt. Wert                  10
 2      1 10,025    1 10,025
 3      2  9,967    2  9,967        Mittelwert:      Zul. Abweichung:
 4      3  9,920    3   9,92          10,0210            0,0200
 5      4  9,899    4  9,899        Varianz:         Maximum:
 6      5 10,034    5 10,034           0,0094            10,3000
 7      6 10,200    6   10,2        Standardabw.:    Minimum:
 8      7  9,978    7  9,978           0,0971             9,879
 9      8 10,001    8 10,001
10      9  9,995    9  9,995
11     10  9,959   10  9,959
12     11 10,012   11 10,012
13     12 10,031   12 10,031
14     13 10,022   13 10,022
15     14  9,997   14  9,997
16     15 10,000   15     10
17     16  9,992   16  9,992
18     17 10,019   17 10,019
19     18 10,300   18   10,3
20     19  9,989   19  9,989

7PROD.WQ1     [1] 03.08.91    17:40                            BEREIT
```

Die ersten drei in Spalte A gespeicherten Zeichen enthalten die laufende Nummer der einzelnen Meßvorgänge.

Die Funktion

@WERT(Text)

wandelt den **Text** in eine Zahl um, z.B.: Die Anweisung

@WERT("1000")

ergibt 1000.

Ist die Umwandlung nicht möglich, beispielsweise weil der umzuwandelnde Text einen Buchstaben enthält, entsteht eine Fehlersituation.

Die Anweisung in Feld B2 bewirkt demnach, daß die ersten drei Zeichen des Textes in eine Zahl umgewandelt werden:

```
1 10,025 (als Text in A2)  <--- @WERT(@LINKS(A2;3))  ---> 1 (als Zahl in B2)
```

Betrachten Sie die Anweisung in Feld C2:

@WERT (@RECHTS (A2 ; 6))

Diese Anweisung gibt die letzten 6 Zeichen aus dem in Feld A2 gespeicherten Text zurück. Die Funktion **@WERT** wandelt die so extrahierten Zeichen in eine Zahl um:

```
1 10,025 (als Text in A2) <--- @WERT(@RECHTS(A2;6)) ---> 10,025 (als Zahl)
```

Spalte B enthält demnach die laufende Nummer der Stichprobe und Spalte C den durch das Meßgerät ermittelten Kolbendurchmesser.

Bewegen Sie den Cursor nach Feld D4:

@DMITTELWERT(B1..C101 ; 1 ; F1..F2)

Diese Anweisung bedarf zusätzlicher Erklärung. Es handelt sich hierbei um eine Datenbankfunktion. Das allgemeine Format einer Datenbankfunktion lautet:

DFunktion(Datenbank;Spalte;Suchkriterien)

Datenbankfunktionen verwenden drei Argumente: den Datenbankbereich, die Spaltenangabe und die Festlegung von Suchkriterien. Diese Argumente legen fest, welche Felder der Tabelle zur Berechnung herangezogen werden.

Das Argument **Datenbank** ist der Bereich der Felder, welche die Datenbank bilden. Eine QUATTRO PRO-Datenbank ist ein zusammenhängender Bereich von Feldern, die in Sätzen (Zeilen) und Feldern (Spalten) angeordnet sind.

Das Argument **Spalte** gibt in Form einer Zahl an, welche Spalte in der Berechnung verwendet wird: 0 für die erste Spalte, 1 für die zweite Spalte usw.

Das Argument **Suchkriterien** ist ein Bezug auf den Bereich der Felder, die bestimmte Datenbankkriterien enthalten. Um die gesamte Spalte einer Datenbank zu berechnen, geben Sie beliebige Leerzeilen des Arbeitsblattes an.

Das soll an theoretischer Beschreibung genügen. Betrachten Sie noch einmal die Anweisung in Feld D4:

@DMITTELWERT(B1..C101 ; 1 ; F1..F2)

Die Funktion **@DMITTELWERT** berechnet den Mittelwert über sämtliche Werte der zweiten Spalte der spezifizierten Datenbank, in unserem Fall den Bereich von C1 bis C101. Unsere Datenbank besteht aus zwei Spalten. Als **Spalte** haben wir den Wert 1 festgelegt (d.h. die zweite Spalte). Suchkriterien umfassen die Leerzellen F1 und F2, d.h. wir wollen den Mittelwert über sämtliche Werte berechnen. Die Felder F1 und F2 erfüllen ansonsten keine besonderen Aufgaben in unserem Arbeitsblatt.

Betrachten Sie den Inhalt von Feld D6:

@DVARS(C1..C101 ; 0 ; F1..F2)

Die Datenbankfunktion **@DVARS** ermittelt über eine Stichprobe die Varianz einer Grundgesamtheit und verwendet dafür die Datenbankwerte aus **Spalte**. In diesem Beispiel besteht die Datenbank nur aus einer Spalte, daher haben wir für **Spalte** den Wert 0 eingetragen.

Bei der Varianz handelt es sich um einen sogenannten *Streuungsparameter*, der die "Streuung" von Werten um einen Mittelwert quantifiziert. Je höher die Varianz, desto mehr weichen die Werte vom Mittelwert ab.

Beispielsweise haben die Werte 2, 4 und 6 den Mittelwert 4 bei einer relativ geringen Varianz (erstes Zahlenbeispiel). Die Werte 1, 2 und 9 (zweites Zahlenbeispiel) haben zwar den gleichen Mittelwert, aber eine relativ hohe Varianz.

Die Formel zur Ermittlung der Varianz aus einer Stichprobe lautet:

```
          1
Varianz = ----- * Summe (Werte - Mittelwert)²
          N-1
```

Hierbei ist **N** die Stichprobengröße, **Werte** repräsentieren die einzelnen Werte und **Mittelwert** ist der berechnete Mittelwert.

Für das erste Zahlenbeispiel ergibt sich:

```
          1
Varianz = --- * ((2-4)² + (4-4)² + (6-4)²)
          2

        = 0,5 * (4 + 0 + 4) = 4
```

Für das zweite Zahlenbeispiel ergibt sich:

```
          1
Varianz = --- * ((1-4)² + (2-4)² + (9-4)²)
          2

        = 0,5 * (9 + 4 + 25) = 19
```

Die Standardabweichung ist die Quadratwurzel der Varianz; es ergibt sich für das erste Zahlenbeispiel eine Standardabweichung von 2, und für das zweite Zahlenbeispiel eine Standardabweichung von etwa 4,36.

Kommen wir zurück zu unserer Anwendung: Die ermittelte Varianz beträgt
(gerundet) 0,0094, die Standardabweichung, die durch die Datenbankfunktion
@DSTABWS ermittelt wird, beträgt (gerundet) 0,0971.

Der Mittelwert weicht um mehr als 0,2 % von der eingestellten Größe ab. Die
eingestellte Größe ist in Feld E1 gespeichert, die zulässige Abweichung wird
durch die Formel

$$+ E1 * 0,002$$

in Feld E4 ermittelt. Die Abweichung beträgt in diesem Beispiel 0,021 cm. Die
von unserem Mitarbeiter aus der Produktionsabteilung ausgewerteten Daten lassen daher vermuten, daß die ausgewählte Maschine ein "Garantiefall" ist.

In den weiteren Feldern der Spalte E sehen Sie je ein Beispiel für die Datenbankfunktionen **@DMAX** und **@DMIN**.

Damit haben wir die Komponenten der Tabelle beschrieben. Kommen wir zu den
Makros.

DIE MAKROS

Das Makro beginnt in Feld I1 mit einem Menüaufruf (s. Abbildung 7.2): Sie
können wählen, ob Sie die Daten aus DATEN1.DAT oder DATEN2.DAT einlesen wollen. Die erste Option ist in Spalte J und die zweite Option in Spalte K
(nicht in Abbildung 7.2 sichtbar) abgelegt.

Abbildung 7.2: Die Makros

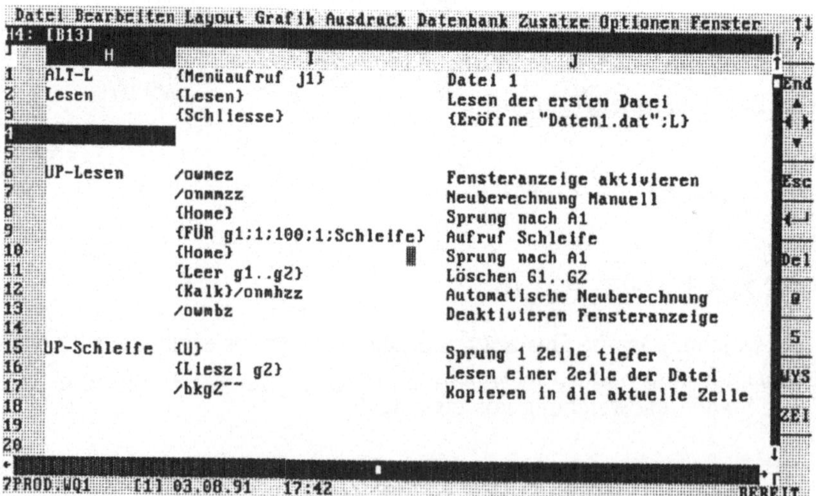

Momentan arbeitet das Arbeitsblatt mit den Daten der ersten Datei. Rufen Sie das Makro durch Drücken von ALT-L auf und wählen Sie die zweite Datei.

Der Cursor springt nach Feld A1 und bewegt sich zeilenweise bis Feld A101. Anschließend erfolgt der Sprung nach Feld A1 und Sie sehen die Ergebnisse: QUATTRO PRO hat unter anderem ermittelt, daß die Standardabweichung den garantierten Wert 0,1 übersteigt, so daß auch die zweite Maschine zum Garantiefall wird (s. Abbildung 7.3).

Abbildung 7.3: Ergebnisse der zweiten Maschine

```
 Datei Bearbeiten Layout Grafik Ausdruck Datenbank Zusätze Optionen Fenster    ↑↓
 F15: (F4)                                                                      ?
           A        B    C           D                       E           F
 1    ASCII-Werte  NR   Wert  Eingestellt. Wert                    10        End
 2      1 10,105    1 10,105                                                   ▲
 3      2 10,067    2 10,067        Mittelwert:        Zul. Abweichung:       ◄ ►
 4      3  9,820    3  9,82          10,0055                0,0200             ▼
 5      4  9,833    4  9,833        Varianz:             Maximum:
 6      5  9,924    5  9,924          0,0126               10,2820           Esc
 7      6 10,188    6 10,188        Standardabw.:        Minimum:
 8      7 10,178    7 10,178          0,1124                9,791            ◄┘
 9      8  9,901    8  9,901
 10     9 10,095    9 10,095                                                 Del
 11    10  9,969   10  9,969
 12    11 10,100   11   10,1
 13    12 10,021   12 10,021
 14    13  9,912   13  9,912
 15    14  9,917   14  9,917
 16    15  9,800   15    9,8
 17    16  9,799   16  9,799
 18    17  9,919   17  9,919
 19    18 10,200   18   10,2
 20    19  9,989   19  9,989
 7PROD.WQ1    [1] 03.08.91    17:44                               BEREIT
```

Optionen

Mit Hilfe des zur Kategorie der Datei-Befehle gehörenden Befehls

{ERÖFFNE Dateiname;Zugriffsmodus}

wird die unter **Dateiname** spezifizierte Datei "geöffnet", die anschließend gemäß **Zugriffsmodus** von QUATTRO PRO bearbeitet werden kann. Der Befehl **{ERÖFFNE}** muß aufgerufen werden, bevor Sie Lese- und/oder Schreiboperationen mit der Datei vornehmen können.

Es gibt vier Zugriffsmodi:

o **L (Lesen)** - Öffnet eine bestehende Datei und bereitet sie für Leseoperationen mit den Befehlen **{LIES}** bzw. **{LIESZL}** vor

o **M (Modifizieren)** - Öffnet eine bestehende Datei. Sämtliche Schreib- und Lesebefehle können anschließend verwendet werden.

o **S** (Schreiben) - Öffnet eine neue Datei und erlaubt, mit den Befehlen {**SCHREIBE**} und {**SCHREIBEZL**} Daten in diese Datei zu schreiben. Eine bereits bestehende Datei gleichen Namens wird überschrieben.

o **A** (Anhängen) - Öffnet eine bestehende Datei. Es kann nur in die Datei geschrieben werden, wobei der Dateizeiger jeweils an das Ende der Datei gesetzt wird.

Betrachten Sie die Anweisung in Feld J3:

>   {Eröffne "Daten1.Dat";L}

Die Anweisung öffnet die Datei DATEN1.DAT und bereitet sie für Leseoperationen vor. Nachdem die Datei ausgewählt ist, gelangt die in Feld I2 gespeicherte Anweisung zur Ausführung:

>   {Lesen}

Hier wird das Unterprogramm *Lesen* aufgerufen. Betrachten Sie die Anweisung in Feld I3:

>   {Schliesse}

Der Befehl {**SCHLIESSE**} schließt eine geöffnete Datei. Es kann jeweils nur eine Datei geöffnet sein, d.h. Sie müssen eine geöffnete Datei erst schließen, bevor Sie eine neue öffnen können.

Wichtig: Sie sollten den Befehl {**SCHLIESSE**} nie vergessen; ansonsten könnte die Datei zerstört werden, wenn der Computer ausgeschaltet wird.

UP-Lesen

Die Anweisung in Feld I6 aktiviert über die Befehlsfolge **Optionen - Weitere Parameter - Makro - Bedienfeld - Zurück** die Aktualisierung der Bildschirmanzeige. Dadurch konnten Sie zuvor die Cursorbewegungen von Feld A1 nach Feld A101 verfolgen.

Die Anweisung in Feld I7 ändert den Berechnungsmodus: Während der Makroausführung wird die automatische Neuberechnung des Arbeitsblattes unterdrückt. Dadurch wird die Ausführungsgeschwindigkeit des Makros erhöht. Ansonsten veranlaßt QUATTRO PRO nach jedem Lesevorgang eine Neuberechnung des Arbeitsblattes.

Die Anweisung in Feld I8 veranlaßt den Cursorsprung nach Feld A1. Betrachten Sie die Anweisung in Feld I9:

>   {FÜR g1;1;100;1;Schleife}

Der Befehl

{FÜR Zähler;Anfang;Ende;Schritt;UP_Position}

führt ein Unterprogramm, das in **UP_Position** beginnt, wiederholt aus. **Zähler** ist die Adresse einer Zelle, die die Anzahl Schleifendurchläufe nachhält. Hier können Sie eine beliebige Zelle des Arbeitsblattes nehmen, die ansonsten keine besonderen Aufgaben erfüllt.

Anfang ist der Anfangswert von **Zähler**; **Ende** ist der maximale Wert von **Zähler**; **Schritt** ist der Betrag, um den **Zähler** nach jedem Schleifendurchlauf erhöht wird.

Zähler ist in unserem Beispiel Feld G1; **Anfang** erhält den Wert 1, **Ende** den Wert 100 und **Schritt** den Wert 1. Damit wird das Unterprogramm *Schleife* 100mal aufgerufen.

Das Unterprogramm *Schleife* hat die Aufgabe, die benötigten 100 Werte aus der geöffneten Datei zu lesen und in das entsprechende Feld des Arbeitsblattes zu kopieren.

Nachdem die **{FÜR}**-Schleife abgearbeitet ist, springt der Cursor über die in Feld I10 gespeicherte Anweisung **{HOME}** zurück nach Feld A1. Anschließend wird der Inhalt der Felder G1 und G2 über den Befehl **{LEER}** gelöscht.

Die Anweisung in Feld I12 berechnet das Arbeitsblatt über den Befehl **{KALK}** neu und es wird wieder die automatische Neuberechnung eingeschaltet. Die letzte Anweisung (Feld I13) schaltet die Aktualisierung der Bildschirmanzeige aus.

UP-Schleife

Zur Erinnerung: Bevor das Unterprogramm *Schleife* das erste Mal aufgerufen wird, befindet sich der Cursor in Feld A1. Die Anweisung

    {U}

in Feld I15 veranlaßt, daß sich der Cursor um eine Zeile nach unten bewegt. Beim ersten Schleifendurchlauf befindet er sich in Feld A2.

Betrachten Sie die Anweisung in Feld I16:

    {Lieszl g2}

Mit Hilfe des Befehls

    {LIESZL Position}

lesen Sie aus der geöffneten Datei sämtliche Zeichen bis zum nächsten Zeilenvorschub. Die gelesenen Daten werden in das unter **Position** angegebene Feld übertragen, in unserem Beispiel in das Feld G2.

Der Befehl

> **{SCHREIBEZL String}**

arbeitet analog. Er kopiert die Zeichen in **String** in die geöffnete Datei.

Die Anweisung in Feld I17 kopiert den Inhalt von Feld G2 in das aktuelle Feld. Beim ersten Schleifendurchlauf handelt es sich um das Feld A2, beim zweiten Durchlauf um das Feld A3 usw.

Schreiben einer ASCII-Datei

Abbildung 7.4 zeigt ein Makro für das Schreiben einer ASCII-Datei. In diesem Beispiel werden drei Werte des Arbeitsblattes in eine Datei übertragen. Zunächst wird die Datei über den Befehl **{ERÖFFNE}** mit dem Zugriffsmodus **S** für **Schreiben** geöffnet.

Abbildung 7.4: Der Befehl {SCHREIBEZL}

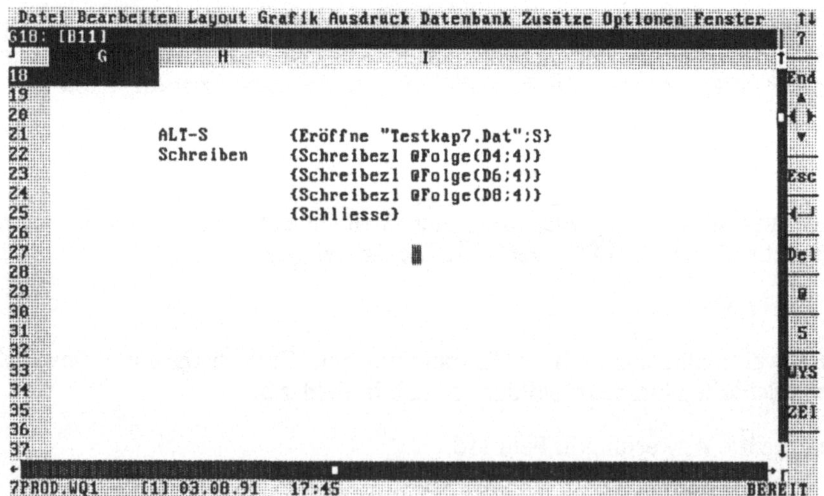

Rufen Sie das Makro durch Drücken von ALT-S auf. Springen Sie anschließend über die Befehlsfolge **Datei - Hilfsprogramme - Betriebssystem** auf Betriebssystemebene und lassen Sie sich den Inhalt der Datei TESTKAP7.DAT über den DOS-Befehl TYPE anzeigen.

Sie stellen fest, daß die Datei 3 Werte speichert. Was passiert, wenn Sie das Makro ein zweites Mal aufrufen? In diesem Fall wird der bestehende Inhalt überschrieben.

Was passiert, wenn Sie beim Öffnen der Datei anstelle des Zugriffsmodus S den Modus **A** verwenden? Probieren Sie es aus! Springen Sie zurück nach QUATTRO PRO und ändern Sie die Anweisung in Feld I21 wie folgt:

{Eröffne "Testkap7.Dat";A}

Nun rufen Sie einige Male das Makro auf und betrachten Sie anschließend den Dateiinhalt (Sprung zum Betriebssystem und DOS-Befehl TYPE). Die Datei wurde bei jedem Makroaufruf um drei Werte ergänzt.

Wozu haben wir innerhalb des Befehls {**SCHREIBEZL**} die Funktion

@**FOLGE**(x;n)

verwendet. {**SCHREIBEZL**} benötigt beim Aufruf eine Zeichenkette. Die zu übertragenen Feldinhalte haben jedoch Werte gespeichert. Die Funktion @**FOLGE** wandelt **x** in einen String um und rundet dabei **x** auf **n** Dezimalstellen.

ZUSAMMENFASSUNG

Sie haben in diesem Kapitel erfahren, wie Sie Daten aus einer ASCII-Datei lesen und in eine QUATTRO PRO-Tabelle einfügen können. Die entsprechenden Makrobefehle wurden an einem Beispiel beschrieben.

Zur Weiterverarbeitung dieser Werte haben wir eine Reihe von Datenbankfunktionen genutzt. Obgleich Datenbanken eine sinnvolle Ergänzung zu bestimmten Tabellenfunktionen sein können, sollten Sie jedoch bedenken, daß der Datenbankteil eines Tabellenkalkulationsprogramms im Leistungsumfang nicht einer Datenbanksoftware zu vergleichen ist.

Im letzten Abschnitt haben Sie ein Beispiel für die Arbeitsweise des Befehls {**SCHREIBEZL**} kennengelernt.

ÜBUNG

Schreiben Sie ein Makro, das die 100 eingelesenen Meßwerte in eine ASCII-Datei zurückschreibt (Name: "UEBUNG.DAT"), d.h. es sollen die in Spalte C gespeicherten Werte zurückgeschrieben werden.

Springen Sie anschließend zur Betriebssystemebene und betrachten Sie den Inhalt von UEBUNG.DAT über den DOS-Befehl TYPE.

Hinweis: Sie müssen anstelle der Befehlsfolge **Bearbeiten - Kopieren** die Befehlsfolge **Bearbeiten - Werte kopieren** verwenden. Wenn Sie **Kopieren** verwenden, kopiert QUATTRO PRO die Formel und nicht den Wert in das Feld G2. Der Befehl **Werte kopieren** hingegen kopiert ausschließlich gespeicherte Werte und vernachlässigt Formeln.

8 ARBEITEN MIT STEUERUNGSDATEIEN

Nehmen wir an, der Assistent des Vorstands übernimmt die Verwaltung der bisher erstellten Anwendungen, um "seinem großen Meister" bei Bedarf - per Knopfdruck - die gewünschten Daten zur Verfügung zu stellen.

Zur Vereinfachung beschließt er, eine Steuerungsdatei zu erarbeiten, die ihm sofort einen Überblick über die erstellten Anwendungen gibt.

ZIELE DES KAPITELS

In diesem Kapitel werden Sie erfahren, wie man mehrere Anwendungen durch Verwendung von Steuerungsdateien übersichtlich zusammenfassen kann.

Bei der Bearbeitung dieses Kapitels werden Sie den PC nicht benötigen. Nachdem Sie sich in den vorherigen Kapiteln intensiv mit den verschiedensten Makrobefehlen beschäftigt und deren Anwendungsmöglichkeiten kennengelernt haben, dient dieses Kapitel der grundsätzlichen Beschreibung einiger weiterer Makro-Einsatzmöglichkeiten.

STEUERUNGSDATEIEN

Im zweiten Kapitel haben wir die Bedeutung von Auswahlbildern herausgestellt: Diese dienen dazu, dem Anwender einen Überblick über die zur Verfügung stehenden Makros zu geben. Der Einsatz von Auswahlbildern bietet folgende Vorteile:

o Der Anwender muß sich nicht merken, **welche Makros** zur Verfügung stehen;

o Der Anwender muß sich nicht merken, **wie** bestimmte Makros aufgerufen werden.

Wenn ein Autoexec-Makro den Sprung zum Auswahlbild veranlaßt, erhalten Sie sofort nach dem Laden des Arbeitsblattes einen Überblick über die erstellten Makros.

Gehen wir einen Schritt weiter! Nehmen wir an, daß Sie mit mehreren Anwendungen arbeiten. Ähnlich wie bei einem Auswahlbild innerhalb einer Anwendung können Sie sich gleichermaßen einen Überblick über die Anwendungen selbst verschaffen. Sie erstellen dazu in einer besonderen Datei ein Auswahlbild, aus dem hervorgeht, **wie** Sie zu **welchen Anwendungen** gelangen. Ein Beispiel gibt Abbildung 8.1.

Abbildung 8.1: Übersicht Anwendungen

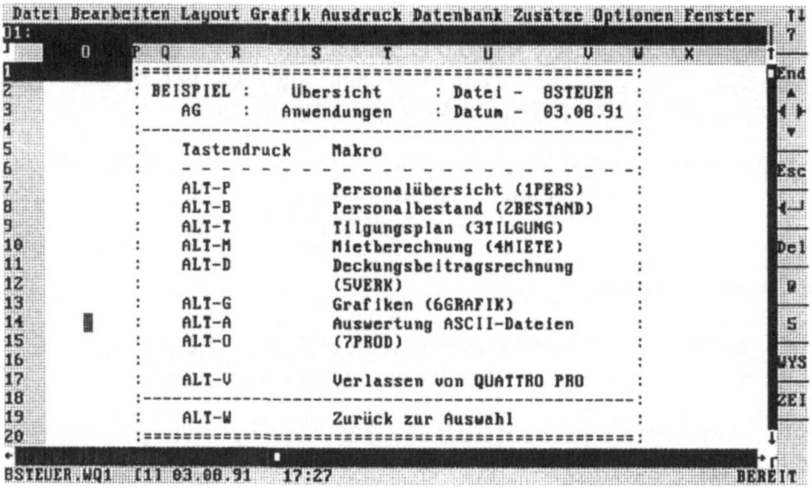

```
 Datei Bearbeiten Layout Grafik Ausdruck Datenbank Zusätze Optionen Fenster  ↑↓
D1:                                                                            ?
J      O   P   Q     R     S     T     U       U   U     X      ↑
1           :=================================================:    End
2           : BEISPIEL :     Übersicht     : Datei -  8STEUER :    ▲
3           :   AG    :    Anwendungen    : Datum -  03.08.91 :    ◄ ►
4           :-----------------------------------------------:     ▼
5           :   Tastendruck      Makro                       :
6           : - - - - - - - - - - - - - - - - - - - - - - - :     Esc
7           :   ALT-P         Personalübersicht (1PERS)      :
8           :   ALT-B         Personalbestand (2BESTAND)     :    ←┘
9           :   ALT-T         Tilgungsplan (3TILGUNG)        :
10          :   ALT-M         Mietberechnung (4MIETE)        :    Del
11          :   ALT-D         Deckungsbeitragsrechnung       :
12          :                 (5VERK)                        :    0
13          :   ALT-G         Grafiken (6GRAFIK)             :
14       ▌  :   ALT-A         Auswertung ASCII-Dateien       :    5
15          :   ALT-O         (7PROD)                        :
16          :                                                :    WYS
17          :   ALT-V         Verlassen von QUATTRO PRO      :
18          :-----------------------------------------------:     ZEI
19          :   ALT-W         Zurück zur Auswahl             :
20          :=================================================:    ↓
BSTEUER.WQ1  [1] 03.08.91   17:27                             BEREIT
```

Sie können beispielsweise durch Drücken von ALT-P das unter der Datei 1PERS.WQ1 gespeicherte Arbeitsblatt laden, wobei das Makro ALT-P aus dem Befehl **Datei - Öffnen** und der Angabe des Dateinamens besteht.

Wie Sie in einem der vorherigen Kapitel erfahren haben, gibt es für fast alle Anwendungssituationen mehrere Lösungsalternativen. Auch in diesem Fall könnte Ihnen möglicherweise folgende Lösung viel besser gefallen: Anstelle eines Auswahlbildes geben Sie ein selbsterstelltes Menü vor, aus dem eine Option, d.h. eine bestimmte Anwendung, zu wählen ist.

Ein Autoexec-Makro ruft unmittelbar das Menü auf und Sie wählen die Anwendung, die Sie bearbeiten möchten. Abbildung 8.2 gibt ein Beispiel.

Es ist zu empfehlen, ein solches Menü um die Option *Verlassen* zu ergänzen, die bewirkt, daß die QUATTRO PRO-Sitzung beendet wird.

Abbildung 8.2: Auswahl mit selbsterstelltem Menü

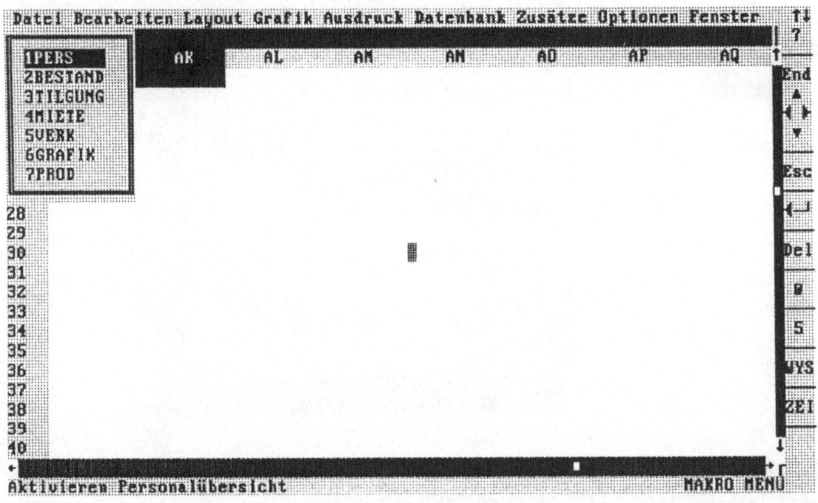

Nachdem wir die Parallelen zwischen Auswahlbildern und Steuerungsdateien
aufgezeigt haben, stellt sich die Frage, ob es nicht auch Parallelen zum Autoexec-
Makro gibt? Abbildung 8.3 zeigt, welche Möglichkeiten der Befehl **Anfangsparameter** aus dem Menü **Optionen** bietet.

Sie können in QUATTRO PRO eine Start-Datei definieren. Der Name dieser
Datei ist standardmäßig

QUATTRO.WQ1,

kann aber geändert werden. Wenn eine Datei mit diesem Namen auf Ihrer Festplatte in dem angegebenen Verzeichnis existiert, wird das zu dieser Datei gehörende Arbeitsblatt automatisch geladen.

Wenn Sie Ihre Steuerungsdatei unter dem Namen QUATTRO.WQ1 speichern,
wird die Datei automatisch nach dem Aufruf von QUATTRO PRO geladen.
Nehmen wir weiter an, daß sofort ein selbsterstelltes Menü mit den möglichen
Anwendungen angezeigt wird.

In einem solchen Fall starten Sie QUATTRO PRO auf Betriebssystemebene
durch Eingabe des Buchstabens "q" und, nachdem QUATTRO PRO geladen ist,
die gewünschte Anwendung durch Eingabe des ersten Buchstabens, z.B. "3" für
3TILGUNG.WQ1.

Abbildung 8.3: Start-Datei

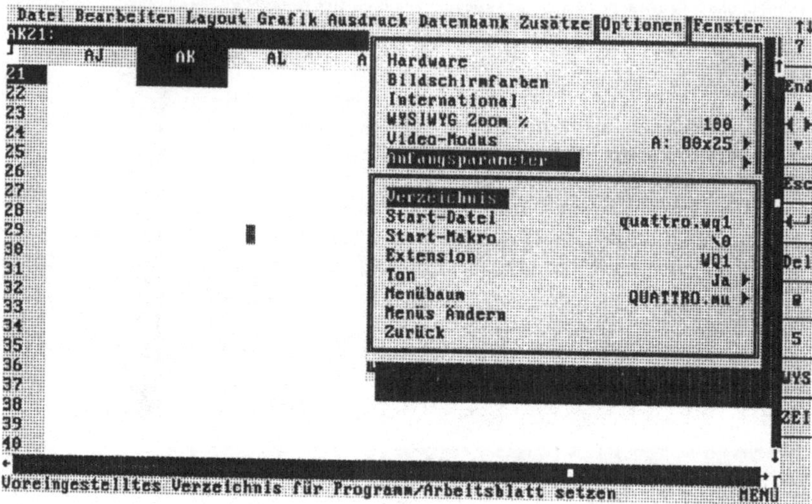

Nehmen wir schließlich an, daß in mehreren Anwendungen eine Reihe von gleichen Makros, z.B. Sicherungsmakros, erstellt sind. Hier könnten Sie, um
Schreibarbeit zu vermeiden, wie folgt vorgehen:

Die in mehreren Anwendungen einsetzbaren Makros geben Sie in eine sogenannte
Makrobibliothek ein, die durchaus mit der Steuerungsdatei identisch sein kann.
Sie können dann über die Befehlsfolge **Zusätze - Makro - Ausführen** die in der
Makrobibliothek gespeicherten Makros zur Ausführung bringen. Vor dem Ma-
kronamen müssen Sie allerdings den Namen der Makrobibliothek in eckigen
Klammern angeben.

Die Eingabe obiger Befehlsfolge könnten Sie durch ein selbstdefiniertes Tastenkürzel auf elegante Art umgehen.

Sie sollten allerdings folgendes beachten: Eine wirkliche Zeit- und/oder
Schreibersparnis entsteht nur dann, wenn die in der Makrobibliothek gespeicherten Makros einen "gewissen Umfang" haben.

Wenn es sich beispielsweise nur um ein Sicherungsmakro handelt, ist es
wahrscheinlich günstiger, jede Anwendung um ein eigenes Sicherungsmakro zu
ergänzen.

Betrachten Sie noch einmal die Abbildung 8.3: Welche Parameter können über
den Befehl **Optionen - Anfangsparameter** zusätzlich geändert werden?

Sie geben unter **Verzeichnis** ein Unterverzeichnis Ihrer Festplatte an. QUATTRO PRO sucht daraufhin die Arbeitsblätter, die Sie laden wollen, in diesem Unterverzeichnis.

Bei einer Vielzahl von Anwendungen sollten Sie überlegen, bestimmte Anwendungen in Gruppen zusammenzufassen und die entsprechenden Arbeitsblätter in verschiedenen Unterverzeichnissen zu speichern.

Betrachten Sie den Befehl **Start-Makro**: Sie sehen die Eintragung \0. Autoexec-Makros haben standardmäßig den Namen \0, dieser kann jedoch - wie Sie in Abbildung 8.3 sehen - geändert werden. Wenn Sie Bedarf für einen anderen Namen haben, können Sie diesen Namen hier unter **Start-Makro** festlegen.

Die Dateinamenerweiterung (Befehl **Extension**) ist standardmäßig WQ1. Auch hier können Sie Modifikationen vornehmen, z.B. Anwendungen aus dem Rechnungswesen anstelle des "nichtssagenden" WQ1 die Dateinamenerweiterung REW geben.

ZUSAMMENFASSUNG

In diesem abschließenden Kapitel wurde beschrieben, wie man sich durch Einsatz von Steuerungsdateien auf bequeme Art einen Überblick über bestehende Anwendungen verschaffen kann. Der Umgang mit zahlreichen Anwendungen wird dadurch vereinfacht.

Die zu **Anfangsparameter** gehörenden Befehle bieten weitere Möglichkeiten, erstellte Anwendungen übersichtlicher zu organisieren.

A N H A N G - Lösungen zu den Übungsaufgaben

Kapitel 1

Abbildung 1 zeigt die Lösungen zu den Übungsaufgaben des ersten Kapitels.

Abbildung 1: Lösungen Kapitel 1

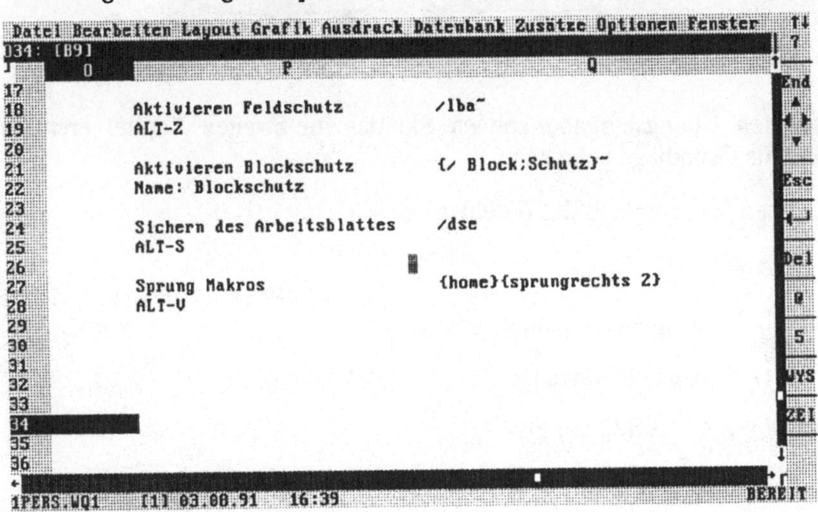

Kapitel 2

Abbildung 2 zeigt die Lösungen zur ersten Übungsaufgabe des zweiten Kapitels. Wir haben uns als Beispiel die Abteilungen *Einkauf* und *Produktion* herausgegriffen.

Abbildung 2: Lösungen Übung 1 aus Kapitel 2

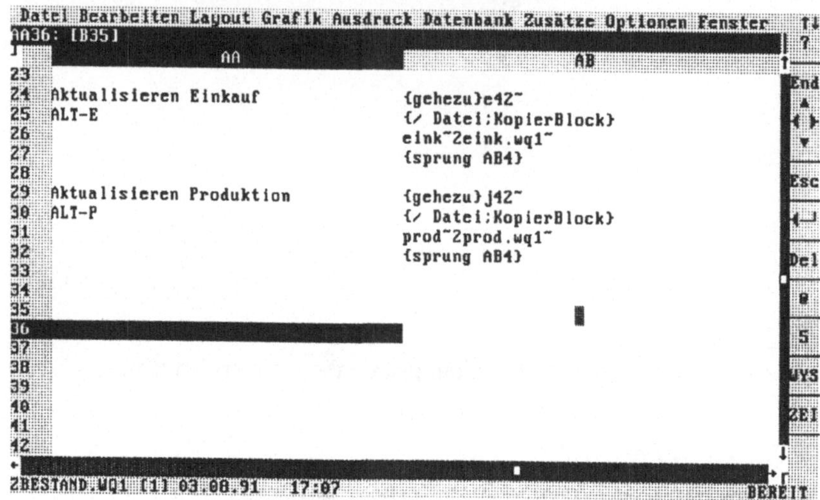

Bei der zweiten Übungsaufgabe können Sie das im zweiten Kapitel erstellte Druckmakro als Grundlage nehmen.

Als Block geben Sie innerhalb der Befehlsfolge

Ausdruck - Block

bzw. innerhalb des menüäquivalenten Befehls

{/ Ausdruck;Block}

den Bereich von AA1..AB22 an, also

/ABaa1..ab22 ~

bei der Befehlsfolge bzw.

{/ Ausdruck;Block}aa1..ab22 ~

bei Verwendung des menüäquivalenten Befehls.

Kapitel 3

Das **Eingabemenü** wird in Feld U31 aufgerufen und besteht aus den Optionen *Betrag, Laufzeit, Fälligkeit* und *Zurück*. Zunächst ist die Option *Zurück* (also der Bereich von Z31 bis Z33) um eine Spalte nach rechts zu versetzen.

Geben Sie ein: *Befehl:*

STRG-v   *Einleiten Versetzen-Befehl*
Z31..Z33   *Quellbereich eingeben*
RETURN-Taste   *Quellbereich bestätigen*
AA31   *Zielbereich eingeben*
RETURN-Taste   *Zielbereich bestätigen*

Als nächstes tragen Sie in das Feld Z31

> *Stand*

ein, in das Feld Z32

> *Verheiratet (Ja/Nein)?*

und in das Feld Z33 die Anweisungen

> *{Home} {Sprung U49}*

Damit ist das zur Option *Stand* benötigte Makro fertiggestellt. Wir haben deshalb die Bezeichnung *Stand* (anstelle *Familienstand*) gewählt, damit Sie die Option durch Eingabe des Buchstabens S auswählen können.

Das Menü wird in Feld U49 aufgerufen. In das Feld U49 tragen Sie bitte

> *{Menüaufruf w49}*

und in das Feld U50

> *{Sprung u31}*

ein. Dieser Befehl veranlaßt den Rücksprung zum **Eingabemenü**.

Das selbsterstellte Menü beginnt in Feld W49. Tragen Sie in das Feld W49

> *Verheiratet*

und in das Feld W50

> *Mitarbeiter ist verheiratet*

ein. Den Makrobefehl

> *{Sei K48;0,5}*

tragen Sie schließlich in das Feld W51 ein. Damit ist die erste Option *Verheiratet* fertiggestellt.

Die Option *Ledig* beginnt in Feld X49. Tragen Sie in das Feld X49

> *Ledig*

und in das Feld X50

> *Mitarbeiter ist ledig*

ein. Den Makrobefehl

> *{Sei K48;0}*

tragen Sie schließlich in das Feld X51 ein.

Was fehlt noch? Sie müssen die Formel zur Ermittlung des Zinssatzes ändern. Bewegen Sie den Cursor nach Feld B5 und ersetzen Sie die bisherige Formel

> *+I48 + L48*

durch folgende Formel:

> *+I48 + L48 - K48*

Bei der zweiten Übungsaufgabe gibt es zwei Möglichkeiten, um zwischen verschiedenen Arbeitsblättern zu wechseln.

o Der Tastatur-Befehl **{GEHEZU}** - Sie tragen als Adresse ein Feld einschließlich eines Dateinamens ein, z.B.:

> *{GEHEZU}[2REWE.WQ1]A1 ~*

Nach Aufruf dieses Makros springt der Cursor nach Feld A1 der Datei 2REWE.WQ1.

o Mit Hilfe des Befehls **Fenster - Fenster wählen** können Sie zwischen Arbeitsblättern wechseln. Der menüäquivalente Befehl ist

> **{/ Ansicht;Wählen}**

Sie müssen lediglich den Anfangsbuchstaben der Datei eingeben, zu der Sie wechseln wollen, z.B. im Falle der Datei 2REWE.WQ1:

> **{/ Ansicht;Wählen}2**

Kapitel 4

Feld E16 erhält die Anweisung zur Eingabe des Kreditbetrages:

> *{Zahleneintrag "Geben Sie den Kreditbetrag ein (10.000 - 50.000 DM) ";Betrag}*

Feld E17 speichert die Plausibilitätsprüfung:

> *{Wenn Betrag < 10000 #oder# Betrag > 50000} {Ton 3}*
> *{Sprung E16}*

Feld E18 speichert den Rücksprung:

> *{Sprung D16}*

Feld F16 speichert die Anweisung zur Eingabe des Zinssatzes:

> *{Zahleneintrag "Geben Sie den Zinssatz ein (5% - 8,5%) ";Zins}*

Die Plausibilitätsprüfung erfolgt in Feld F17:

> *{Wenn Zins < 5 #oder# Zins > 8,5} {Ton 3}*
> *{Sprung F16}*

Feld F18 speichert den Rücksprung:

> *{Sprung D16}*

Die Eingabe der Laufzeit erfolgt in Feld G16:

> *{Zahleneintrag "Geben Sie die Lauzeit ein (10, 15 oder 20 Jahre ";*
> *Laufzeit}*

Die Prüfung erfolgt in Feld G17:

> *{Wenn Laufzeit < > 10 #und# Laufzeit < > 15 #und#*
> *Laufzeit < > 20} {Ton 3} {Sprung G16}*

Feld G18 speichert den Rücksprung:

> *{Sprung D16}*

Kapitel 5

Das Unterprogramm beginnt in Feld N7 mit der Prüfung der Mitarbeiterzahlen:

> *{Wenn @Min(D6..D17)<5 #oder# @Max(D6..D17)>50} {Sei M18;1} {Zurück}*

Es wird geprüft, ob das Minimum aus dem Bereich D6 bis D17 kleiner 5 oder das Maximum aus dem Bereich D6 bis D17 größer 50 ist. Für den Fall, daß eine von diesen Bedingungen erfüllt ist, liegt ein Fehler. Dann erhält Feld M18 über den Befehl {**SEI**} den Wert 1 und der Befehl {**ZURÜCK**} veranlaßt den Rücksprung zum Hauptprogramm.

Die Prüfung des Strukturindex erfolgt in Feld N8:

> *{Wenn @Min(E6..E17)<1 #oder# @Max(E6..E17)>2} {Sei M18;1} {Zurück}*

Die Prüfung von Umsatz und Einzelkosten sind analog aufgebaut. Sie brauchen nur die Bereichsangabe sowie Unter- und Obergrenze ändern.

Damit besteht das Unterprogramm aus 4 Zeilen.

Kapitel 6

Die Bearbeitung der Übungsaufgabe erfolgt in mehreren Schritten:

1. Erstellen der Grafik. Die grafische Darstellung ist sehr einfach, so daß Sie ohne weiteres ohne zusätzliche Hinweise imstande sein werden, das Liniendiagramm zu erstellen. Nachdem Sie es erstellt haben, sichern Sie es über die Befehlsfolge **Grafik - Namen - Zuordnen** unter dem Namen *Übung*.

2. Eingeben des Menüaufrufs, z.B.

> *{Menüaufruf AE54}*

   in Feld AD54.

3. Definieren des selbsterstellten Menüs, beginnend in Feld AE54 mit der Option *Mitarbeiter*. Feld AE55 speichert die Erläuterung zur Option und ab Feld AE56 beginnen die Makroinstruktionen, die sich diesmal auf zwei Zeilen verteilen lassen:

> */gw1d8..d19~zz*
>
> */gt2{ESC}Mitarbeiter~zz*

Die erste Anweisung weist über die Befehlsfolge **Grafik - Werte - 1. Werte-bereich** dem ersten Wertebereich die Felder D8 bis D19 zu.

Die zweite Anweisung weist über die Befehlsfolge **Grafik - Text - 2. Zeile** dem Diagramm als zweite Titelzeile *Mitarbeiter* zu. Der {ESC}-Befehl bewirkt, daß die vorherige Titelzeile gelöscht wird.

Die Optionen *Einzelkosten* und *Umsatz* sind analog aufgebaut. Sie brauchen lediglich innerhalb der Makrobefehle einen anderen Wertebereich und eine neue Überschrift angeben.

4. Drücken von F10, um sich die über das Makro modifizierte Grafik anzusehen.

Kapitel 7

Abbildung 3 zeigt die Lösung der Übungsaufgabe aus Kapitel 7.

Abbildung 3: Lösung Übungsaufgabe aus Kapitel 7

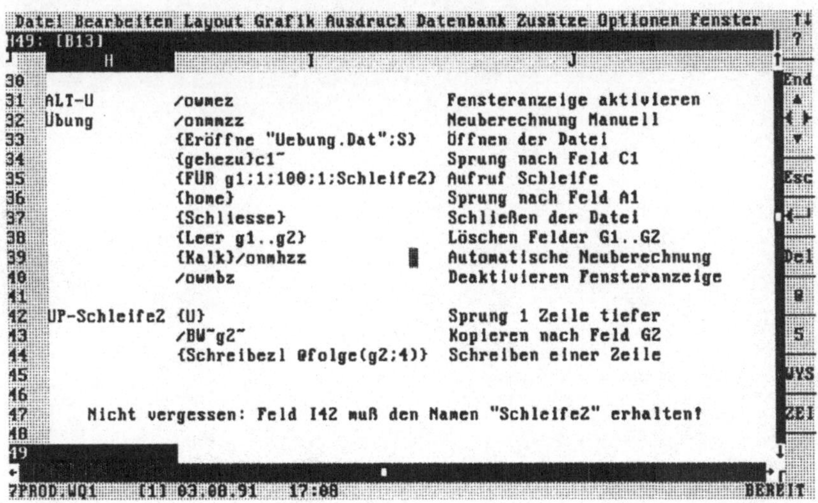

Sachwortverzeichnis

MS-DOS 5.0

Das optimale Benutzerhandbuch

von Van Wolverton

Ein MICROSOFT PRESS/VIEWEG-BUCH.

5., überarbeitete und erweiterte Auflage 1991.
XX, 628 Seiten. Kartoniert.
ISBN 3-528-05182-2

Das Buch ist das Standard-Handbuch in deutscher Sprache für die Einführung und Anwendung für das Betriebssystem MS-DOS. Es vermittelt Einblicke in die Arbeitsweise und alle Kenntnisse zum Umgang mit DOS.

Bestseller!

Verlag Vieweg · Postfach 58 29 · D-6200 Wiesbaden

Der große Software-Trainer WORD 5.5

von Ernst Tiemeyer

*1991. XVIII, 499 Seiten mit zwei Disketten. Gebunden.
ISBN 3-528-05190-6*

Dieses Buch vermittelt dem Word 5.5-Anwender Schritt für Schritt das notwendige Know-how, um alle Features dieses „Textverarbeitungsklassikers" einsetzen zu können. Die Installation, die Erstellung und Bearbeitung von einfachen Dokumenten sowie die Handhabung der neuen SAA-konformen Benutzerschnittstelle bilden Schwerpunkte der Anfangskapitel. Des weiteren werden fortgeschrittene Dokumentgestaltungstechniken, Serienbriefhandling, Druckformatvorlagen, Grafikeinbindung sowie Makros en détail dargestellt.

Verlag Vieweg · Postfach 58 29 · D-6200 Wiesbaden